AI 비즈니스 TEST 공식 가이드

 생성형 AI 비즈니스 활용 능력 검증

AI 비즈니스 TEST 공식 가이드

최병일, 김유성, 오재현 지음

매일경제신문사

머리말

오늘날 기업에서 인공지능(AI) 활용 역량은 단순한 도구 운용 능력을 넘어선다. 전략을 과업으로 번역하고, 맥락과 제약을 명시하며, 절차와 통제를 설계하는 등 전 과정을 아우른다. 프롬프트는 마치 비밀스러운 열쇠가 아니라 이러한 사고와 운영을 외부화하고 재현 가능하게 만드는 경영 인터페이스다. 따라서 프롬프트 활용 능력을 평가하는 시험은 문장기교의 우열을 가리는 것이 아니라, 명확한 비즈니스 목표와 지표를 수립하고, 위험과 규제 요구를 고려하며, 비용 대비 효과를 검증하는 전사적 문제해결 능력을 점검하는 절차라 할 것이다.

이 책은 그 절차를 표준 운영 방식으로 정립하려는 관리자와 실무자, 그리고 이를 진단·향상하려는 응시자를 위한 실전 지침서로 기획되었다. 정답 프롬프트의 암기를 요구하지 않고, 왜 그런 지시가 타당한지, 무엇을 바꾸면 수익성·생산성·품질 지표가 개선되는지, 결과가 이해관계자와 규제 환경 앞에서 책임을 충족하는지를 끝까지 추적한다.

책의 전반부는 인공지능의 정의와 역사적 전개를 체계적으로 다룬다. 규칙기반 시스템에서 통계적 학습과 심층학습으로, 다시 대규모 언어모델과 도구·데이터·사람이 결합된 복합 시스템으로 진화해 온 궤적을 해설한다.

후반부는 프롬프트를 경영 시스템에 접속시키는 실제 방법론을 다룬다. 역할 부여와 단계적 분해를 통해 의사결정의 흐름을 표준화하고, 근거·출처·가정·불확실성의 표기를 통해 협업의 추적 가능성을 높이며, 실험 설계와 로그 기반의 평가로 결과를 개선하는 절차를 제시한다. 고객 응대·문서 자동화·데이터 해석·코딩 보조 등 대표적 업무 영역에 대해, 입력 구조와 품질 기준, 실패 사례와 개선 로그를 함께 제시함으로써 조직이 동일 과업을 더 짧은 지시로, 더 낮은 변동성으로 재현할 수 있도록 돕는다.

본서는 시험 준비의 기술을 업무 표준으로 연결하는 데 목적을 둔다. 응시자는 공개된 채점 기준에 따라 정확성·재현성·안전성·추적성·효율성을 스스로 점검하고, 동일한 과업을 더 낮은 비용과 변동성으로 반복 가능하게 만든다. 우리는 인공지능이 전능한 조수도 최종 심판도 아님을 분명히 하며, 모델과 환경, 연결된 도구의 차이에 따라 동일 프롬프트의 결과가 달라질 수 있음을 전제로, 절차의 투명성과 근거의 축적을 통해 책임 있는 활용을 가능하게 하고자 한다. 이 책이 기업의 전략과 현장을 잇는 실천적 가교로 기능하여, 독자의 사고를 정렬하고 결과를 신뢰 가능하게 만들며, 팀의 일을 재현 가능하게 표준화하는 데 기여하기를 바란다. 시험은 시작에 불과하다. 준비 과정에서 확립한 기준과 절차, 그리고 분명한 책임의 태도가 조직의 협업을 성숙하게 하고, 궁극적으로는 지속 가능한 성과로 귀결될 것이라 믿는다.

2025년 9월
지은이 일동

C·O·N·T·E·N·T·S

1편 생성형 AI 이해편

제1과목 생성형 AI와 인공지능 이론

1장 인공지능의 이해
- 1. 인공지능의 개요 … 20
- 2. 인공지능의 역사 … 27
- ▶ 예제 … 30

2장 생성형 AI의 이해와 원리
- 1. 생성형 AI의 개요 … 32
- 2. 생성형 AI의 원리 … 34
- ▶ 예제 … 41

3장 생성형 AI의 핵심요소
- 1. 생성형 AI 알고리즘 … 43
- 2. 생성형 AI의 핵심기술 … 47
- ▶ 예제 … 52

4장 챗GPT로 알아보는 생성형 AI
- 1. 챗GPT에 대한 이해 … 54
- 2. 다양한 생성형 AI … 58
- ▶ 예제 … 63

제2과목　프롬프트 엔지니어링 기술

1장　프롬프트 엔지니어링의 이해
1. 프롬프트 엔지니어링의 개요　　66
2. 프롬프트 엔지니어링의 구성　　70
▶ 예제　　75

2장　프롬프트 엔지니어링 핵심기술
1. 프롬프트 엔지니어링의 기본 원칙　　78
2. 프롬프트 엔지니어링의 하이퍼파라미터　　83
▶ 예제　　86

3장　프롬프트 엔지니어링 모델 및 설계
1. 프롬프트 엔지니어링 모델　　88
2. 프롬프트 엔지니어링 설계　　92
▶ 예제　　98

4장　프롬프트 엔지니어링 윤리원칙
1. 생성형 AI의 저작권　　100
2. 프롬프트 엔지니어링 윤리 원칙　　107
▶ 예제　　114

C·O·N·T·E·N·T·S

2편 경제·경영 분석편

제3과목 전략 및 재무분석

1장 기업환경 분석
1. 기업과 경영 120
2. 기업의 외부 환경분석 125
3. 기업의 내부 환경분석 128
4. 조직 관리 이론 129
▶ 심화학습 프롬프트 133
▶ 예제 135

2장 전략 수립
1. 경영전략의 이해 146
2. 사업부 수준의 전략 148
3. 기업 수준의 전략 153
4. 다국적 기업과 글로벌 경영 156
▶ 심화학습 프롬프트 159
▶ 예제 161

3장 마케팅 전략
1. 마케팅의 이해 171
2. 마케팅 구성 요소 173
3. 소비자 행동 175
4. STP 전략 180
▶ 심화학습 프롬프트 184
▶ 예제 186

4장 재무·회계 분석
1. 재무관리와 회계의 의의 198
2. 재무제표의 이해 199
3. 재무관리의 주요 원리 203
4. 투자론 206
▶ 심화학습 프롬프트 212
▶ 예제 214

제4과목 금융 및 경제

1장 · 경제 지표의 이해
1. 실업 — 228
2. 물가 — 236
▶ 챗GPT를 활용한 연습문제 — 244
▶ 심화학습 프롬프트 — 247
▶ 예제 — 250

2장 · GDP와 경기 변동 분석
1. GDP — 257
2. 경기변동 — 264
▶ 챗GPT를 활용한 연습문제 — 271
▶ 심화학습 프롬프트 — 274
▶ 예제 — 276

3장 · 통화정책과 금융시장
1. 중앙은행과 통화정책 — 286
2. 이자율 결정 원리와 금융시장 — 294
▶ 챗GPT를 활용한 연습문제 — 299
▶ 심화학습 프롬프트 — 301
▶ 예제 — 304

4장 · 주식시장의 이해와 시장 분석
1. 이자율과 자산시장 — 312
2. 자산시장과 증권투자 원리 — 315
3. 채권·주식 투자 — 317
▶ 챗GPT를 활용한 연습문제 — 327
▶ 심화학습 프롬프트 — 331
▶ 예제 — 333

AI 비즈니스 TEST는 어떤 시험인가요?

■ 시험 개요

AIBT(AI Business Test)는 생성형 인공지능(AI)을 활용하여 경제학 및 경영학 지식을 학습하고 실무적 문제 해결에 적용하는 능력을 평가하는 실습 기반 시험입니다. AIBT는 단순 암기식 평가가 아니라, AI와 협업하여 데이터 분석, 전략 수립, 정책 해석, 창의적 문제 해결을 수행하는 과정을 중점적으로 다루고 있습니다.

■ 응시 자격

응시 자격에 제한이 없습니다.

■ **자격 특징**

1. 미래 지식 인재 양성
경제·경영 분야에서 AI는 새로운 성장 동력으로 자리 잡고 있습니다. AIBT는 수험자들이 AI를 활용한 지식 응용 능력을 습득하여 미래를 선도할 전문 인재로 성장할 수 있는 기회를 제공할 것입니다.

2. 실무 능력 강화
AIBT 자격을 취득한 인재는 AI를 활용한 데이터 분석·의사결정·전략 수립능력을 인증받게 됩니다. 이는 곧 비즈니스 현장의 문제 해결 능력과 생산성 향상으로 직결될 것입니다.

3. 개인 경쟁력 제고
AIBT 취득자는 AI 활용 역량과 경제·경영 전문성을 동시에 증명함으로써, 학계·산업계·공공 부문에서 경쟁력을 강화할 수 있습니다.

AI 비즈니스 TEST는 어떻게 구성되나요?

■ 시험 과목

AIBT의 직무모형은 기초 이론 → 핵심 기술 → 경영 활용 → 경제·금융 활용이라는 4단계 체계로 이루어져 있습니다. 이는 단순한 지식 암기에 머무르지 않고, AI를 활용해 실제 문제를 해결할 수 있는 실습 중심의 평가를 지향합니다. 또한 경제·경영 지식과 AI 활용 능력을 융합적으로 평가한다는 점에서 학문적 훈련을 받은 학생뿐 아니라 실무자에게도 유용합니다. 더불어 AI 활용 과정에서 발생할 수 있는 편향, 윤리 문제를 반영하여 책임 있는 AI 활용을 강조하고 있으며, 기업 분석·전략 수립·경제 지표 해석 등 다양한 분야에 응용할 수 있는 확장성을 지닌 것이 특징입니다.

■ 과목 구성

AIBT(AI Business Test)는 생성형 인공지능을 활용하여 경제·경영 지식을 학습하고, 이를 실제 문제 해결에 응용할 수 있는 능력을 평가하는 시험입니다. 시험은 크게 네 가지 영역으로 구성되어 있습니다.

첫째, 생성형 AI와 인공지능 이론에서는 인공지능의 기본 개념과 역사, 생성 원리, 그리고 생성형 AI의 핵심 요소를 이해하는 데 중점을 두고 있습니다. 또한 챗GPT와 같은 대표적인 사례를 통해 이론이 실제로 어떻게 적용되는지를 학습하실 수 있습니다.

둘째, 생성형 프롬프트 엔지니어링 기술에서는 효과적인 프롬프트 작성 방법을 다룹니다. 프롬프트 엔지니어링의 개념과 중요성을 이해하고, 구체화·조건 설정과 같은 핵심 기법을 익히며, 문제 유형별 설계 방법과 더불어 윤리적인 활용 원칙까지 학습하게 됩니다.

셋째, 업무 활용 전략 및 재무분석은 AI를 실제 경영 분야에 적용하는 능력을 평가합니다. 기업 환경 분석을 위한 SWOT·PEST 기법, 기업과 사업부 수준의 전략 수립, 그리고 소비자 분석과 시장 조사를 활용한 마케팅 기획 등 실무와 밀접한 주제를 다루고 있습니다.

넷째, 업무 활용(경제·금융)은 경제와 금융 분야의 실제 분석 능력에 초점을 맞추고 있습니다. 물가·환율·실업률과 같은 거시경제 지표 분석, 경기변동과 GDP 변화 예측, 통화정책과 금융시장 동향 해석 등을 통해 경제 전반을 이해하고 응용할 수 있는 능력을 평가합니다.

AI 비즈니스 TEST는 어떻게 구성되나요?

이처럼 AIBT는 단순히 지식을 암기하는 시험이 아니라, 인공지능을 도구로 경제·경영 문제를 해결할 수 있는 실질적이고 미래지향적인 역량을 평가하는 시험입니다.

영역	세부 과제	내용
A. 생성형 AI와 인공지능 이론	인공지능의 이해	인공지능 개념, 역사, 학습 방식
	인공지능의 생성 원리	생성형 AI의 동작 메커니즘
	생성형 AI의 핵심 요소	LLM, 데이터셋, 파라미터 등
	챗GPT로 알아보는 AI	대표적 사례를 통한 이해
B. 프롬프트 엔지니어링 기술	프롬프트 엔지니어링 이해	개념·중요성, 사용자 의도 반영
	핵심 기술	구체화, 조건 설정 등 작성 기법
	모델 및 설계	문제 유형별 프롬프트 설계
	윤리 원칙	AI 편향 방지, 책임 있는 활용
C. 업무 활용 (경영)	기업 환경 분석	SWOT, PEST 등 환경 진단
	전략 수립 지원	기업·사업부 전략적 의사결정
	마케팅 조사	소비자 분석, 시장 조사
D. 업무 활용 (경제·금융)	거시경제 지표 분석	물가, 환율, 실업률 등
	경기변동·GDP 분석	경기순환, 성장 추세 전망
	통화정책·금융시장 분석	금리·통화정책 변화 해석

■ 검정 형태

자격종목(과목)	문항 수	시험 시간	시험 방법
AIBT (AI Business Test)	총 40문항 (객관식/단답형 주관식 혼합)	60분	CBT (Computer Based Test)

■ 합격 기준

100점 만점에 70점 이상 취득자

AI

BUSINESS

TEST

1편

생성형 AI 이해편

AI BUSINESS TEST

제1과목

생성형 AI와 인공지능 이론

1장 | 인공지능의 이해

1. 인공지능의 개요

01. 인공지능이란?

(1) 인공지능의 개념

» 인공지능(AI; Artificial Intelligence)은 컴퓨터나 기계가 인간과 유사한 지능을 가지고 문제를 해결하거나 학습할 수 있도록 만든 기술이다.

» 인간의 행동을 기계가 모방하여 로봇공학, 빅데이터 분석(Big Data Analytics), 자율주행 차량 등 다양한 분야에 응용된다.

▶ 인공지능의 활용 분야

활용 분야	설명
의료	• 영상 진단을 보조하여, X-레이와 MRI 이미지에서 이상을 탐지하고, 개인화된 치료 계획 추천
유통	• AI 기반 추천 시스템은 고객의 구매 이력과 선호도를 분석하여 맞춤형 상품을 추천
금융	• 신용 평가, 사기 탐지, 자동화된 트레이딩 시스템에서 사용되어 의사결정을 빠르고 정확하게 판단
제조	• 공정 최적화, 예지 정비, 자동화된 결함 감지를 통해 생산 효율을 향상
교통	• 차량 흐름 분석, 실시간 교통 조정, 자율주행 차량의 개발 등에 활용

» 위와 같이 인공지능은 다양한 분야에서 사용되고 있으며, 우리 생활을 더 편리하고, 똑똑하게 만들어 준다.

(2) 인공지능의 특징

» 인공지능은 대량의 데이터를 분석하여 패턴을 인식하고, 학습하는 능력과 반복적인 작업을 자동화하거나 새로운 상황에 대한 의사결정을 할 수 있다.

▶ 인공지능의 특징

특징	설명
대규모 데이터 처리	• 많은 양의 데이터를 처리하고 분석하여 복잡한 패턴을 인식하고 예측
언어 이해 및 처리	• 자연어 처리(NLP) 기술을 활용하여 인간의 언어를 이해하고, 대화나 텍스트 생성 등에 응용
감지 및 인식	• 컴퓨터 비전과 음성 인식 기술을 기반으로 이미지, 비디오, 소리 등의 감각 데이터를 인식하고 해석
적응성	• 새로운 데이터나 환경의 변화에 따라 튜닝하고, 이를 통해 모델의 성능을 최적화하여 적응

» 컴퓨터 비전은 컴퓨터가 이미지나 영상을 보고 사람처럼 인식하고 이해하도록 하는 기술로 사물 인식, 얼굴 인식, 자율주행 등의 분야에서 다양한 시각 정보를 처리할 수 있다.

02. 인공지능의 구성

(1) 인공지능의 전체적인 구성

» 인공지능(AI), 기계학습(ML; Machine Learning), 그리고 딥러닝(DL; Deep Learning)은 서로 밀접하게 연결된 기술이며, 이들 간의 관계를 이해하는 것은 인공지능의 전체적인 구성을 파악하는 데 중요하다.

▶ 인공지능, 기계학습, 딥러닝의 관계

Artificial Intelligence 인공지능
사고나 학습등 인간이 가진 지적 능력을 컴퓨터를 통해 구현하는 기술

Machine Learning 머신러닝
컴퓨터가 스스로 학습하여 인공지능의 성능을 향상시키는 기술 방법

Deep Learning 딥러닝
인간의 뉴런과 비슷한 인공신경망 방식으로 정보를 처리

▶ 인공지능, 기계학습, 딥러닝의 관계

구분	설명
인공지능	• 기계가 인간처럼 사고하고 행동할 수 있게 하는 가장 광범위한 분야로, 문제 해결, 학습, 언어 이해와 같은 지능적인 행위를 모방하는 기술
기계학습	• 인공지능의 하위 집합으로, 알고리즘이 데이터로부터 학습하고, 경험을 통해 자동으로 개선될 수 있도록 하는 기술로, 데이터 분석과 복잡한 문제를 해결하는 데 사용
딥러닝	• 기계학습의 한 분야로, 인공신경망을 사용하여 대규모 데이터 세트에서 패턴을 학습하고, 이미지 및 음성 인식과 같은 고도로 복잡한 작업을 수행하는 데 사용

(2) 기계학습의 유형

» 기계학습(ML)은 데이터를 통해 스스로 학습하고 패턴을 발견하여, 명시적인 프로그래밍 없이도 새로운 문제를 해결하거나 예측하도록 하는 인공지능의 한 분야이다.

» 기계학습은 학습 방식과 데이터 형태에 따라 크게 다음과 같은 4가지 주요 유형으로 나눌 수 있다.

▶ 기계학습의 유형

지도학습	준지도학습
정답지로 학습 예측 모델 등에 활용	라벨링이 없는 데이터와 라벨링된 데이터로 학습
비지도학습	강화학습
정답없이 학습지로 학습 군집화 등에 사용	시뮬레이션 반복 학습 성능 강화 등에 사용

» 기계학습에서 사용하는 알고리즘은 데이터에서 패턴을 학습하여 예측하고 분류 및 의사결정 등을 자동으로 수행할 수 있는 기술이다.

(가) 지도학습(Supervised Learning)

» 기계학습의 가장 일반적인 형태 중 하나로, 데이터와 그에 대한 정답(레이블)을 함께 사용하여 모델을 학습시키는 방법이다.
» 이 과정을 기반으로 모델은 입력 데이터에서 패턴을 학습하고, 새로운 데이터에 대해 예측을 수행한다.

▶ 지도학습 유형

유형	설명
분류 (Classification)	• 어떤 데이터에 대해 두 가지 중 하나로 분류하는 모델 • 예를 들어, 이메일을 '스팸' 또는 '정상'으로 분류 • 대표적인 알고리즘은 의사결정트리(Decision Tree), 랜덤 포레스트(Random Forest), 앙상블(Ensemble), KNN(K-Nearest Neighbor), SVM(Support Vector Machine) 등이 존재
회귀 (Regression)	• 어떤 데이터들의 특징을 분석하여 패턴이나 트렌드, 경향을 예측할 때 사용하는 모델 • 예를 들어, 주택의 크기, 위치, 연식 등의 정보를 바탕으로 주택의 가격을 예측하거나, 날씨 데이터(습도, 바람의 속도, 기압 등)를 바탕으로 특정 시간의 온도를 예측할 때 사용 • 대표적인 알고리즘은 선형회귀분석(Linear Regression), 로지스틱 회귀분석(Logistic Regression) 등이 존재

» 이외에 지도학습은 신용카드 거래가 사기성인지 아닌지를 구분할 때 사용하며, 보험 가입자의 보험금 청구 가능성이 거짓인지 아닌지 분류 또는 예측할 때 주로 사용한다.

(나) 비지도학습(Unsupervised Learning)

» 비지도학습은 기계학습의 한 분야로, 정답(레이블)이 지정되지 않은 데이터로부터 패턴이나 구조를 찾아내는 학습 방법이다.
» 예를 들어, 대량의 신문 기사를 분석하여 자동으로 정치, 경제, 사회, 스포츠 등으로 나눌 때 사용한다.
» 정답(레이블)이 지정되지 않은 텍스트 데이터로부터 정보를 추출하고, 구조화하는 대표적인 사례이다.
» 비지도학습은 입력 데이터에 대한 명시적인 정답이 없으므로, 알고리즘 스스로 데이터 내의 숨겨진 특징이나 구조를 발견해야 한다.
» 비지도학습은 크게 군집(Clustering)과 차원 축소(Dimension Reduction)로 구분한다.

▶ 비지도학습 유형

유형	설명
군집 (Clustering)	• 데이터가 가진 유사성에 따라 그룹으로 나누는 방법 • 유사성에 따른 군집은 시장 세분화, 사회적 네트워크 분석, 이미지 분석 등에 활용 • 대표적인 군집 알고리즘에는 K-means 알고리즘, DBSCAN 알고리즘 등 존재
차원 축소 (Dimension Reduction)	• 고차원의 데이터를 저차원의 데이터로 변환하는 방법 • 차원 축소는 데이터의 중요한 특성을 유지하면서 계산 비용을 줄이고, 데이터를 시각화하기 위해 사용 • 주요 차원 축소 기법에는 주성분 분석(PCA), 오토인코더 등 존재

(다) 강화학습(Reinforcement Learning)

» 강화학습은 기계학습의 한 분야로, 에이전트와 환경이 상호작용하면서 스스로 학습하여 최적의 행동(정책)을 찾아가는 과정이다.

» 예를 들어, 강화학습이 적용된 자율주행 차량이 교차로에 접근하는 상황에서 차량은 신호등의 색깔을 인식하여 멈추거나 주행하거나 하는 결정을 내린다.

» 만약 신호등이 빨간색일 때 멈추는 행동을 선택하면 긍정적인 보상을 받아 이 행동이 올바른 것임을 학습하게 된다.

» 반대로 빨간색 신호에서 주행하려고 시도하면 부정적인 보상(벌)을 받아, 앞으로는 이러한 행동을 피하려고 한다.

» 이러한 방식으로 자율주행 차량은 다양한 운전 상황에서 안전하게 운전 방법을 스스로 학습하며, 결국에는 운전자 없이도 안전하게 목적지까지 도달할 수 있는 능력을 키우게 된다.

» 강화학습을 설명하기 위해 게임과 강화학습의 구성요소를 연결하여 설명하면 다음과 같다.

▶ 강화학습 개념도

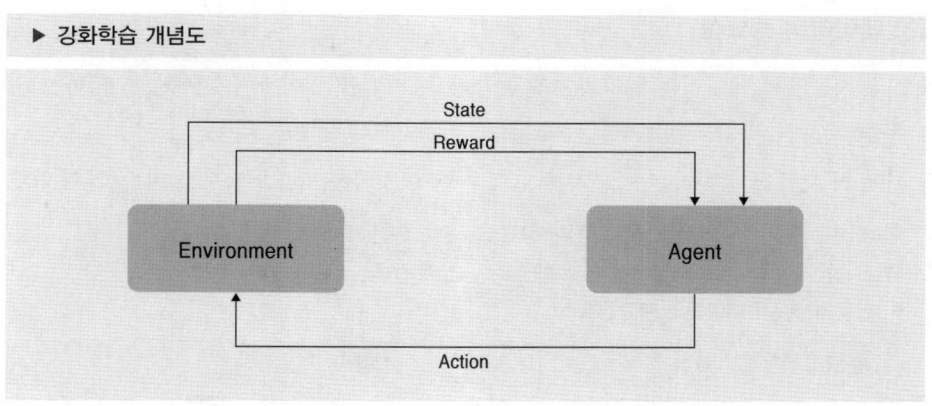

» 강화학습의 목표는 에이전트가 주어진 환경에서 최적의 결정을 내리는 방법을 학습하는 것과 유사하다.

▶ 강화학습의 구성요소

유형	설명
에이전트 (Agent)	• 환경과 상호작용하며 학습하는 주체이며, 어떤 행동을 취할지 결정함 • 게임 속 캐릭터　예) 마리오
환경 (Environment)	• 에이전트가 상호작용하는 외부 세계 • 에이전트의 행동에 따라 상태와 보상을 반환 • 게임 전체 월드, 맵, 장애물 등
상태 (State)	• 환경의 현재 상황을 나타내는 정보 • 에이전트가 관찰 가능한 정보 • 캐릭터 위치, 주변 장애물, 적의 위치 등
행동 (Action)	• 에이전트가 현재 상태에서 취할 수 있는 선택지 • 정책(policy)을 따라 결정됨 • 왼쪽으로 이동, 점프, 공격 등
보상 (Reward)	• 행동에 대한 환경의 피드백 • 에이전트가 목표를 달성했는지에 대한 신호 • 코인을 얻으면 +1, 적에게 닿으면 -10 등

» 강화학습은 에이전트(Agent), 환경(Environment), 상태(State), 행동(Action), 보상(Reward) 등으로 구성된다.

(3) 데이터의 중요성

» 인공지능에서 데이터는 알고리즘이 학습하고, 패턴을 인식하며, 예측을 수행하는 기반을 제공한다.
» 대량의 고품질 데이터는 인공지능 모델이 더욱 정확하고 효과적으로 학습할 수 있도록 하며, 결국 인공지능 시스템의 성능을 결정짓는 주요 요소가 된다.

▶ 인공지능에서 데이터의 중요성

중요성	설명
학습 기반	• 데이터는 인공지능 시스템이 학습하는 기반이 되며, 충분하고 다양한 데이터 없이는 효과적인 학습이 불가능
성능 향상	• 고품질의 데이터는 모델의 정확도를 높이고, 인공지능 시스템의 성능을 개선하는 데 필수
결정 및 예측	• 데이터는 인공지능이 결정을 내리고 미래를 예측하는 데 사용되는 정보의 원천으로, 정확한 데이터는 더 정확한 결정과 예측을 가능하게 함
응용 분야 확장	• 다양한 유형과 범위의 데이터를 활용함으로써 인공지능 시스템은 더 넓은 범위의 문제를 해결하고 다양한 분야에 적용 가능
알고리즘 개선	• 대량의 데이터를 분석하고 이해함으로써, 인공지능 연구자들은 더 효율적이고 혁신적인 알고리즘 개발할 수 있음

» 데이터의 질과 양을 신중하게 관리하고 최적화하는 것이 인공지능 개발에서 매우 중요하다.

2. 인공지능의 역사

» 인공지능은 여러 시대를 거쳐 발전해 왔으며, 이 과정에서 다양한 기술적 진보, 이론적 발견, 그리고 사회적, 경제적 영향을 끼쳤다

▶ 인공지능의 기본원리

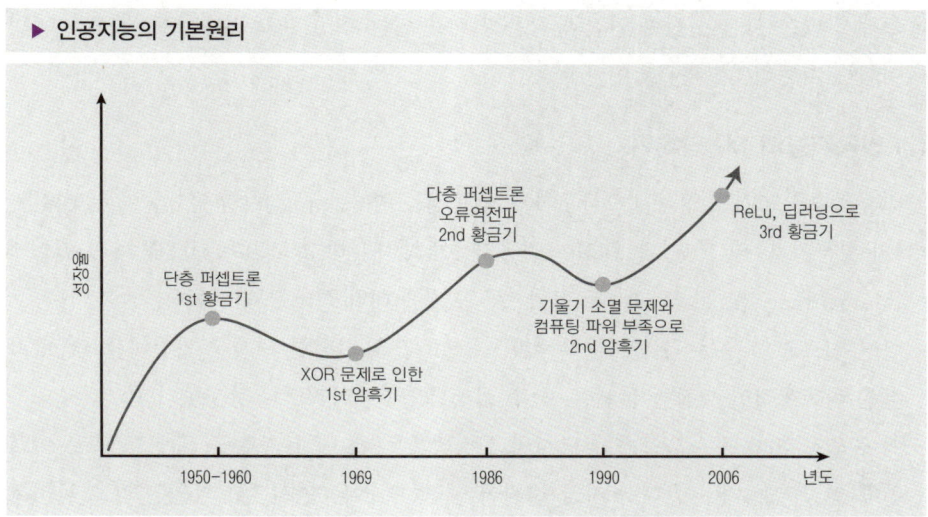

» 인공지능의 역사는 극적인 전환점들로 가득 찬 여정이며, 이 여정은 초기의 발전부터 실망, 그리고 다시 부흥에 이르기까지 인간의 지식과 기술의 한계를 시험하는 도전의 연속이었다.

01. 인공지능의 1차 황금기와 암흑기

(1) 인공지능의 1차 황금기

» 인공지능의 1차 황금기는 1950년대 후반부터 1960년대 초반까지로 간주하고, 이 시기는 인공지능 분야의 태동기로 기술적 진보와 더불어 큰 기대감이 형성된 시기였다.
» 인공지능이 탄생한 역사적 배경은 1956년 여름, 다트머스 대학의 학술회의에서 인공지능 분야의 공식적인 시작을 알렸다.
» 이 회의의 목적은 기계가 어떻게 학습할 수 있는지, 그리고 문제를 어떻게 해결할 수 있는지 등에 대한 아이디어를 탐구하는 것이었다.

- » 특히 1958년 프랭크 로젠블랫은 퍼셉트론(Perceptron)이라는 인공지능 모델을 제안했다.
- » 퍼셉트론은 입력값과 가중치의 곱을 모두 더한 뒤 그 값을 활성화 함수(Activation Function)에 전달하여, 그 값이 0보다 크면 1, 0보다 작으면 0 또는 -1을 출력하는 구조이다.
- » 그래서 많은 사람이 진짜 인간과 같은 기계를 만들 수 있다고 기대하게 되는데, 이것이 인공지능의 1차 황금기이다.

(2) 인공지능의 1차 암흑기

- » 인공지능은 초기의 열정에도 불구하고, 인공지능 연구는 곧 심각한 장애물에 부딪혔다.
- » 1차 황금기 후 약 10년 뒤 1969년 인공지능계의 대부라고 불리는 MIT의 마빈 민스키(Marvin Lee Minsky) 교수는 퍼셉트론 모델에 대한 한계를 지적했다.
- » 마빈 민스키 교수는 "퍼셉트론은 AND나 OR 같은 간단한 연산은 가능하나, XOR과 같은 비선형적인 복잡한 문제는 풀 수 없다."라고 수학적으로 증명했다.
- » 이 증명은 퍼셉트론을 포함한 당시의 신경망 연구에 대한 기대를 크게 꺾었고, 이로 인해 인공지능 연구에 대한 자금 지원이 급격히 줄어들면서 "AI 겨울"이라고 불리는 인공지능 전체의 1차 암흑기를 초래하는 주요 원인이 되었다.

02. 인공지능의 2차 황금기 및 암흑기

(1) 인공지능의 2차 황금기

- » 1차 암흑기 이후 약 20년이 지난 1986년, 퍼셉트론의 한계를 극복할 방법이 제시되었다.
- » 퍼셉트론은 입력층(Input Layer)과 출력층(Output Layer)으로 구성되어 간단한 문제는 해결할 수 있지만, 복잡한 문제는 해결할 수 없다고 지적되었다.
- » 지속적인 연구 끝에, 이러한 복잡한 문제를 해결하기 위해서는 입력층과 출력층 외에 은닉층(Hidden Layer)이 추가되어야 한다는 것을 발견했다.
- » 그 결과 입력층과 출력층 사이에 은닉층이 추가된 다층 퍼셉트론(MLP; Multi-layer Perceptron)이 등장하게 되었다.
- » 인공지능은 다시 2차 황금기를 맞이하게 되고, 이러한 성공으로 인해 AI에 대한 투자와 연구가 다시 시작되었다.

(2) 인공지능의 2차 암흑기

» 1990년대 전후로 AI 연구는 또 다른 문제에 봉착하게 되어, 2차 암흑기에 접어들었다.
» 복잡한 문제를 해결하기 위해 은닉층을 한 개 이상 추가하였지만, 은닉층의 개수가 무한대로 늘어나면, 계산한 결괏값을 잃어버리는 문제점이 발생하였다.
» 또한, 데이터는 급격히 증가하고 그에 비해 컴퓨팅 파워가 부족하여 제대로 학습을 못 하게 되어 인공지능은 또다시 제2차 암흑기에 들어가게 되었다.

03. 인공지능의 부활, 3차 황금기

» 2000년대에 들어오면서 인공지능은 기계학습과 딥러닝의 급격한 발전으로 인해 전례 없는 성장을 경험하고 있고, "AI의 부활" 또는 인공지능의 "3차 황금기"로 불린다.
» 클라우드 컴퓨팅(Cloud Computing), GPU 등의 발전으로 대규모 데이터를 처리하는데 부족했던 컴퓨팅 파워의 문제를 해결하게 된다.
» 특히, 딥러닝으로 개발한 바둑 두는 프로그램 알파고(AlphaGo)가 이세돌 9단을 이기는 등 인공지능이 인간의 능력을 뛰어넘는 일도 발생했다.
» 이러한 성과는 AI 기술의 가능성을 널리 알리는 계기가 되었다.

1. 다음 중 지도 학습(Supervised Learning)의 특징으로 적절한 것을 고르시오.

① 데이터에 정답(레이블)이 존재하지 않고 패턴을 스스로 학습한다.
② 외부의 보상 신호에 의해 점진적으로 학습하고 최적의 행동을 찾는다.
③ 정답(레이블)이 포함된 데이터를 통해 학습하며, 예측 정확성을 높인다.
④ 다층 퍼셉트론을 기반으로 여러 단계의 학습을 수행한다.

【해설】
지도 학습은 인공지능의 가장 일반적인 형태 중 하나로, 데이터와 그에 대한 정답(레이블)을 함께 사용하여 모델을 학습시키는 방법이다. 이 과정을 기반으로 모델은 입력 데이터에서 패턴을 학습하고, 새로운 데이터에 대해 예측을 수행한다.

정답 | ③

2. 다음에서 지도 학습(Supervised Learning)과 비지도 학습(Unsupervised Learning)의 유형이 알맞게 짝지어진 것을 고르시오.

〈지도 학습〉	〈비지도 학습〉
① 클러스터링(Clustering)	회귀(Regression)
② 군집화(Clustering)	K-means 알고리즘
③ 차원 축소(Dimension Reduction)	분류(Classification)
④ 회귀(Regression)	차원 축소(Dimension Reduction)

【해설】
지도학습에서는 회귀(Regression)와 분류(Classification)가 대표적이다. 비지도 학습에서는 클러스터링(Clustering)과 차원 축소(Dimension Reduction)가 대표적 기법이다.

정답 | ④

3. 다음은 강화학습(Reinforcement Learning)의 개념도이다. 강화학습의 특징으로 옳은 것을 고르시오.

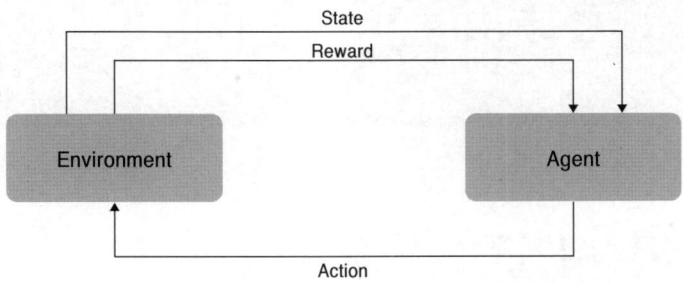

① 모든 데이터가 정답과 함께 제공되며 정확하게 학습한다.
② 사람의 지시 없이 스스로 규칙을 생성하며 학습한다.
③ 목표를 달성할 때마다 보상을 받으며 점진적으로 학습한다.
④ 입력 데이터 없이도 스스로 예측 결과를 생성할 수 있다.

【해설】
강화학습은 인공지능이 목표를 달성할 때마다 주어지는 보상을 통해 스스로 학습해 나가는 방식이다. 예를 들어 체스 게임에서는 AI가 한 수를 두고 유리한 상황이 되면 보상을 받고, 불리하면 페널티를 받으며 최적의 전략을 찾아간다.

정답 | ③

2장 | 생성형 AI의 이해와 원리

1. 생성형 AI의 개요

01. 생성형 AI란?

(1) 생성형 AI의 개념

» 생성형 AI(Generative Artificial Intelligence)는 데이터를 학습하여 새롭고, 창의적인 콘텐츠를 생성할 수 있는 AI 기술을 의미한다.
» 생성형 AI는 텍스트, 이미지, 음악, 비디오 등 다양한 형태의 미디어를 생성할 수 있다.
» 예를 들어, 작가의 스타일을 반영하여 소설을 만들거나, 존재하지 않는 가상의 인물을 사실적으로 이미지를 생성할 수 있다.
» 그리고 유명 작곡가의 스타일로 교향곡을 작곡하거나, 간단한 텍스트 설명으로 비디오 클립을 만들 수 있다.

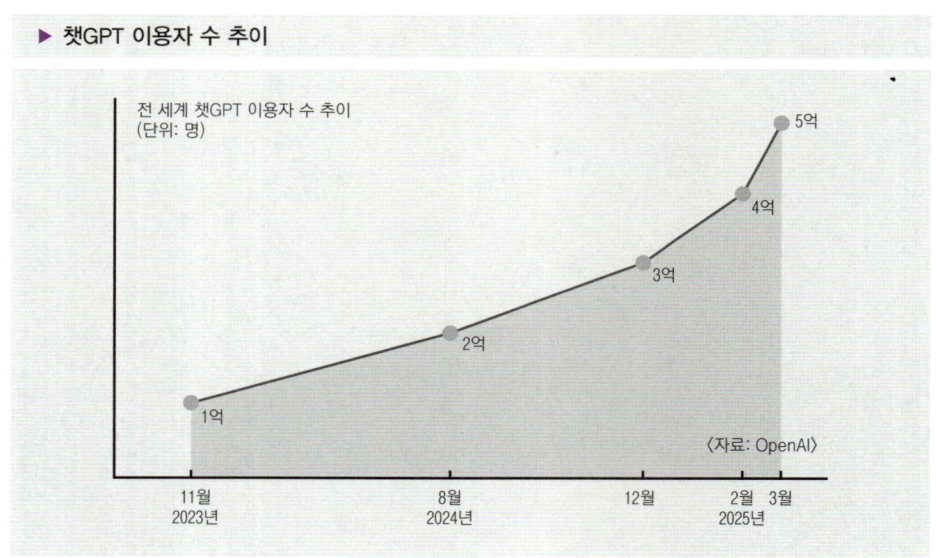

▶ 챗GPT 이용자 수 추이

- » 생성형 AI라는 화두를 세상에 쏘아 올린 것은 오픈AI에서 2022년 11월에 출시한 챗GPT이다.
- » 챗GPT는 텍스트, 이미지, 오디오 처리에서 인간 수준의 추론과 생성 능력을 보여준다.
- » 특히 전문직 시험(의사, 변호사 등)에서 상위 10% 수준의 답변을 제공하며, 사무직 업무 보조에 널리 활용되고 있다.
- » 오픈AI는 챗GPT에 대해 "인간의 수준을 가졌다"라고 자평했고, 일반 대화에서도 인간과 큰 차이를 느끼지 못하는 수준이 되었다.

(2) 생성형 AI의 특징

- » 생성형 AI는 업무환경에서 보고서 작성, 이메일 초안 작성, 마케팅 콘텐츠 생성 등의 반복적인 업무를 자동화하여 업무 효율성을 크게 향상할 수 있다.
- » 또한, 정확하고 신속한 의사결정을 할 수 있어 비즈니스 경쟁력 강화에 긍정적인 영향을 미친다.

▶ 생성형 AI의 특징

특징	설명
개인화	• 사용자의 선호도나 이전 행동을 학습하여 맞춤형 콘텐츠를 생성할 수 있고, 광고, 추천 시스템 등 다양한 영역에서 응용 가능
창의적 콘텐츠 생성	• 예술가나 디자이너 등에게 새로운 아이디어를 제공하고, 새로운 디자인을 신속하고 다양하게 생성하는 데 도움을 줄 수 있음
자동화	• 반복적이거나 표준화된 콘텐츠 생성 과정을 자동화함으로써 시간과 비용을 절약할 수 있음 • 보고서 작성, 코드 생성, 자동 뉴스 기사 작성 등에서 생성형 AI의 역할 확대
생산성 향상	• 직원의 워크플로(Workflow)를 강화하고 조직 내 모든 사람을 위한 효율적인 보조 역할 가능

- » 생성형 AI는 다양한 분야에서 혁신을 촉진하고, 인간의 창의력을 확장하는 역할을 하고 있지만, 동시에 저작권, 윤리적 문제 등에 대한 새로운 도전 과제에 직면하고 있다.

02. 생성형 AI의 단점

» 생성형 AI의 영향력은 예술, 엔터테인먼트, 광고, 교육, 심지어 과학 연구에 이르기까지 사회의 여러 분야에 걸쳐 있지만, 생성형 AI의 발전과 함께 단점과 도전 과제들이 있다.

» 데이터 편향에서부터 저작권 문제, 인간의 역할 축소, 윤리적 및 환경 관련 문제에 이르기까지, 생성형 AI의 기술은 신중한 고려와 문제 해결을 위한 지속적인 연구가 필요하다.

▶ 생성형 AI의 단점

단점	설명
잘못된 정보의 생성	• 잘못된 가짜 정보를 생산할 수 있으며, 이를 '환각(Hallucination)'이라고 함
잘못된 편향 강화	• 잘못된 데이터를 학습하여, 위험한 고정 관념과 혐오 발언 등을 응답할 수 있는 모델 생성 가능
보안 리스크와 법적 위험	• 생성형 AI의 응답은 저작권 보호 콘텐츠를 재생산하거나 실제 사람의 음성이나 신원을 동의 없이 도용하여 법적 위험을 초래할 수 있음

» 환각(Hallucination)은 모델이 실제 데이터나 사실에 기반하지 않고, 잘못된 정보나 거짓된 내용을 생성하는 현상이다.

2. 생성형 AI의 원리

01. 생성형 AI의 원리

» 생성형 AI(Generative AI)는 인간이 만든 데이터에서 패턴을 학습하여, 새로운 콘텐츠를 생성하는 인공지능 기술이다.

» 문장, 이미지, 음성 등 다양한 형태의 결과물을 만들어낼 수 있으며, 그 핵심은 대규모 데이터 기반의 예측과 생성에 있다.

» 생성형 AI는 대규모의 텍스트, 이미지, 음성 등의 데이터를 학습하여, 데이터 내의 패턴, 규칙, 문맥 구조 등을 인공신경망을 통해 익힌다.

(1) 인공신경망(ANN; Artificial Neural Networks)

» 인공신경망은 기계학습과 인지과학에서 생물학의 신경망(동물의 중추신경계 중 특히 뇌)에서 영감을 얻은 알고리즘이다.

(가) 퍼셉트론(Perceptron)

» 퍼셉트론은 인간의 뇌에 존재하는 뉴런을 모방하여 입력층, 출력층으로 구성한 인공신경망 모델이다.

▶ 퍼셉트론의 구성요소

구성요소	설명
입력층 (Input Layer)	• 초기에 데이터가 입력되는 층을 의미
은닉층 (Hidden Layer)	• 데이터가 드러나지 않고 가려져 있는 층을 의미하고, 우리 눈에 보이지 않기 때문에 블랙박스와 같다고 하여 은닉층이라 부름
출력층 (Output Layer)	• 신경망의 마지막 층으로, 은닉층의 처리 결과를 바탕으로 최종 출력하는 층

» 퍼셉트론은 입력값과 출력층으로 구성된 단층 퍼셉트론과 입력층과 은닉층, 출력층으로 구성된 다층 퍼셉트론으로 구분한다.
» 퍼셉트론은 입력값과 가중치의 곱을 모두 더한 뒤 그 값을 활성화 함수(Activation Function)에 전달하여, 그 값에 따라 1에서 −1을 출력하는 구조이다.
» 퍼셉트론을 기반으로 간단한 논리 게이트(AND 게이트, OR 게이트, NAND 게이트)를 구현할 수 있고, 두 개의 특성을 가진 데이터를 바탕으로 두 개의 클래스로 데이터를 나눌 수 있다.

▶ 퍼셉트론 개념도

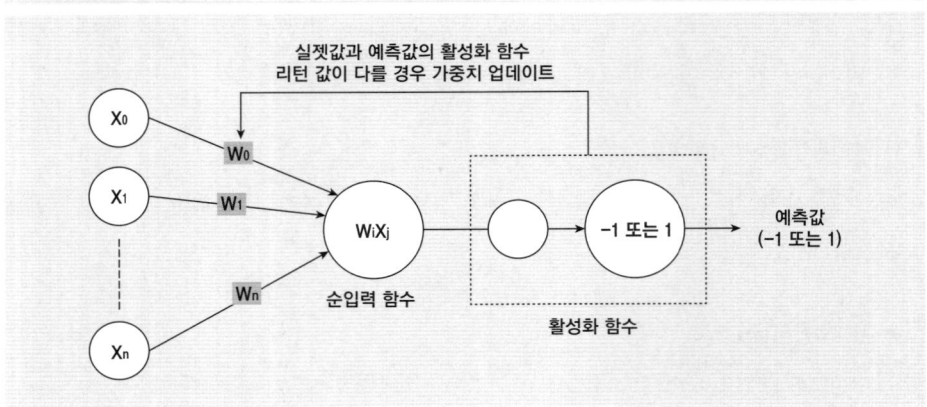

» 퍼셉트론의 동작은 다음과 같다.

▶ 퍼셉트론의 동작 방식

단계	설명
1단계	• 퍼셉트론은 X_0, X_1, X_2의 각 입력값에 해당하는 가중치(Weight) W_0, W_1, W_2를 설정
2단계	• 각각의 입력값과 가중치를 곱한 합 계산 • 예를 들어 X_0와 W_0의 곱, X_1와 W_1의 곱 등을 구하고 모든 값의 총합을 계산
3단계	• 총합을 활성화 함수에 대입하여, 결괏값 출력
4단계	• 결괏값이 실제 결과와 다를 경우 가중치를 업데이트하며, 위 과정을 반복

(나) 활성화 함수(Activation Function)

» 활성화 함수는 인공신경망 모델에서 입력 신호의 총합을 출력 신호로 변환하는 함수로, 입력받은 신호를 다음 단계에서 출력된 신호의 활성화 여부를 결정한다.
» 그리고 입력 신호의 총합이 무한대로 크거나, 무한대로 작으면 신호의 활성화 여부를 결정할 수 없으므로, −1∼1까지의 값으로 변경한다.

▶ 활성화 함수 개념도

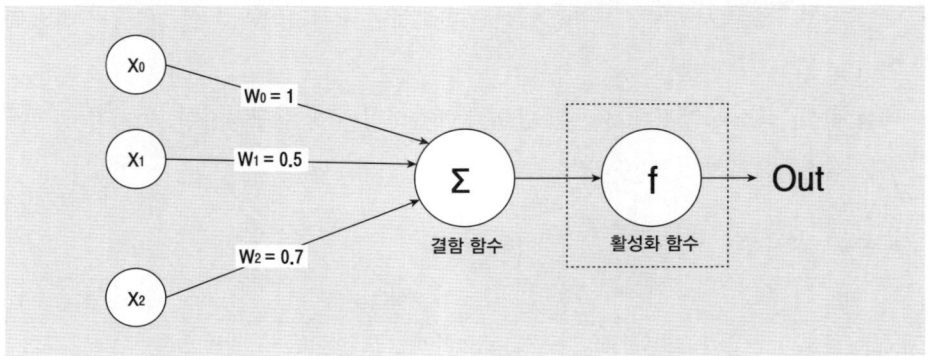

(2) 확률적 생성과 반복 예측

» 학습된 AI는 프롬프트를 입력받으면, 그에 가장 알맞은 다음 단어를 확률적으로 예측한다.
» 이 예측은 단발성으로 끝나는 것이 아니라, 반복적으로 수행되어 전체 문장, 이미지, 오디오 등을 순차적으로 생성하게 된다.
» 이 과정에서 모델은 학습 당시 익힌 문맥과 구조 정보를 바탕으로 창의적이고 유사하지만 새로운 콘텐츠를 만들어낸다.

(가) 확률 기반의 예측 메커니즘

» 모델은 입력(프롬프트)에 대해 다음에 올 요소(예: 단어, 토큰, 픽셀 등)의 확률 분포를 계산한다.
» 이 중 가장 가능성이 높은 값을 선택하거나, 샘플링 기법을 통해 적절한 값을 선택한다.

▶ 확률 기반의 예측 메커니즘

구분	설명
텍스트 예측	• 프롬프트: "나는 오늘" → 예측 후보: 기분(45%), 날씨(30%), 밥(20%), 회의(5%) • 확률이 가장 높은 '기분'을 선택할 수 있음
이미지 캡션 생성	• 이미지 입력: 고양이가 소파에 누워 있음 → 예측 후보: 고양이가 자고 있다(30%), 소파 위 고양이(35%), 강아지와 함께 있다(5%) • 가장 적절한 문장을 선택하여 이미지 설명 생성

» 이러한 방식은 정해진 답이 아닌 다양한 표현을 가능하게 하는 핵심 원리이다.

(나) 반복적 생성 구조

» 예측된 결과를 다시 입력으로 넣고, 이를 반복하면서 문장이나 콘텐츠를 점진적으로 완성한다.
» 예를 들어, 텍스트 생성에서는 한 단어씩 예측하여 문장을 구성하며, 이미지 생성에서는 점진적으로 픽셀을 예측한다.

▶ 반복적 생성 구조

구분	설명
자동 이메일 작성	• 입력: "안녕하세요." → "업무 관련 메일 드립니다." → "회의 일정 확인 부탁드립니다." • 생성된 문장을 다음 입력으로 계속 활용하여 완성도 높은 이메일 구성
시 이야기 생성	• 첫 문장: "옛날에 용감한 기사 한 명이 살았다." → "그는 어둠의 숲을 탐험했다." → "거기서 전설의 검을 발견했다." • 이전 문장을 기반으로 다음 문장을 생성하며 일관된 이야기 전개

» 이 반복 예측 구조 덕분에 생성형 AI는 복잡하고 유창한 콘텐츠를 만들어낼 수 있다.

02. 거대 언어 모델(LLM; Large Language Model)

» 영문에서 알 수 있듯이 큰 언어 모델로, 대규모의 데이터셋에서 학습된 거대한 인공지능 언어 모델을 의미한다.
» 이러한 모델들은 수십억 개의 단어로부터 언어의 구조, 문법, 의미 등을 학습하여 텍스트를 생성한다.
» 학습된 텍스트를 기반으로 질문에 답변하고, 문장을 이해하거나 번역하는 등 다양한 언어 관련 작업을 수행한다.

▶ 거대 언어 모델의 특징

특징	설명
대규모 데이터 학습	• LLM은 인터넷의 많은 양의 데이터를 학습하고, 다양한 주제와 문맥에서 사용되는 언어의 뉘앙스와 패턴 파악
다양한 언어 작업 수행 능력	• LLM은 단순한 텍스트 생성뿐만 아니라, 질문에 대한 답변 제공, 텍스트 요약, 기계 번역, 감성 분석 등 다양한 작업 수행
사전 학습과 미세 조정	• 대부분의 LLM은 사전 학습(Pre-trained)과 미세 조정(Fine-tuning)의 두 단계로 진행 • 사전 학습에서는 일반적인 언어 이해 능력을 학습하고, 미세 조정에서는 특정 작업이나 도메인에 맞게 모델을 조정

- » LLM의 대표적인 예는 오픈AI가 사용하는 GPT와 구글(Google)에서 개발한 BERT 등으로 두 모델 모두 대량의 언어를 학습하여, 뛰어난 성능을 보여준다.
- » LLM은 사전 학습과 미세 조정의 두 단계로 진행되며, 이를 통해 일반적인 언어 이해 능력을 학습하고, 특정 작업이나 도메인에 맞게 모델을 조정할 수 있다.

(1) 사전 학습(Pre-trained)

- » 사전 학습은 모델을 특정 작업에 사용하기 전에, 대규모의 데이터를 사용해 언어의 기본 구조와 패턴을 미리 학습시키는 과정을 말한다.

▶ 사전 학습의 목적

목적	설명
일반적인 지식 습득	• 모델이 다양한 주제와 상황에서 사용되는 언어의 패턴, 문법, 의미 등을 미리 학습하여 광범위한 지식 습득
효율적인 학습	• 사전 학습된 모델은 새로운 데이터나 작업에 대해 빠르게 적응하고, 더 적은 데이터로도 좋은 성능 확보
성능 향상	• 데이터셋에서 사전 학습을 진행하면, 모델이 더 복잡하고 세밀한 패턴을 학습할 수 있어, 최종 작업에서의 성능 향상

- » 사전 학습된 모델은 새로운 데이터나 작업에 대해 빠르게 적응하고, 더 적은 데이터로도 좋은 성능의 모델 확보가 가능하다.
- » 사전 학습 없이 모델을 학습한다면 다음과 같은 문제가 발생한다

▶ 사전 학습이 없을 때 문제점

문제점	설명
긴 학습 시간	• 모델이 기본적인 요소를 처음부터 학습해야 하므로, 학습 과정이 훨씬 더 길어짐
대규모 데이터 필요성	• 모델이 기본적인 요소를 처음부터 배워야 하므로, 많은 양의 학습 데이터 필요
적응성 부족	• 사전 학습 없이 각각의 작업에 대해 모델을 별도로 학습시키면, 모델이 새로운 작업이나 변화하는 환경에 빠르게 적응하는 능력 부족

- » 사전 학습 없이 모델을 개발하는 것은 그 가능성과 효율성, 그리고 최종 성능 측면에서 많은 제한을 두게 된다.
- » 사전 학습은 모델이 복잡한 언어를 이해하고, 다양한 작업에 빠르고 효율적으로 적응할 수 있도록 하는 기초적인 단계로서, 현대의 언어 모델 개발에서 중요한 역할을 한다.

(2) 미세 조정(Fine-tuning)

» 미세 조정이란 사전 학습(Pre-trained)한 모델에 최소한의 정보만 수정하여, 새로운 모델을 생성하는 방법이다.
» 예를 들어, 어떤 모델이 바둑을 두는 모델을 사전 학습했다면, 그와 유사한 오목 두는 모델을 만들기 위해 바둑을 두는 모델을 복사하여 최소한의 정보만 변경하여 오목에 최적화되도록 학습하는 방법이다.

▶ 미세 조정의 이점

이점	설명
성능 향상	• 미세 조정을 통해 모델은 특정 작업에 대해 더 높은 정확도와 효율성 달성
데이터 효율성	• 사전 학습된 모델 사용 시, 더 적은 양의 데이터로도 뛰어난 성능 확보
유연성과 재사용성	• 동일한 사전 학습된 모델을 다양한 작업에 미세 조정하여 사용할 수 있어, 개발 시간과 비용 절약

» 미세 조정은 모델이 새로운 작업에 빠르게 적응하고, 적은 데이터로도 높은 성능을 낼 수 있다.

▶ 미세 조정 절차

절차	설명
사전 학습된 모델 선택	• 관련 작업에 대해 이미 학습된 모델을 선택 • 일반적으로 대규모 데이터셋으로 훈련되어 높은 수준의 지식 보유
미세 조정 대상 설정	• 모델의 모든 층(Layer)을 미세 조정할 수도 있고, 일부 층만을 선택해서 학습시킬 수도 있지만, 보통은 모델의 출력층에 가까운 부분을 새로운 작업에 맞게 조정
학습률 조정	• 미세 조정 시, 학습률(Learning Rate), 가중치를 크게 변경하지 않으면서 새로운 데이터에 대해 점진적으로 적응하도록 생성
추가 학습	• 실제값과 예측값 간의 오차가 최소화가 될 때까지 세부적인 조정을 수행

» 학습률은 인공지능 모델이 학습하는 속도를 결정하는 매개변수로, 너무 크면 학습이 불안정해지고, 너무 낮으면 학습이 느려질 수 있다. 적절한 학습률을 설정하는 것은 모델이 최적의 성능에 도달하는 데 필수적이다.
» 사전 학습이 언어 모델에게 넓은 범위의 언어적 지식과 패턴을 가르치는 단계라면, 미세 조정은 이러한 지식을 바탕으로 모델을 특정 작업에 맞춰 세밀하게 조정하는 단계이다.

1. 다음 중 거대 언어 모델(LLM; Large Language Model)의 주요 특징으로 옳지 않은 것을 고르시오.

① 대규모 데이터셋을 학습하여 언어의 뉘앙스와 패턴을 파악한다.
② 입력된 문장을 문법 규칙에 따라 고정된 방식으로 처리한다.
③ 단순한 텍스트 생성뿐만 아니라 답변 제공, 기계 번역 등을 수행한다.
④ 사전 학습과 미세 조정 단계를 통해 특정 도메인에 맞게 모델을 조정한다.

【해설】
LLM은 입력된 문장을 문법 규칙에 따라 고정된 방식으로 처리하지 않는다. 거대 언어 모델이라는 이름처럼, 수십억 개의 단어에서 언어의 구조와 의미를 학습하여 자연스러운 텍스트를 생성한다.
반면, 초기 챗봇이나 문법 검사 프로그램은 ②번과 같이 문법 규칙에 따라 고정된 방식으로 처리하며, 특정 도메인이나 시나리오에 한정되어 일반화가 어렵다.

정답 | ②

2. 다음 퍼셉트론의 개념도를 참고하여 옳은 설명을 고르시오.

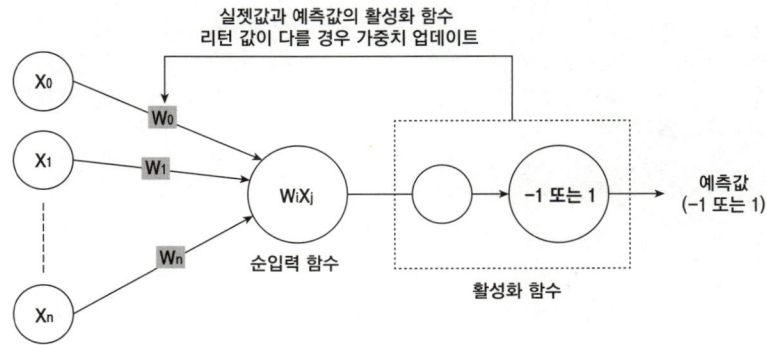

① 출력층은 신경망의 중간층으로, 예측 결과를 출력한다.
② 다층 퍼셉트론은 입력층, 은닉층, 출력층으로 구분한다.
③ 활성화 함수는 신호의 최적화 여부를 결정한다.
④ 단층 퍼셉트론은 활성화 함수를 사용하지 않는다.

【해설】
퍼셉트론은 입력값과 출력층으로 구성된 단층 퍼셉트론과 입력층과 은닉층, 출력층으로 구성된 다층 퍼셉트론으로 구분한다.

정답 | ②

3. 다음에서 설명하는 챗GPT의 작동 원리를 고르시오.

> 사전 학습(Pre-trained)한 모델에 최소한의 정보만 수정하여, 새로운 모델을 생성하는 방법

① 미세 조정
③ 대화 생성
② 사전 학습
④ 응답 최적화

【해설】
미세 조정이란 사전 학습(Pre-trained)한 모델에 최소한의 정보만 수정하여, 새로운 모델을 생성하는 방법이다.
예를 들어, 어떤 모델이 바둑을 두는 모델을 사전 학습했다면, 그와 유사한 오목 두는 모델을 만들기 위해 바둑을 두는 모델을 복사하여 최소한의 정보만 변경하여 오목에 최적화되도록 학습하는 방법이다.

정답 | ①

3장 생성형 AI의 핵심요소

1. 생성형 AI 알고리즘

01. 생성적 적대 신경망(GAN; Generative Adversarial Networks)
» GAN은 생성형 AI 분야에서 중요한 개념 중 하나로, 2014년에 처음 소개되었다.
» GAN은 두 개의 신경망인 생성자(Generator)와 판별자(Discriminator)가 서로 경쟁하는 과정을 통해 학습하는 구조로 이루어져 있다.
» 생성자는 진짜와 유사한 가짜 데이터를 만들고, 판별자는 생성자가 만든 데이터가 진짜인지, 가짜인지 판별하는 역할을 한다.
» 생성자와 판별자가 서로를 속이고, 판별하려는 과정을 통해, 생성자는 점점 더 정교한 가짜 데이터를 만들어내며, 최종적으로는 진짜 데이터와 구분하기 어려운 수준의 데이터를 생성한다.

(1) GAN의 구조와 핵심 원리
» GAN은 흔히 경찰과 위조 지폐범 사이의 게임으로 비유된다.
» 위조 지폐범은 진짜 같은 화폐를 만들어 경찰을 속이기 위해 노력하고, 경찰은 위조 지폐를 잘 감별하기 위해 노력한다.
» GAN의 핵심 원리를 위조 지폐범과 경찰관에 비유한 설명은 다음과 같다.

▶ GAN 절차

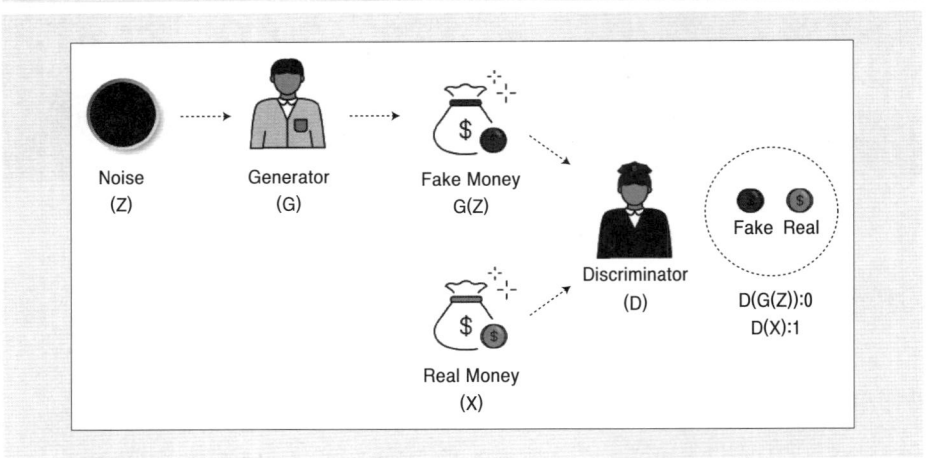

» 위조 지폐범(생성자(G))은 Fake Money(G(Z))를 만들고, 경찰(판별자(D))이 Fake Money(G(Z))가 진짜인지, 가짜인지 판별하고 있다.
» 생성자와 판별자는 서로 경쟁하면서도 동시에 각자의 성능을 향상한다.

▶ GAN 절차

단계	생성자(위조 지폐범)의 활동	판별자(경찰)의 활동
1	• 무작위 데이터로부터 초기 가짜 이미지 생성	• 제공된 이미지가 진짜인지 가짜인지 평가
2	• 판별자의 피드백을 바탕으로 이미지의 질 개선	• 향상된 기준으로 진짜와 가짜를 구분
3	• 더 정교하고 현실적인 가짜 이미지 생성	• 강화된 인식 능력으로 더욱 정확하게 진짜와 가짜를 판별
4	• 판별자를 완벽하게 속일 수 있는 최종적인 고품질 이미지 생성	• 판별자가 구별하기 매우 어려워진 최종적인 평가 수행

» GAN은 주로 이미지 관련 작업에 사용되지만, 음악과 이미지 등 다른 유형의 데이터를 생성하는 목적으로도 사용된다.

(2) GAN의 문제점

» GAN은 딥페이크(Deep Fake)의 핵심기술로, 사실과 구분하기 어려운 가짜 이미지, 오디오, 비디오 등을 생성하는 기술이다.
» 이 기술은 엔터테인먼트, 예술, 교육 등 다양한 분야에서 긍정적인 용도로 활용될 수 있지만, 여러 가지 문제점이 있다.

▶ GAN의 문제점

문제점	설명
가짜 뉴스와 정보의 왜곡	• 정치적, 사회적 목적으로 사용될 경우, 가짜 뉴스를 생성하고 정보를 왜곡하여 사회적 혼란 야기
개인의 권리 침해	• 개인의 이미지나 음성을 동의 없이 사용하여 가짜 콘텐츠를 생성할 수 있고, 명예훼손, 사생활 침해, 저작권 위반 등 개인의 권리를 심각하게 침해
사이버 범죄의 도구	• 금융사기, 협박, 사기 등 다양한 사이버 범죄에서 활용되어 개인을 모방한 가짜 오디오나 비디오를 이용한 범죄는 피해자에게 심각한 피해 발생
신뢰도 저하	• 이미지, 오디오 등 진짜와 가짜를 구분하기 어려워지면, 일반 대중이 미디어 콘텐츠를 신뢰하는 데 있어 회의적

» 딥페이크와 관련된 이러한 문제점들을 해결하기 위해서는 기술적인 개발뿐만 아니라 법적, 윤리적 가이드라인 마련이 필요하다.
» 사회적으로는 딥페이크 기술의 긍정적인 사용에 대한 인식을 높이고, 건전한 사용을 장려하는 노력이 필요하다.

02. 변이형 자동 인코더(VAE; Variational Autoencoder)

» VAE는 생성형 AI의 핵심기술 중 하나로, 대규모의 복잡한 데이터를 학습하고 새로운 데이터를 생성할 수 있는 신경망 구조이다.
» VAE는 입력 데이터를 압축한 후 이 압축된 정보로부터 원본 데이터와 유사한 새로운 데이터를 생성하는 모델이다.

(1) VAE의 구조와 핵심 원리

» 생성형 AI는 새로운 콘텐츠를 만드는 기술이고, VAE는 그 안에서 데이터를 압축하고, 새로운 데이터를 생성하는 역할을 한다.
» VAE는 데이터를 효율적으로 요약하고, 그 요약된 형태를 바탕으로 새로운 데이터를 생성한다.
» 다음은 VAE가 동작하는 원리이다.

▶ VAE 동작원리

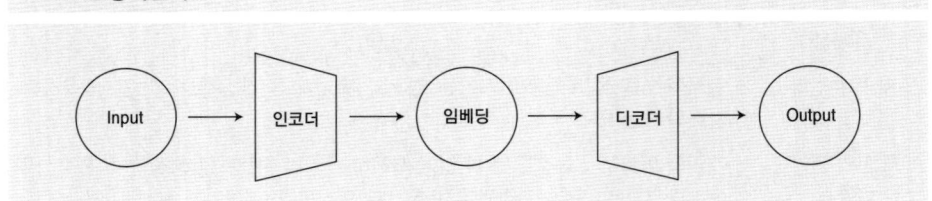

» VAE에서 인코더는 입력 데이터를 저차원으로 압축하여 잠재 공간(Latent space)에 저장한다.
» 잠재 공간은 입력 데이터의 복잡한 특성과 구조를 간략하게 압축하여 효율적으로 정리함으로써, 모델이 데이터를 학습하고 새로운 데이터를 생성하거나 변환하는 데 활용하는 공간이다.
» 디코더는 잠재 공간에 저장된 데이터를 바탕으로, 원본 데이터를 재구성하여 새로운 데이터를 생성할 수 있다.

(2) VAE의 구성요소

» VAE는 인코더(Encoder), 디코더(Decoder) 등으로 구성된다.

▶ VAE의 구성요소

구성요소	설명
인코더 (Encoder)	• 입력 데이터를 압축하여 잠재 공간에 저장하고, 이 과정에서 데이터의 중요한 특성이 잠재 변수로 변환
디코더 (Decoder)	• 잠재 공간에 저장된 데이터를 바탕으로 원본 데이터와 유사한 새로운 데이터 재구성

» VAE의 목표는 인코더가 생성한 잠재 변수를 바탕으로 원본 데이터를 가능한 한 정확하게 생성하는 것이다.

(3) VAE의 활용사례

» 다음은 VAE를 이해하기 위해 "예술가가 다양한 스타일의 그림을 창작하는 과정"에 대한 사례이다.

▶ VAE의 활용사례

활용사례	설명
인코더 (Encoder)	• 예술가가 그림의 특징을 배우는 단계 • 예술가가 다양한 그림을 관찰하면서 각 그림의 주요 특징(예: 색상, 구도, 스타일 등)을 머릿속에 "추상적으로" 저장 • 이때 예술가는 모든 그림을 그대로 기억하지 않고, 그림의 특징만 간단한 메모로 요약하는데, 이 요약이 잠재 공간(Latent Space)임 • 인코더에서는 데이터(그림)를 압축해서 잠재 공간에 표현하는 단계
디코더 (Decoder)	• 그림을 다시 그리는 단계 • 예술가는 메모에 적힌 추상적인 특징을 바탕으로 원래 그림과 비슷한 새 그림 생성 • 이 과정에서 새로운 그림이 완벽히 같지는 않지만, 원래 그림과 유사한 특징 가짐 • 디코더에서는 잠재 공간의 정보를 이용해 데이터를 복원하는 단계

» 예술가는 메모를 조금 변형하거나, 기존에 보지 못한 새로운 메모를 작성하여 완전히 새로운 그림을 창작한다.
» VAE는 잠재 공간에서 데이터를 샘플링하여 기존 데이터와 유사하지만 새로운 데이터를 생성할 수 있다.

2. 생성형 AI의 핵심기술

» 생성형 AI가 작동하려면 다양한 기술 요소가 유기적으로 결합되어야 한다.
» 특히 언어, 시각, 음성 등 다양한 입력 데이터를 이해하고 생성하기 위해 각 영역별 핵심기술이 활용된다.

▶ 생성형 AI의 핵심기술

핵심기술	설명
자연어 처리	• 단어를 수치로 표현하는 기술(Word2Vec, BERT 등) • 언어 간 의미 유사도, 문맥 이해 기반
이미지 처리	• 스테이블 디퓨전(Stable Diffusion), 미드저니(Midjourney) 등 • 텍스트를 기반으로 이미지를 생성하거나, 기존 이미지를 변형
음성 및 오디오 처리	• 챗GPT의 음성 응답, SUNO AI 등 • 멜로디, 리듬, 악기 스타일 등을 조건으로 새 음악 생성 가능
멀티모달 학습	• 텍스트를 보고 이미지를 이해하거나, 이미지를 보고 텍스트로 설명 생성 • 텍스트를 기반으로 영상 생성 (예: Sora, Veo) • 비디오 내 장면 전환, 움직임 등을 자연스럽게 예측하여 생성

- » 생성 품질을 높이기 위한 보상 기반 학습 방식으로, 주로 RLHF(인간 피드백을 활용한 강화학습)가 사용된다.
- » RLHF(Reinforcement Learning from Human Feedback)는 인간이 더 나은 응답을 평가하여, AI가 그것을 학습하는 방식이다.

01. 자연어 처리(NLP; Natural Language Processing)

- » 자연어 처리는 단어와 문장의 의미를 컴퓨터가 이해할 수 있도록 수치화하는 과정으로 시작된다.
- » 대표적인 기술로는 Word2Vec와 같은 정적 임베딩, 그리고 BERT와 같은 문맥 기반 임베딩이 있다.
- » 임베딩의 초기 기법은 통계적 기반에 중심을 둔 기법이다.
- » 이른바 말뭉치라 불리는 코퍼스(Corpus)의 통계량을 직접적으로 활용하는 기법이다.
- » 통계적 기반 임베딩 기법의 종류는 TDM, TF-IDF, 원-핫 인코딩(One-hot Encoding) 등이 있다.

▶ 통계적 기반 임베딩 기법의 유형

유형	설명
TDM (Term-Document Matrix)	• 단어-문서행렬이라고 부르며 문서에서 등장하는 단어들의 빈도를 행렬로 표현하는 방법 • BoW(Bag-of-Word)의 표현을 행렬로 표현하는 방법으로 문서로 부터 수치화된 단어들을 서로 비교할 수 있다는 장점이 있는 반면에 고려해야 할 단어 수가 대량일수록 적용하는데 한계가 있다는 단점이 있음
TF-IDF (Term Frequency-Inverse Document Frequency)	• 특정 단어가 문서 내에서 출현하는 빈도(TF) 값과 역빈도(IDF) 값을 계산하는 방법 • 문서에서 특정 단어가 얼마나 중요한 역할을 하는 것인지를 나타내는 통계적 수치로 일반적으로 TF-IDF 값이 큰 단어일수록 문서에서 중요도가 높다고 간주할 수 있음 • TF-IDF 방법은 문서의 핵심어 추출, 검색 결과의 우선순위 결정 등에 활용
원-핫 인코딩 (One-hot Encoding)	• 범주형 데이터를 처리하기 위한 기법으로 각각의 범주를 단일한 이진 벡터로 표현하고 해당 범주에 해당하는 열은 1로 표시하고 나머지 열은 0으로 표시하여 분석하는 방법 • 문자를 숫자로 표현하는 가장 기본적인 방법으로 기계 학습과 딥러닝 학습을 위해서는 반드시 이해해야 할 표현 방법 • 원-핫 인코딩은 단어 간의 관계에서 단어 간의 유사성과 반대 의미에 대해서는 반영하지 못하고 문장의 횟수에만 의존한다는 단점이 존재

- » 이 기술들은 문장의 의미, 유사성, 문법적 관계 등을 추론하는 데 사용된다.

02. 이미지 처리(Image Processing)

» 생성형 AI는 텍스트 입력을 바탕으로 이미지를 생성하거나, 기존 이미지를 변형하는 기술을 갖추고 있다.
» 미드저니(Midjourney), 스테이블 디퓨전(Stable Diffusion) 등이 대표적이며, 입력 프롬프트에 따라 창의적인 시각 콘텐츠를 생성한다.

(1) 미드저니(Midjourney)

» 미드저니는 사용자가 프롬프트를 입력하면 그에 맞는 이미지를 자동으로 그려주는 이미지 생성 서비스다.

▶ 미드저니의 주요 특징

특징	설명
예술적인 스타일	• 사진보다 일러스트나 회화 스타일이 더 뛰어남
스타일 학습	• 유저가 만든 이미지들을 참고해서 스타일을 점점 개선
디스코드 기반	• 미드저니는 독립 앱이 아니라 디스코드 서버에서 명령어로 조작
다양한 해상도 지원	• 원하는 비율이나 고해상도 생성 가능 • --ar, --v, --hd 등 프롬프트 옵션 사용

» 사용자가 문장을 입력하면 미드저니가 그 문장을 이해해서 이미지를 생성한다.
» 1~2분 안에 4개의 이미지가 만들어지고, 마음에 드는 것을 고를 수 있다.

(2) 스테이블 디퓨전(Stable Diffusion)

» 스테이블 디퓨전은 미드저니와 함께 많이 사용되는 대표적인 AI 이미지 생성 모델이다.
» 미드저니가 "쉽고 예술적"이라면, 스테이블 디퓨전은 "자유롭고 확장성 있는 전문가용 도구에 더 가깝다.

▶ 스테이블 디퓨전의 주요 특징

특징	설명
오픈소스	• 누구나 다운로드하고 수정 가능(GitHub에서 제공)
로컬 실행 가능	• 인터넷 없이 내 PC에서 이미지 생성 가능
모델 선택 가능	• 수많은 커뮤니티 모델(예: anime, 포토리얼, 판타지 스타일 등) 사용 가능
컨트롤넷 / LoRA	• 인물 자세 제어, 스타일 전환, 그림 수정 등 고급 기능 제공

» 스테이블 디퓨전은 고급 사용자나 개발자, 디자이너가 자신만의 이미지 생성 시스템을 직접 만들고 조정할 수 있는 생성형 AI이다.
» 자유도는 매우 높지만, 설치나 설정은 다소 복잡할 수 있다.

03. 음성 및 오디오 처리(Speech & Audio Processing)

» 텍스트를 입력받아 자연스러운 사람의 음성으로 변환하는 기술이다.
» 최근에는 감정, 말투, 억양까지 반영할 수 있어, 음성 챗봇, 내비게이션, AI 비서 등에 사용된다.

▶ 음성 및 오디오 처리 주요 특징

특징	설명
STT(Speech-to-Text)	• 말한 내용을 텍스트로 자동 변환
TTS(Text-to-Speech)	• 글자를 자연스러운 목소리로 읽어주는 기술
음성 생성	• 특정 사람의 목소리를 복제하거나 감정 표현 추가
배경음/효과음 생성	• 게임, 영상용 효과음을 AI가 자동 생성

» 음성 및 오디오 처리 기술은 사람처럼 듣고 말하게 해주는 생성형 AI의 귀와 입이며, 특히 챗봇, 교육, 내비게이션, 콘텐츠 제작 분야에서 활발히 활용된다.

04. 멀티모달 학습(Multimodal Learning)

» 멀티모달 학습은 텍스트, 이미지, 오디오, 비디오 등 여러 종류의 데이터를 통합적으로 이해하고 생성할 수 있도록 학습하는 방식이다.
» 이는 단일 형태의 데이터만 다루는 기존 모델들과 달리, 복합적인 감각 정보를 처리하는 인간의 인지 방식과 유사한 특징을 가진다.

▶ 멀티모달 학습의 주요 특징

특징	설명
통합처리	• 텍스트, 이미지, 오디오, 영상 등 여러 데이터 형태를 동시에 입력받고 처리 가능
상호보완성	• 하나의 데이터에서 부족한 정보를 다른 데이터에서 보완 가능 ⓔ 이미지 속 인물의 감정은 얼굴 표정(이미지) + 말하는 내용(텍스트)을 함께 분석하여 더 정확히 파악
확장성	• 하나의 모델로 질의응답, 설명 생성, 이미지 분류, 음성 인식 등 다양한 작업 수행 가능 • 챗GPT는 사진을 보고 설명하거나, 말로 질문하면 텍스트로 응답 가능
응용 가능성	• 인간처럼 '보며 말하고 듣는' AI가 가능해짐. • 응용 분야: 자율주행, 로봇, AR/VR, 스마트 헬스케어, 교육, 보조기술 등

» 멀티모달 학습은 생성형 AI의 '사람처럼 보고 듣고 말하는 능력'을 완성시켜주는 핵심 기술이다.

예제

1. 다음 그림은 생성적 적대 신경망(GAN; Generative Adversarial Networks)의 구조를 나타낸 것이다. 각 구성 요소별 역할 중 옳은 것을 고르시오.

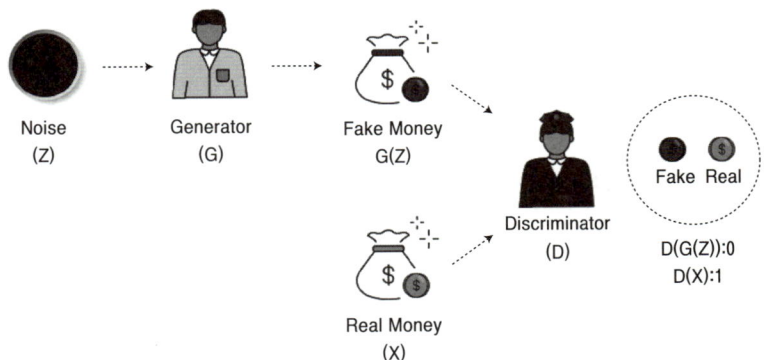

① 판별자는 생성된 이미지의 진위를 판별한다.
② 생성자는 판별자 없이 독립적으로 학습한다.
③ 생성자는 기존 데이터를 분석하여 반복 생성한다.
④ 판별자는 생성된 결과를 저장하고 모델에 전달한다.

【해설】
GAN은 두 개의 신경망인 생성자(Generator)와 판별자(Discriminator)가 서로 경쟁하는 과정을 통해 학습하는 구조로 이루어져 있다.
생성자는 진짜와 유사한 가짜 데이터를 만들고, 판별자는 생성자가 만든 데이터가 진짜인지, 가짜인지 판별하는 역할을 한다. 생성자와 판별자가 서로를 속이고, 판별하려는 과정을 통해, 생성자는 점점 더 정교한 가짜 데이터를 만들어 내며, 최종적으로는 진짜 데이터와 구분하기 어려운 수준의 데이터를 생성한다.

정답 | ②

2. 다음은 변이형 자동 인코더(VAE)의 구조이다. ㉠, ㉡에 들어갈 내용으로 옳게 짝지어진 것을 고르시오.

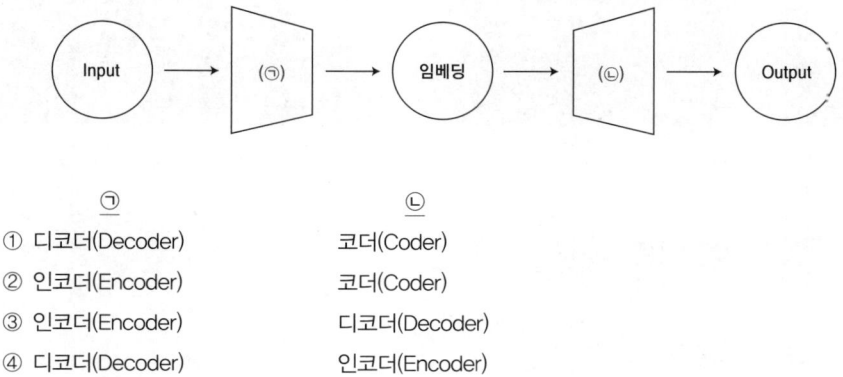

	㉠	㉡
①	디코더(Decoder)	코더(Coder)
②	인코더(Encoder)	코더(Coder)
③	인코더(Encoder)	디코더(Decoder)
④	디코더(Decoder)	인코더(Encoder)

【해설】
변이형 자동 인코더의 구조는 인코더, 임베딩, 디코더 구조로 되어 있다.
㉠: 인코더   ㉡: 디코더

정답 | ③

3. 다음 중 멀티모달 프롬프트의 특징으로 가장 적절한 것을 고르시오.

① 프로그래밍을 위한 코드 파일만을 사용하는 단일 입력 방식이다.
② 인간의 자연어를 중심으로 텍스트만을 입력으로 활용하는 기법이다.
③ 텍스트, 이미지, 오디오 등 여러 유형의 입력을 결합하여 질의하는 방식이다.
④ 챗GPT에서는 지원하지 않는 프롬프트 적용 방식이다.

【해설】
멀티모달 프롬프트는 텍스트, 이미지, 오디오 등 여러 유형의 입력을 결합하여 생성형 AI에 질의하는 프롬프트이다.

정답 | ③

4장 | 챗GPT로 알아보는 생성형 AI

1. 챗GPT에 대한 이해

01. 오픈AI, 챗GPT

(1) 챗GPT의 정의

» 챗GPT는 오픈AI에서 만든 대규모 언어 모델로, 챗은 채팅(Chatting)의 줄임말이고, GPT는 "Generative Pre-trained Transformer"의 줄임말이다.
» 대규모의 데이터를 사전 학습하고, 문장으로 생성하는 대화형 기술로, 특히 인간이 대답하듯 질문을 던지고 답변을 받는 형태로 사용한다.
» 기존의 AI 모델 보다 언어의 맥락(Context)을 정교하게 이해하고 오류를 스스로 인식하고 수정하는 능력을 갖추고 있어 마치 실제 인간과 대화하고 있는 것처럼 자연스러운 대화를 할 수 있다.

(2) 챗GPT의 동작 원리

» 챗GPT의 핵심은 대규모 언어 모델인 GPT를 사용하는 것으로, 사전 학습 및 미세 조정 등을 거쳐 응답을 최적화한다.

▶ 챗GPT의 동작 원리

동작 원리	설명
사전 학습	• 특정 작업에 사용하기 전에, 대규모의 데이터를 사용해 언어의 기본구조와 패턴을 미리 학습시키는 과정
미세 조정	• 사전 학습(Pre-trained)한 모델에 최소한의 정보만 수정하여, 새로운 모델을 생성하는 방법
대화 생성	• 사용자의 입력에 기반하여 문맥적으로 적절하고 연속적인 텍스트를 생성하여 대화 생성
응답 최적화	• 대화의 흐름을 자연스럽게 유지하고, 사용자의 의도를 파악하여 유용하고 정확한 응답을 제공하도록 최적화

» 챗GPT는 방대한 데이터 사전학습으로 언어 지식을 습득하고, 미세조정을 거쳐 특정 작업에 최적화되어 대화생성과 응답 최적화 과정을 통해 자연스럽고 정확한 답변을 제공한다. 이러한 기술 덕분에 챗GPT는 언어 AI 모델의 실용성을 크게 높였고, 대규모 언어 모델(LLM)의 상용화 가능성을 입증했다.

이는 AI 기술의 대중화를 이끌고, 다양한 산업에서 자동화, 개인화, 지식 접근성 향상을 가속화하는 중요한 시사점을 남겼다.

02. 챗GPT 추가기능

(1) GPTs(Generative Pre-trained Transformers)

» GPTs는 2023년 11월 6일에 출시된 나만의 맞춤형 AI 챗봇을 만들 수 있는 도구이다.
» GPTs는 GPT 빌더를 이용하여 누구나 쉽게 사용자의 요구사항에 맞춰 특화된 맞춤형 챗GPT를 만들 수 있고, 고객 서비스, 콘텐츠 생성, 데이터 분석 등 다양한 분야에서 AI의 힘을 빌릴 수 있다.
» 다음 그림은 챗GPT 좌측 상단의 "GPT 탐색"을 클릭한 화면이다.

▶ GPTs 실행 화면

» GPTs 실행 후 원하는 모델을 생성하기 위해 설정 탭(Configure)에서 이름, 어떤 성격의 GPT인지, 어떻게 동작하는지 상세하게 설정할 수 있다.

» 이때 Create 창에서 대화를 통하여 입력하는 내용을 기반으로 설정 탭을 자동 생성할 수도 있고, 직접 입력 및 수정할 수 있다.

▶ GPTs Configure

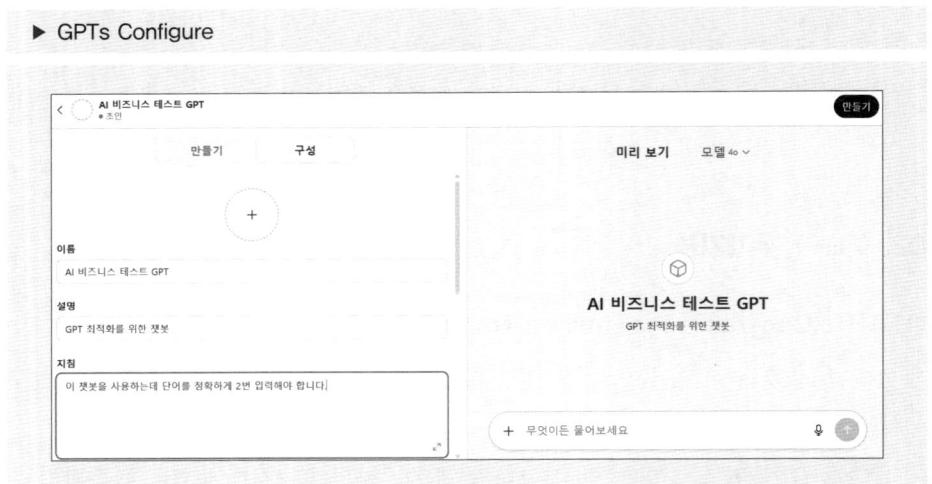

» 예를 들어 Instructions에 "이 챗봇을 사용할 때는 단어를 입력해야 합니다. 단어가 한 번에 이해되지 않으면 이해될 때까지 사용자에게 물어봐주세요. 그리고 챗봇은 사용자에게 조건을 만족하는 답변을 해주세요."라고 작성하여 구체적으로 어떻게 동작하는지 정의할 수 있다.

▶ GPTs Configure 화면 구성요소

구성요소	설명
이름	• 맞춤형 GPT의 이름
설명	• 맞춤형 GPT에 대한 간략한 설명
지침	• GPT에게 무엇을 해야 하는지와 그로부터 기대하는 것이 무엇인지에 관한 내용(명확하고 구체적으로 작성)
대화 스타터	• 프롬프트 입력창 위에 표시되는 텍스트 버튼으로, 필요한 개수만큼 설정
지식	• 사용자가 보유한 자료를 업로드할 수 있으며, 이 자료를 참조하여 답변을 제공
기능	• 챗GPT 자체 기능의 사용 여부를 결정
작업	• 타사 API를 GPT에서 사용할 수 있도록 설정하며, 사용자 지정 작업을 정의

» 설정 정보를 저장하면 왼쪽 탭에 각자 만든 GPT가 나타나고, 생성된 GPT를 클릭해서 사용할 수 있다.

(2) 챗GPT 프로젝트

» 챗GPT '프로젝트' 기능은 사용자가 특정 주제나 목표에 맞는 대화와 작업을 독립적으로 관리할 수 있도록 설계된 기능이다.
» 예를 들어 "국내 여행 계획" 프로젝트를 만들고 여행 일정, 교통수단, 맛집, 아이와 갈 곳 등을 계속해서 요청하면 챗GPT가 계속 그 주제를 기억해 대화를 이어갈 수 있다.

▶ 챗GPT 프로젝트 화면

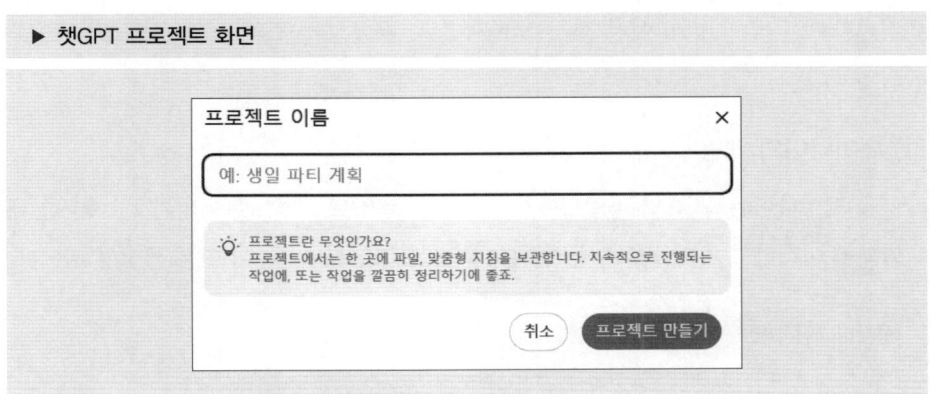

» 사용자가 어떤 특정한 주제나 작업을 계속 이어서 할 수 있도록 챗GPT가 기억하고 정리해 주는 공간이다.

▶ 챗GPT 프로젝트 활용 사례

활용 사례	설명
팀 프로젝트	• 팀원들과 함께 프로젝트 관련 대화, 파일, 자료들을 한 공간에서 공유하고 관리하며 효율적인 협업을 수행할 수 있음
회의 관리	• 회의 주제, 참석자, 일정, 준비 사항, 회의록 등을 프로젝트별로 관리하여 회의 효율성을 높일 수 있음
코딩 관리	• 애플리케이션, 데이터베이스 등 기능별 프로젝트 구성 • 업로드된 코드에 대해 GPT의 자동 분석 및 개선 의견을 반영하여 코드 리뷰 수행 • GPT의 코드 인터프리터 기능을 활용하여 오류 분석, 버그 해결 • GPT와 함께 문서 정리 및 가독성 개선
개인 목표 관리	• 독서 프로젝트 관리를 통해 읽고 싶은 책 정리 및 요약 수행 • 자기 계발 계획을 설정하고 GPT와 일정 및 목표 수립

» 프로젝트별로 파일 이름에 날짜나 키워드를 포함하여 정리하면 검색이 용이하다.

2. 다양한 생성형 AI

01. 구글, 제미나이

» 제미나이(Gemini)는 구글에서 개발하여 2023년 3월에 출시한 생성형 AI로 사용자가 텍스트, 이미지 또는 오디오 입력을 이용하여 상호 작용할 수 있다.

» 제미나이는 바드(Bard)에서 명칭이 바뀌었고, 유료 서비스와 모바일 애플리케이션도 출시했다.

(1) 제미나이의 개념

» 구글 제미나이는 구글 딥 마인드에서 개발하고 텍스트, 오디오, 이미지 등 다양한 데이터를 이해하고 처리할 수 있는 멀티모달(Multi Modal) 기능이 있는 생성형 AI이다.

▶ 제미나이 화면

» 제미나이는 https://gemini.google.com/app로 접속하여 로그인 후에 사용할 수 있다.

▶ 제미나이의 특징

특징	설명
멀티모달	• 그림이나 사진, 오디오를 이해하고 대답할 수 있는 멀티모달 능력 가능
다양한 텍스트 생성	• 이야기나 시, 코드, 대본, 악곡, 이메일, 편지 등을 만들어 줄 수 있고 주제를 알려주면 창의적인 텍스트를 생성해 줄 수 있고 특정 어조나 스타일 지정 가능
언어 번역	• 비교적 자연스럽고 정확한 품질로 단어나 문장, 단락, 문서 번역 등 100개 이상의 언어 번역 가능

» 구글 제미나이는 멀티모달 능력, 정확한 응답, 창의적인 텍스트 형식 생성, 다양한 모델 등의 특징이 있다.

(2) 제미나이의 주요 기능 및 활용 사례

» 제미나이의 주요 기능은 복잡한 추론 기능, 멀티모달 이해 기능, 이미지 생성 기능, 텍스트 요약 기능, 이메일 접근 및 요약 기능, 윤리적 평가 기능, 코드 설명 및 수정 기능, 이메일 본문 작성 기능, 일반 지식 및 검색 기능 등이 있다.

▶ 제미나이의 주요 기능

주요 기능	설명
복잡한 추론 기능	• 일련의 주어진 정보를 바탕으로 논리적 추론을 통해 요청에 대한 결론 도출 기능 보유
멀티 모달 이해 기능	• 주어진 이미지에 대한 상세한 설명과 이미지 내 객체 관계, 색상 또는 암시된 행동에 관한 질문에 대한 응답 기능 보유
이메일 접근 및 요약 기능	• 이메일 계정에 접근하여 특정 요청에 대한 요약을 제공하는 기능 보유 예 오늘 받은 이메일 확인
코드 설명 및 수정 기능	• 주어진 파이썬 코드의 작동 방식을 설명하고 코드의 원하는 동작을 변경하는 방법을 제시하는 기능 보유

» 제미나이는 일상생활과 업무 효율성을 향상하는 일을 할 수 있다.
» 제미나이는 간단한 질문에서부터 복잡한 문제 해결에 이르기까지 사용자의 다양한 요구에 응답할 수 있다.

▶ 제미나이의 활용 사례

활용 사례	설명
유튜브 동영상 요약	• 제미나이를 활용하여 유튜브 비디오의 내용을 요약할 수 있음 • 긴 동영상의 핵심 내용을 빠르게 파악하고 싶을 때 유용 • 제미나이에게 해당 동영상의 링크와 함께 "이 비디오의 요약을 제공해 주세요"와 같은 요청을 하면, 제미나이는 동영상의 주요 내용을 분석하여 간략한 요약을 제공해 줌 예) 아래 youtube url의 내용을 요약해줘. https://www.youtube.com/watch?v=ItSgfAg-***
웹 문서 요약	• 제미나이를 활용해서 웹 문서의 요약이 가능 • 웹 문서 요약은 긴 글의 핵심 내용을 빠르게 파악하고 싶을 때 유용함 • 제미나이에게 웹 문서의 링크와 함께 "아래 URL 웹 문서를 요약해주세요"와 같은 요청을 하면, 웹 문서의 주요 내용을 분석하여 간략한 요약을 제공해 줌 예) 아래 URL의 내용을 요약해줘. https://www.netapp.com/ko/artificial-intelligence/what-is-artificial-*****

» 구글은 제미나이를 중심으로 생성형 인공지능(AI) 생태계를 전환하고 있다.
» 이미지, 영상, 음성 등 다양한 데이터를 학습한 제미나이를 활용해 챗봇과 업무 도구의 경쟁력을 융합하는 전략이다.

02. 마이크로소프트, 코파일럿

» 코파일럿은 마이크로소프트에서 개발한 생성형 AI로 챗GPT와 유사한 기능을 한다.
» 기존에 마이크로소프트 Bing 안에도 코파일럿 기능이 있지만, 코파일럿 앱에서 실행하면 더 많은 기능을 활용할 수 있다.
» 특히 코파일럿은 마이크로소프트가 개발한 엣지(Edge) 브라우저에 최적화 되어있으므로, 해당 브라우저를 통하여 사용하는 것이 효과적이다.
» 코파일럿의 가장 큰 장점은 코드 작성 지원으로, 코드 작성 중에 다음 부분을 빠르게 자동 완성하는 기능이 있고, 특히 개발자들에게 효율적인 코드 작성을 지원한다.

(1) 코파일럿의 개념

» 코파일럿(Copilot)은 마이크로소프트(MS)가 엑셀, 파워포인트, 팀즈 등 오피스 365의 모든 제품군에 인공지능을 적용한 서비스의 이름이다.

» 코파일럿은 비행할 때 주 조종사를 보조하고 도와주는 부조종사처럼 사용자가 마이크로소프트의 제품을 사용하다가 대화로 업무 요청을 하면, 이를 보조하는 생성형 AI 비서를 지칭한다.

▶ 코파일럿 화면

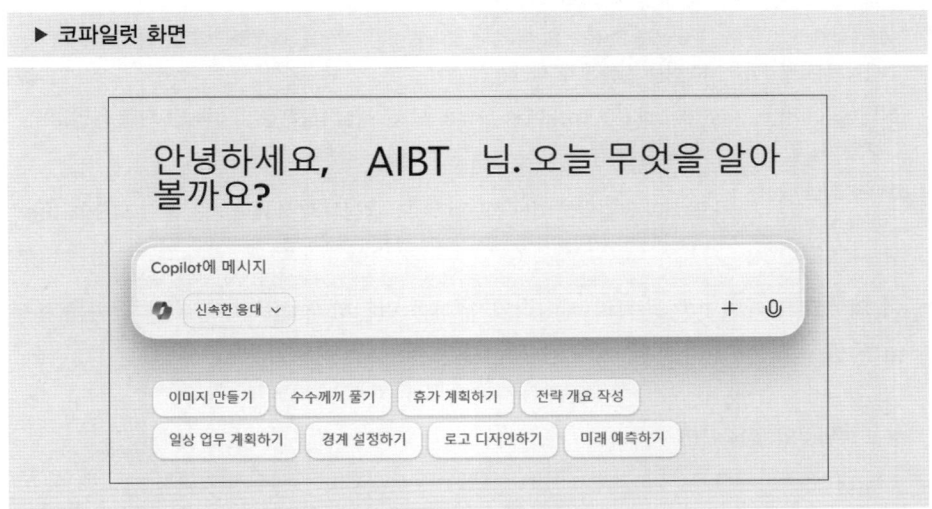

» 코파일럿은 https://copilot.microsoft.com/로 접속하여 로그인 후에 사용할 수 있다.

▶ 코파일럿의 특징

특징	설명
생산성 도구와 통합	• Microsoft 365와 통합되어 Word, Excel, Powerpoint 등에서 바로 사용 가능 • 별도 플랫폼의 실행 없이 기존 업무 흐름 안에서 AI 활용 가능
업무 맥락 이해	• 업무 맥락 이해 기반으로 일정 관리, 회의 요약, 문서 생성 등을 자동화 • 단순 생성이 아니라 "업무 배경"까지 반영해 더 정확한 결과 제공
커스터마이징 가능성	• 조직별로 코파일럿의 답변 스타일, 연결 정보 등을 맞춤 설정 가능 • 조직 문화나 업무 방식에 맞춘 AI 비서 역할 가능

» 마이크로소프트의 코파일럿은 이 기술을 활용하여 다양한 오피스 앱에서 사용자의 요구에 맞는 텍스트를 생성하고 작업을 지원한다.

(2) 코파일럿의 주요 기능 및 활용 사례

» 코파일럿의 주요 기능은 문서 생성 및 편집 자동화, 데이터 분석 및 시각화 지원, 회의 및 이메일 자동 요약, 실시간 정보 탐색 및 통합 검색 등이 있다.

▶ 코파일럿의 주요 기능

주요 기능	설명
문서 생성 및 편집 자동화	• Word, Outlook 등에서 사용자의 아이디어나 키워드만으로 문서 초안 생성, 요약, 톤 변경 등이 가능
데이터 분석 및 시각화 지원	• Excel과 Power BI 등에서 코파일럿은 수식을 추천하고, 데이터 요약이나 시각화를 자동으로 제안
회의 및 이메일 자동 요약	• Teams나 Outlook에서 회의록 요약, 핵심 내용 정리, 이메일 자동 응답 초안 생성 가능
실시간 정보 탐색 및 통합 검색	• Bing과 연결되어 최신 정보, 트렌드, 경쟁사 분석 등 실시간 검색과 요약 가능

» 이 외에도 코파일럿은 조직의 데이터와 문서를 안전하게 연동해 유용한 답변을 제공하고, 커스터마이징 기능도 강화되고 있다.

▶ 코파일럿의 활용 사례

활용 사례	설명
문서 작성 및 요약	• 마케팅 담당자가 간단한 키워드만 입력해 제품 소개서 초안을 자동으로 생성하거나, 긴 문서를 요약함 • 문서 작성 시간 절감, 커뮤니케이션 효율 증가
데이터 분석	• 재무팀이 코파일럿을 통해 Excel에서 피벗 테이블과 차트를 자동 생성하고 인사이트 도출 • 데이터 분석 정확성 향상, 보고서 작성 속도 증가
회의 요약 및 이메일 처리	• 회의 후 자동으로 요약문 작성, 회의 결정사항 정리 및 관련 이메일 응답 초안 자동 생성 • 업무 누락 방지, 후속 작업의 생산성 향상
실시간 정보 탐색	• 기획자가 특정 트렌드에 대해 코파일럿에게 질문하면, 최신 웹 정보 요약과 전략 아이디어 제안 가능 • 정보 탐색 속도 향상, 전략 기획의 품질 향상

» 대부분의 생성형 AI는 독립형 서비스로, 문서 편집기나 메일 앱과 별도로 사용해야 한다.
» 코파일럿은 사용자가 이미 익숙한 오피스 앱에 "탑재"되어 있어 추가 학습에 대한 부담이 거의 없고, 바로 업무에 적용할 수 있는 장점이 있다.

예제

1. 다음에서 설명하는 챗GPT의 동작 원리를 고르시오.

> 특정 작업에 사용하기 전에, 대규모의 데이터를 사용해 언어의 기본구조와 패턴을 미리 학습시키는 과정

① 응답 최적화　　② 사전 학습
③ 미세 조정　　　④ 대화 생성

【해설】
사전 학습은 모델을 특정 작업에 사용하기 전에, 대규모의 데이터를 사용해 언어의 기본 구조와 패턴을 미리 학습시키는 과정을 말한다.
사전 학습된 모델은 새로운 데이터나 작업에 대해 빠르게 적응하고, 더 적은 데이터로도 좋은 성능의 모델 확보가 가능하다.

정답 | ②

2. 다음에서 설명하고 있는 생성형 AI 서비스를 고르시오.

> 구글에서 개발하여 2023년 3월에 출시한 생성형 AI로 사용자가 텍스트, 이미지 또는 오디오 입력을 이용하여 상호 작용할 수 있다.

① 제미나이(Gemini)　　② 코파일럿(Copilot)
③ 클로바 X(CLOVA X)　　④ 챗GPT(ChatGPT)

【해설】
제미나이(Gemini)는 구글에서 개발하였으며, 인공지능 챗봇 바드(Bard)에서 2024년 8월 명칭이 변경되었다.

정답 | ①

3. 다음 중 GPTs의 Configure 화면 구성요소로 옳게 짝지어진 것을 고르시오.

| ㄱ. 이름 | ㄴ. 프롬프트 | ㄷ. 설명 |
| ㄹ. 심층 리서치 | ㅁ. 의사소통 | ㅂ. 지식 |

① ㄱ, ㄴ, ㄷ
② ㄱ, ㄹ, ㅁ
③ ㄱ, ㄷ, ㄹ
④ ㄱ, ㄷ, ㅂ

【해설】
심층 리서치와 프롬프트, 의사소통은 GPTs의 Configure 화면 구성요소가 아니다.

구성요소	설명
이름	맞춤형 GPT의 이름
설명	맞춤형 GPT에 대한 간략한 설명
지침	GPT에게 무엇을 해야 하는지와 그로부터 기대하는 것이 무엇인지에 관한 내용(명확하고 구체적으로 작성)
대화 스타터	프롬프트 입력창 위에 표시되는 텍스트 버튼으로, 필요한 개수만큼 설정
지식	사용자가 보유한 자료를 업로드할 수 있으며, 이 자료를 참조하여 답변을 제공
기능	챗GPT 자체 기능의 사용 여부를 결정
작업	타사 API를 GPT에서 사용할 수 있도록 설정하며, 사용자 지정 작업을 정의

정답 | ④

제2과목

프롬프트 엔지니어링 기술

1장 | 프롬프트 엔지니어링의 이해

1. 프롬프트 엔지니어링(Prompt Engineering)의 개요

» 프롬프트 엔지니어링은 인공지능으로부터 수준 높은 결과물을 얻기 위해 적절한 프롬프트를 설계하고 개발하는 작업이다.

▶ 프롬프트 관련 용어 정리

용어	설명
프롬프트 (Prompt)	• 거대 언어 모델로부터 응답을 생성하기 위한 입력
프롬프팅 (Prompting)	• 거대 언어 모델로부터 응답을 생성하기 위해 **프롬프트**를 입력하는 작업
프롬프트 엔지니어링 (Prompt Engineering)	• 거대 언어 모델로부터 원하는 결과를 얻기 위해 **프롬프트**를 설계하고 개발하는 작업
프롬프트 엔지니어 (Prompt Engineer)	• 프롬프트 엔지니어링을 하는 사람 또는 직업

» 사용자가 원하는 최적의 응답을 얻으려면 거대 언어 모델이 잘 이해할 수 있는 정제된 언어로 구조화된 프롬프트를 구성해야 한다.

01. 프롬프트 엔지니어링의 현황 및 중요성

» 거대 언어 모델에 명령을 입력하고 좋은 결과를 뽑아낼 수 있는 문구를 설계하는 방법을 고민하고, 사례를 기록하고, 실험을 통해 검증하는 과정을 통틀어 프롬프트 엔지니어링이라고 할 수 있다.

(1) 프롬프트 엔지니어링의 현황

» 최근 초거대 글로벌 IT 기업들의 생성형 AI 서비스 경쟁이 더욱 치열해지고 있다.
» 다양한 생성형 AI 서비스 모델이 출시되고 텍스트, 이미지, 영상에 이르기까지 다양한 분야로 확장되고 있다.
» 생성형 AI 기술과 서비스가 발전함에 따라 생성형 AI를 효율적으로 이용할 수 있는 프롬프트 엔지니어링 분야도 주목받고 있다.

▶ 생성형 AI 서비스의 경쟁 현황

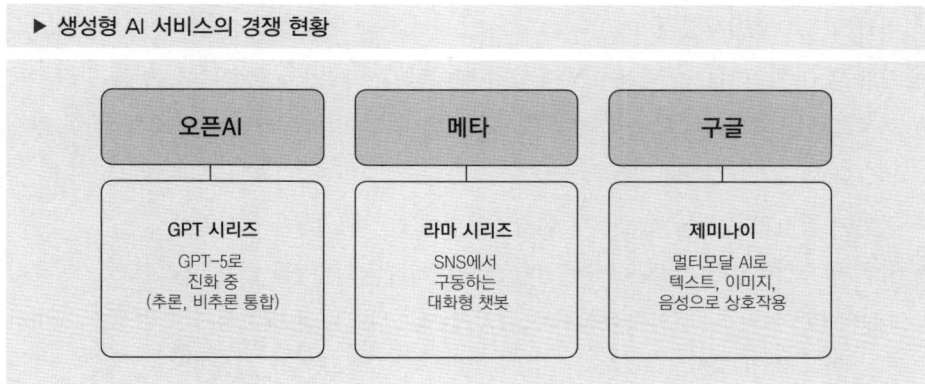

» 프롬프트 엔지니어링이 빠른 속도로 부각하는 이유는 사람들의 삶을 혁신적으로 변화시킬 수 있고, 다양한 산업과 경제 활동을 창출할 수 있기 때문이다.

(2) 프롬프트 엔지니어링의 중요성

» 프롬프트 엔지니어링은 기계학습 모델, 특히 자연어 처리 모델에서 중요한 결과를 얻기 위한 핵심적인 방법이다.
» 프롬프트 엔지니어링의 중요성은 인공지능의 성능과 효율성을 극대화하는 데 있고 인공지능을 더욱 다양한 분야에 적용하는 데 도움이 된다.
» 품질 높은 인공지능 서비스는 사용자들에게 더 나은 경험을 제공하고, 이에 다라 사용자들의 만족도와 신뢰도를 높일 수 있다.
» 프롬프트 엔지니어링은 인공지능의 성능을 향상하고, 인공지능의 효율성을 높이는 방법을 제공한다.
» 인공지능의 성능 향상, 사용자 경험 향상, 인공지능의 활용도 증가라는 측면에서 프롬프트 엔지니어링의 중요성은 더욱 커지고 있다.
» 프롬프트 엔지니어링이 현대의 인공지능 기술을 더욱 강력하고 유용하게 만드는 핵심 역할을 할 것이다.

02. 프롬프트 엔지니어링의 역사

(1) 인공지능과 자연어 처리 기술의 발전

» 인공지능(AI; Artificial Intelligence) 기술의 발전으로 프롬프트 엔지니어링이 태동했고, 혁신적인 발전을 가져오게 됐다.
» 인공지능 기술 중 기계 학습(ML; Machine Learning)과 자연어 처리(NLP; Natural Language Processing)의 발전은 프롬프트 엔지니어링 기술의 정교함과 다양성을 비약적으로 발전시켰다.
» 기계 학습 알고리즘을 사용하여 대량의 데이터에서 패턴을 학습하고, 이를 바탕으로 프롬프트를 최적화함으로써 거대 언어 모델의 응답 정확도와 관련성을 높일 수 있게 되었다.
» 자연어 처리의 발전도 프롬프트 엔지니어링에 큰 영향을 미치고 있다.
» 자연어 처리(NLP) 기술은 거대 언어 모델이 인간의 언어를 더욱 효과적으로 이해하고 처리할 수 있도록 만들어줘서 프롬프트 엔지니어링의 다양성과 복잡성을 처리하는 능력을 발전시켰다.
» 이를 통해 거대 언어 모델은 다양한 언어적 뉘앙스와 문맥을 파악하고, 인간과 자연스럽고 인간적인 대화가 가능해졌다.

(2) 프롬프트 엔지니어링 기술의 혁신과 발전

» GPU, TPU 등의 하드웨어 발달과 AI 기술의 발달, AI 기업 간 경쟁을 통해 인공지능 기술과 자연어 처리 기술은 더욱 발전할 것이다.
» 프롬프트 엔지니어링 기술 또한 지속적인 발전과 혁신을 통해 다양한 상호작용이 일어나고 새로운 형태로 발전할 것이다.
» 개인화된 프롬프트, 멀티모달 프롬프트, 협업 프롬프트 등 다양한 형태로 인간과 인공지능 간의 상호작용을 돕는 방향으로 발전할 것이다.

▶ 인공지능과 프롬프트 엔지니어링 기술의 발전 현황

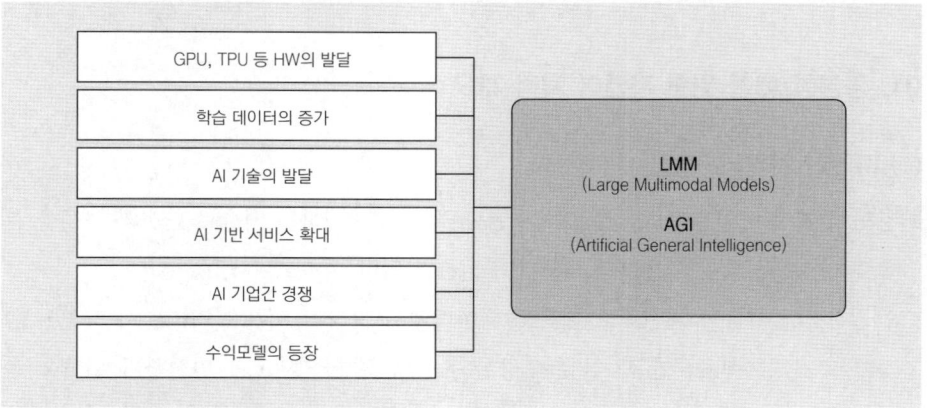

▶ LMM과 AGI의 용어

용어	설명
LMM (Large Multimodal Models)	• 텍스트, 이미지, 오디오, 비디오 등 다양한 형태의 데이터를 동시에 처리하고 이해할 수 있는 인공지능 모델
AGI (Artificial General Intelligence)	• 인간처럼 다양한 상황과 문제를 해결할 수 있는 능력을 가진 범용적인 인공지능

» 프롬프트 엔지니어링은 다양한 분야에서 활용될 것으로 예상된다.

» 의료분야에서 프롬프트 엔지니어링 기술을 활용하여 질병 진단을 효과적으로 수행할 수 있고, 금융 분야에서는 프롬프트 엔지니어링 기술을 활용하여 고객의 요구사항을 더욱 빠르고 정확하게 파악하고, 이를 기반으로 맞춤형 금융상품을 제공할 수 있게 될 것이다.

» 하지만, 프롬프트 엔지니어링의 핵심 자산인 프롬프트를 일명 적대적 프롬프팅을 통해 탈취하거나, 훼손하는 문제점은 프롬프트 엔지니어링의 발전을 위해서 해결해야 하는 과제이다.

» 적대적 프롬프팅은 인공지능 모델이 주어진 입력에 대해 부정적이고 유해한 내용을 생성하거나 유도할 수 있는 프롬프트를 작성하는 행위이다.

» 적대적 프롬프팅을 통해서 인공지능 모델은 훈련된 데이터에서 부정적인 패턴을 학습하거나 사람들의 응답에서 채택한 유해한 언어를 반영할 수 있고 이로 인해 인공지능 모델은 사용자에게 유해한 콘텐츠를 생성하거나 잘못된 정보를 제공할 수 있다.

2. 프롬프트 엔지니어링(Prompt Engineering)의 구성

01. 생성형 AI를 위한 자연어 처리 개요

(1) 자연어 처리의 개념

» 자연어 처리는 인간이 생성한 자연어를 분석하고 이해하는 기술로 단어와 구문을 분석, 해석, 생성하여 사용자의 의도나 정서를 파악하는 기술이다.
» 인공신경망 기술이 개선되고 대규모 데이터셋의 처리 속도가 빨라지면서 자연어 처리가 크게 향상되어 연구자들은 다양한 유형의 표현과 의도를 인식하기 위한 더욱 정확한 모델을 개발할 수 있게 되었다.
» 자연어 처리 기술의 발전은 생성형 AI 기술 발전을 더욱 가속화하는 역할을 하게 되었다.

▶ 자연어 처리 응용 분야

응용 분야	설명
언어 이해	• 인간의 언어를 컴퓨터가 해석하고 이해
언어 생성	• 해석된 데이터를 바탕으로 새로운 텍스트 생성
문맥 파악	• 단어나 문장이 사용된 문맥을 파악하여 정확한 의미 추론
감정 분석	• 텍스트에서 긍정적, 부정적 감정을 식별하고 분석

(2) 자연어 처리 모델의 발전

» 자연어 처리 모델의 발전은 컴퓨터가 인간의 언어를 이해하고 처리하는 능력이 시간이 지남에 따라 크게 향상되었다는 것을 의미한다.
» 초기에는 간단한 규칙 기반 시스템에서 출발하여, 단어나 문장의 구조를 분석하는 것으로 시작했다.
» 인공지능 기술이 도입되면서, 대량의 텍스트 데이터에서 패턴을 학습하여 언어를 더 잘 이해하고 생성할 수 있게 되었다.
» 자연어 처리 모델의 변천사는 다음과 같다.

▶ 자연어 처리 모델의 변천사

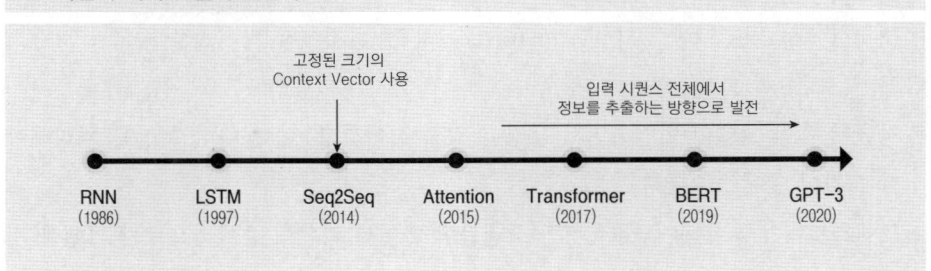

» 최근에는 트랜스포머(Transformer) 등과 같은 딥러닝(Deep Learning) 모델들이 등장하면서, 이전보다 훨씬 복잡한 언어와 문맥을 파악할 수 있게 되었다.

(가) 어텐션(Attention) 메커니즘

» 초기의 자연어 처리 모델들은 문장이 길어질수록 앞부분의 정보를 잃어버리는 문제로 인해 문맥을 정확히 파악하는 데 어려움을 겪었다.
» 이 문제를 해결하기 위해 어텐션 메커니즘이 사용되었다.

▶ 어텐션 메커니즘

» 어텐션 메커니즘은 문장이 길어지면 전체를 보지 않고, 필요한 부분(단어 또는 문장)에 집중한다는 의미이다.
» 어텐션 메커니즘을 통해 모델은 문장의 각 단어 간 얼마나 유사성이 있는지를 평가하고, 중요하거나 유사성이 있는 단어에 우선순위를 설정하여 중요한 단어에 집중할 수 있게 되었다.
» 어텐션 메커니즘의 핵심 아이디어는 모든 입력 데이터가 같은 정도로 중요한 것은 아니라는 것이다.

(나) 트랜스포머(Transformer)

» 챗GPT에서 T는 트랜스포머(Transformer)의 첫 글자에서 가져왔을 정도로 트랜스포머는 중요한 모델이다.
» 자연어 처리 모델이 발전하면서 문장이 점점 길어졌고, 이에 따라 문장을 처리해야 할 시간이 많이 소요됐다.
» 트랜스포머가 적용되지 않은 이전 모델들이 단어를 하나씩 순차적으로 처리했던 것과 달리, 트랜스포머는 어텐션 메커니즘을 사용하여 문장 내의 모든 단어들 사이의 관계를 병렬로 동시에 처리하는 기술이다.

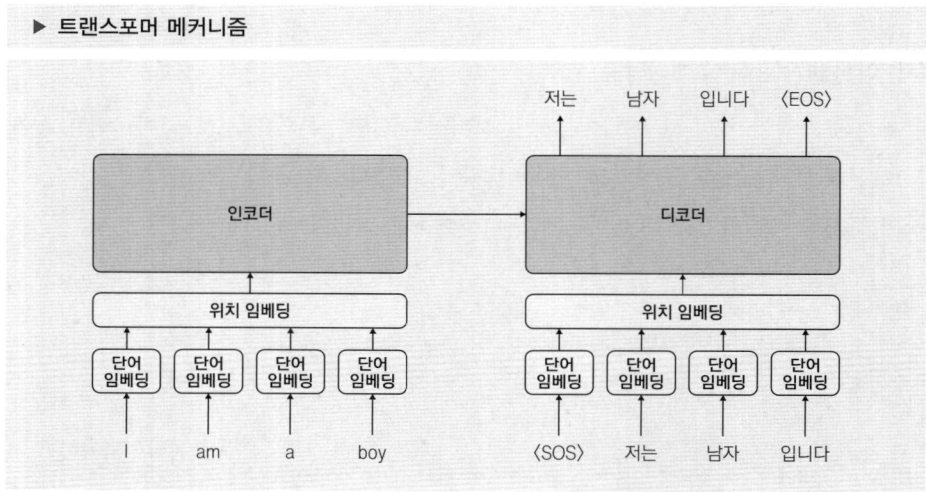

▶ 트랜스포머 메커니즘

» 트랜스포머 모델을 기반으로 GPT, BERT와 같은 다양한 변형 모델들이 개발되어 다양한 언어 처리 작업에서 뛰어난 성능을 보인다.

02. 기본적인 자연어 처리 기법

(1) 워드 클라우드(Word Cloud)

» 워드 클라우드는 텍스트를 분석하여 사람들의 관심사, 키워드, 개념 등을 파악할 수 있도록 빈도수를 단순히 카운트하여 시각화시킨 도구이다.

▶ 워드 클라우드

» 워드 클라우드는 자연어로 구성된 데이터를 컴퓨터 또는 워드 클라우드 생성기를 통해 생성할 수 있다.

(2) 엔-그램 모델(N-gram Model)

» 엔-그램은 텍스트나 문장을 연속된 N개의 단어로 나눠서 문장이나 텍스트의 특징을 파악하고, 언어 모델링이나 정보 검색 등 다양한 자연어 처리 작업에 활용하는 기법이다.

▶ 엔-그램 모델

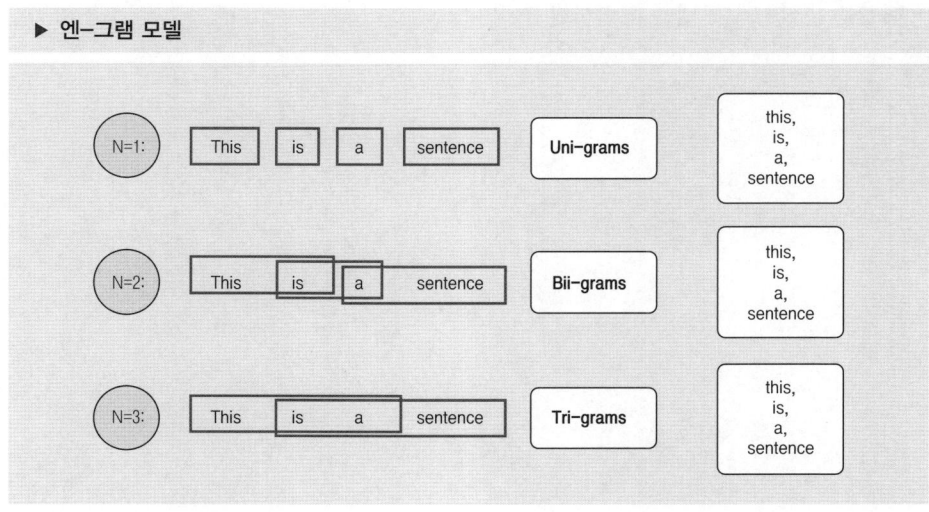

» 엔-그램은 카운트 기반의 통계적 방법을 사용하고 있다.

(3) 토픽 모델링(Topic Modeling)

» 토픽 모델링은 단어 또는 말뭉치(Corpus)로부터 숨겨진 주제를 찾고 키워드별로 주제를 묶어 주는 비지도 학습 및 확률 알고리즘이다.

▶ 트랜스포머 메커니즘

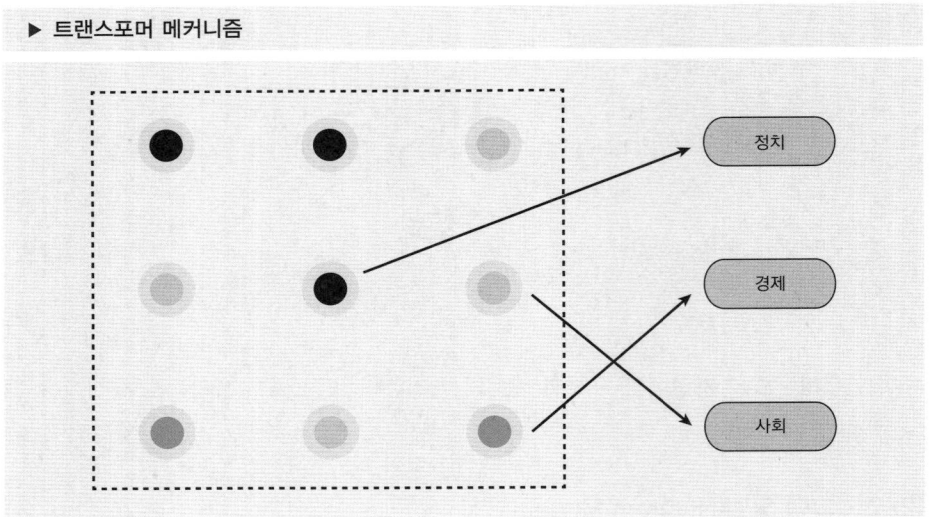

» 말뭉치는 자연어 처리나 기계학습 등의 연구를 위해 수집된 대량의 텍스트 데이터 집합이다.
» 말뭉치에는 다양한 주제와 형식의 문서가 포함될 수 있으며, 이를 통해 언어의 사용 패턴을 분석하고 모델을 훈련시킬 수 있다.

1. 다음 중 어텐션 메커니즘의 설명으로 가장 적절한 것을 고르시오.

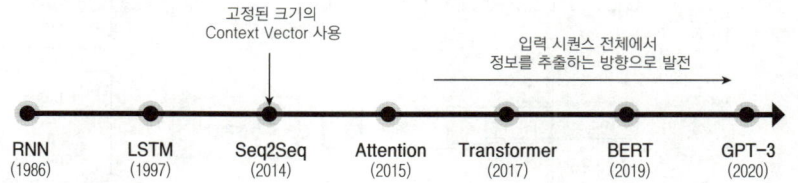

① 문장을 순차적으로 읽어 의미 흐름을 파악하는 구조이다.
② 문장의 모든 단어에 동일한 가중치를 부여한다.
③ 단어에 우선순위를 설정하여 중요단어에 집중한다.
④ 감성 분석의 정확도를 높이기 위한 필터링 기법이다.

【해설】
어텐션 메커니즘은 문장이 길어지면 전체를 보지않고, 필요한 부분(단어 또는 문장)에 집중한다. 문장의 각 단어 간 얼마나 유사성이 있는지를 평가하고, 중요하거나 유사성이 있는 단어에 우선 순위를 설정하여 중요한 단어에 집중한다.

정답 | ③

2. 다음은 엔-그램 모델의 개념도이다. 개념도를 참고하여 엔-그램 모델의 특징으로 가장 알맞은 것을 고르시오.

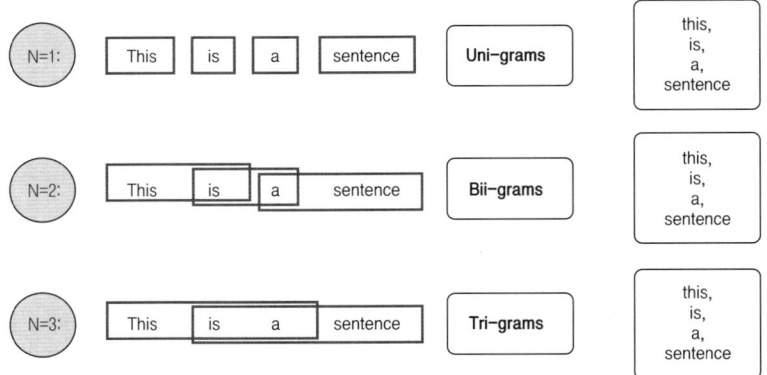

① 문장이 길어지면 전체를 보지 않고, 필요한 단어나 문장에 집중하는 기법
② 단어 또는 말뭉치로부터 숨겨진 주제를 찾고 키워드별로 주제를 묶어주는 비지도 학습
③ 단어 간 유사도를 반영하고 단어를 벡터화할 수 있는 기법
④ 텍스트나 문장을 연속된 N개의 단어로 나눠서 특징을 파악하는 기법

【해설】
엔-그램 모델은 N개로 나누어 자연어 처리를 진행하며, 언어 모델링이나 정보 검색 등 다양한 자연어 처리 작업에 활용하는 기법이다.
①번은 어텐션(Attention)매커니즘, ②번은 토픽 모델링(Topic Modeling), ③번은 Word2Vec 임베딩 기법에 대한 설명이다.

정답 | ④

3. 다음에서 설명하는 기술을 고르시오.

> 텍스트를 분석하여 사람들의 관심사, 키워드, 개념 등을 파악할 수 있도록 빈도수를 단순히 카운트하여 시각화시킨 도구이다.

① 워드 클라우드(Word Cloud)
② 엔-그램 모델(N-gram Model)
③ 토픽 모델링(Topic Modeling)
④ 감정 분석(Sentiment Analysis)

【해설】
워드 클라우드(Word Cloud)는 텍스트를 분석하여 사람들의 관심사, 키워드, 개념 등을 파악할 수 있도록 빈도수를 단순히 카운트하여 시각화시킨 도구이다.
자연어를 컴퓨터 또는 워드 클라우드 생성기를 통해 처리하는 시각화 도구이다.

정답 | ①

2장 | 프롬프트 엔지니어링 핵심기술

1. 프롬프트 엔지니어링의 기본 원칙

01. 프롬프트의 동작 원리

(1) 프롬프트의 동작

» 프롬프트의 동작은 사용자가 원하는 출력을 얻고자 할 때 생성형 AI에게 입력값을 넣어서 원하는 출력값을 얻는 일련의 과정이다.

▶ 프롬프트의 동작

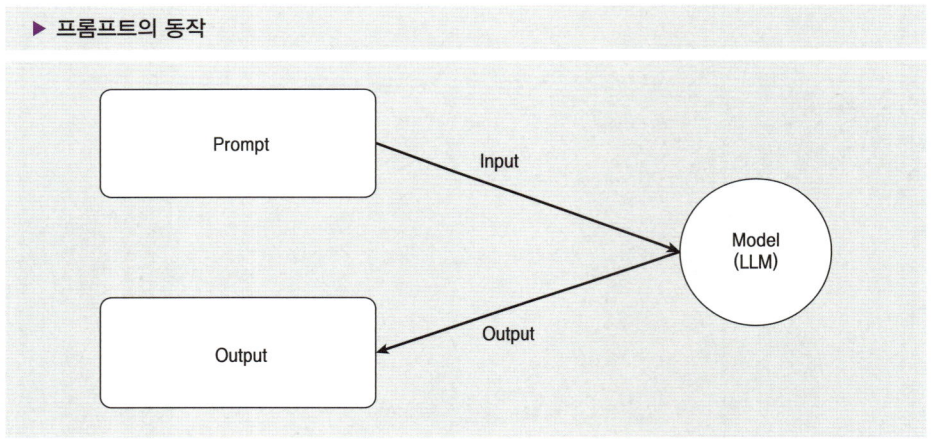

» 프롬프트는 생성형 AI가 출력을 생성하기 위한 시작점이자 사용자가 생성형 AI와 상호 작용하기 위한 필수 도구이다.

(2) 프롬프트 동작의 기본 원칙

» 프롬프트 엔지니어링에 관한 기본 원칙은 비교적 간단하다.
» 만일 적절한 지시사항이 당장 떠오르지 않으면 그냥 요청해도 되지만, 정확하고 유용한 답변을 출력하려면, 명확하고 직접적인 지시사항이 꼭 필요하다.

(가) 피드백 루프

» 인공지능 모델에게 원하는 결과를 도출하기 위해 입력값을 조정하고 최적화해야 한다.
» 입력값을 조정하고 최적화하기 위한 중심에는 '피드백 루프'라는 원리가 있다.
» 피드백 루프는 프롬프트 동작의 가장 기본적인 골격을 이루는 원리이다.
» 피드백 루프는 사용자가 원하는 출력을 만들어내는 방식을 반복적으로 테스트하고 평가함으로써 프롬프트의 효과를 최대화하는 방법이다.

▶ 피드백 루프 프로세스

단계	설명
1단계	• 프롬프트를 설계하고 해당 프롬프트를 언어 모델에 제공
2단계	• 모델이 생성한 출력을 검토하고, 이를 분석하여 프롬프트의 효과성을 평가
3단계	• 평가 결과를 바탕으로 프롬프트를 수정하고 개선 • 이를 다시 모델에게 제공하고 원하는 출력이 나올 때까지 반복

» 피드백 루프는 이렇듯 시행착오를 통해 얻은 정보를 바탕으로 프롬프트를 점진적으로 개선해 나가는 방법이다.

(나) 적절한 프롬프트의 선택

» 프롬프트 동작에서 프롬프트의 선택은 가장 핵심적인 요소이다. 즉 질문이나 명령의 형태로 제공되는 입력의 선택이 중요하다.
» 이 입력은 텍스트, 이미지, 음성 등 다양한 형태가 될 수 있다.
» 효과적인 프롬프트는 문맥, 어조, 길이, 구조 등 다양한 요소를 고려하여 만들어져야 한다.
» 적절한 프롬프트의 선택은 사용자의 목표와 요구사항에 가장 잘 부합하는 방식으로 언어 모델을 유도하는 과정이다.
» 이를 통해서 사용자는 언어 모델을 통해 원하는 결과를 생성하는 것이 가능하게 된다.

02. 프롬프트의 구성요소

(1) 프롬프트의 구성요소

» 프롬프트(Prompt)의 구성요소는 지시(Instruction), 맥락(Context), 제약(Constraints), 입력 데이터(Input Data), 출력 지시자(Output Indicator)가 있다.

▶ 프롬프트의 동작

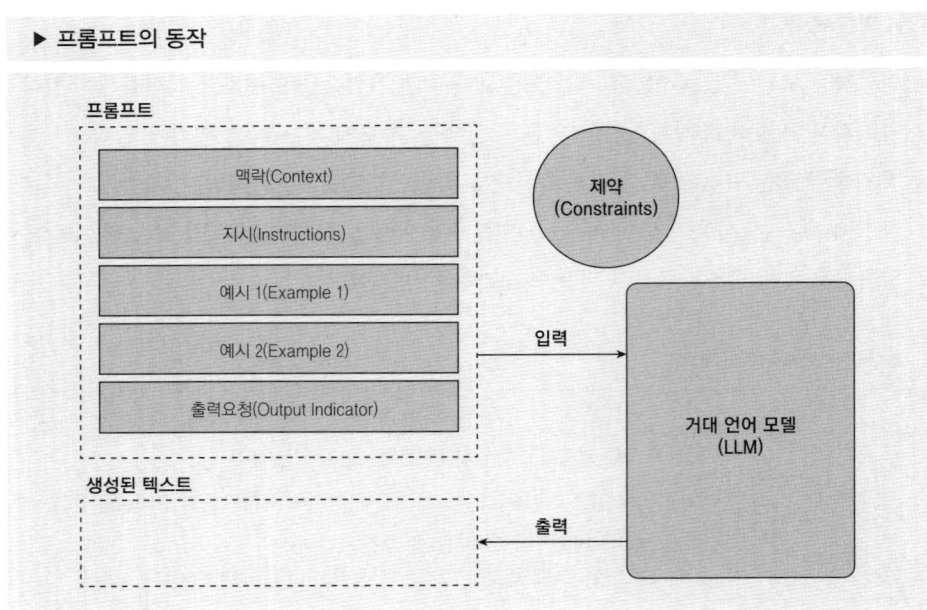

» 맥락은 어떤 상황이나 주변 환경 속에서 일어나는 일들을 이해하는 데 필요한 배경 정보 전체를 나타낸다.

▶ 프롬프트의 구성요소

구성요소	설명
지시 (Instruction)	• 모델이 수행할 특정 작업 또는 지시어
맥락 정보 (Context)	• 모델이 명령을 더 잘 이해할 수 있도록 하는 배경 정보, 설명 정보, 추가 정보, 요약 정보
제약 (Constraints)	• 특정 요구사항이나 응답의 길이, 복잡성에 대한 제한을 걸 수 있는 지시어
입력 데이터 (Input Data)	• 응답받고자 하는 입력이나 질문
출력 지시자 (Output Indicator)	• 출력의 유형이나 형식을 나타내는 요소

» 맥락은 어떤 사건, 상황, 또는 대화가 일어날 때 그것이 어떤 상황에서 일어나는지를 이해하는 데 도움을 주는 정보들의 모음이다.

(2) 프롬프트 작성 방안

(가) 명확하고 구체적으로 지시하기

» 작업 관련 내용을 모르는 신입 사원에게 지시하듯 명확하고 구체적으로 필요한 사항을 지시해야 한다.
» 텍스트의 어조도 어떻게 원하는지 명시해야 한다.
» 일반적으로 긴 프롬프트가 모델에게 더 많은 명확성과 맥락을 제공하며, 실제로 더 상세하고 관련 있는 결과를 생성할 수 있다.

▶ 명확하고 구체적으로 지시하기 위한 규칙

규칙	설명
구분 기호를 사용하여 입력 내용을 명확하게 표시	• 문장에서 끊어야 할 부분에 대해서 명확하게 띄어쓰기, 쉼표, 마침표 등으로 의도한 단어를 구분해서 입력
구조화된 출력 방식 요청	• 어떤 형식으로 표현되길 원하는지 구체적으로 입력
조건을 충족하는지 확인하고 요청	• 알고 싶은 내용 중 일부에만 조건이 해당하면, 어떤 결과를 알고 싶은지 구체적으로 요청
원하는 작업의 성공적인 실행 예시 제공	• 원하는 답변에 대한 예제가 있으면, 그 내용을 알려주고 일관된 스타일의 응답을 요청

(나) 맥락 및 요구사항의 상세화

» 생성형 AI에게 질문을 할 때 맥락과 요청 사항을 정확하게 요청해야 더 명확한 답변을 생성할 수 있다.
» 최대한 생성형 AI에게 줄 수 있는 최대한의 정보와 맥락을 제공하고 원하는 요구사항도 상세하게 기재해야 한다.

(다) 질의응답의 관계 전환 기법

» 사용자의 질문에 생성형 AI가 답을 하고, 생성형 AI의 질문에 사용자가 답할 수도 있다.
» 기본적인 구조는 사용자가 질문을 하고 생성형 AI가 답을 하는 구조이지만 질의응답의 관계 전환 기법은 이와 반대로 주도권을 생성형 AI에게 넘기는 기법이다.

▶ 질의응답의 관계 전환 기법의 유형

유형	설명
전가하기	• 사용자의 지식으로 작성해야 할 문장의 작성을 생성형 AI에게 떠넘기는 기법 • 생성형 AI가 자신의 레이턴트 스페이스 상의 정보를 토대로 나름대로 논리를 작성하므로 사용자가 전혀 모르는 분야도 생성형 AI를 통해 설계할 수 있음
보충요청	• 사용자가 작성한 내용에 대해 생성형 AI에게 피드백을 요청하는 기법 • 생성형 AI의 피드백을 토대로 논리의 방향을 조정하거나 부족한 정보의 보충 가능
설명요구	• 생성형 AI와 특정 토픽을 주제로 대화하는 도중에 주제와 관련된 일부 내용에 대하여 추가 설명을 요구하는 기법 • 할루시네이션 발생 우려가 있으므로 키워드를 확인하는 용도로만 사용해야 함
이슈추가	• 생성형 AI와 대화 도중에 대화 쟁점을 추가로 요청하는 기법 • 대화의 주도권을 생성형 AI에게 넘겨서 사용자가 관심을 두지 않았던 분야의 여러 쟁점을 빠르게 살펴볼 수 있는 접근 방법 • 낯선 분야를 빠르게 조사해야 하는 상황에서 가이드라인을 확보할 수 있는 전략

» 질의응답의 관계 전환 기법은 생성형 AI가 대화의 주도권을 쥐도록 설정해 주고 사용자는 대화의 흐름을 따라 행동하는 기법이다.

(라) 문장 분석

» 생성형 AI는 대규모의 텍스트를 빠르게 파악하고 주요한 정보에 집중할 수 있는 기능이 있다.

» 생성형 AI의 문장 분석 방식은 요약, 핵심 문장 추출, 지문을 토대로 새로운 생각 도출, 지문 분석 요청하기로 나눠질 수 있다.

▶ 문장 분석 유형

유형	설명
요약	• 긴 문장의 내용을 간략하게 요약하는 방법
핵심 문장 추출	• 전체 문장을 훑어 보고, 중요한 핵심 문장을 추출하는 방법
새로운 생각 도출	• 지문을 토대로 새로운 논리나 질문, 생각을 도출하는 방법 • 주어진 정보를 근거로 하여 미래를 예측하거나 인사이트를 도출하는 방법
지문 분석	• 내용적 측면의 분석, 구조적 측면의 분석, 사실과 주장을 분리하여 분석하는 방법
공통점 분석	• 공통점 분석은 입력 프롬프트에서 제시된 내용을 토대로 정보의 공통점을 검토하는 방법
문법 규칙 판단 기준	• 생성형 AI는 한국어 문법 규칙을 잘 파악하고 있어서 정확한 문법 규칙 검증해주는 방법

» 생성형 AI의 뛰어난 문장 분석 능력은 프롬프트 엔지니어링의 중요한 요소이다.

2. 프롬프트 엔지니어링의 하이퍼파라미터

» 하이퍼파라미터(Hyperparameter)란 자연어 처리 분야에서 생성형 AI의 출력을 제어하거나 다양한 결과를 생성하는 설정값이다.
» 인공지능 모델, 특히 자연어 처리 모델에서 다양한 하이퍼파라미터는 모델의 학습과 성능에 중요한 영향을 미친다.
» 하이퍼파라미터로 사용할 수 있는 것은 답변의 길이, 답변 언어, 해야할 작업, 답변 문체 등이다.

01. Temperature

» 생성되는 결과물의 창의성을 제어하는 하이퍼파라미터이다.
» Temperature를 높게 설정해 주면 결과물이 더 다양하지만, 예측할 수 없는 결과가 나오지만, Temperature를 낮게 설정해 주면 결과물이 더 보수적이고 예측이 가능한 결과가 나온다.

▶ Temperature 사용 예시

구분	설명
Temperature = 0.1	• [프롬프트] 한국의 수도는 어디인가요? • [응답결과] 한국의 수도는 서울입니다. • 정확성과 일관성이 높고, 창의성이나 변동성이 적어 일관된 정보 전달에 적합함
Temperature = 2.0	• [프롬프트] 한국의 수도는 어디인가요? • [응답결과] 한국의 수도는 서울이에요. 서울은 한강을 품고 있는 활기찬 도시로, 역사와 현대가 공존하며 전통과 혁신이 어우러진 매력적인 곳입니다. • 높은 Temperature 설정은 모델이 창의적이고 생동감 있는 표현을 사용하도록 유도하여, 단순한 정보 전달을 넘어 풍부한 묘사를 포함하게 만듦

» Temperature의 설정 범위는 0~2.0이다.

02. Top-p

» 확률이 높은 단어들만 고려하여 생성 텍스트의 다양성을 제어하는 하이퍼파라미터이다.

▶ Top-p 사용 예시

구분	설명
Top-p = 0.1	• [프롬프트] 기술에 대해 한 문장으로 설명해 주세요. • [응답결과] 기술은 문제를 해결하고 인간의 삶을 개선하기 위해 지식과 도구를 활용하는 체계입니다. • 낮은 Top-p는 확률이 높은 단어들만 선택하여 더 간결하고 예측 가능한 응답을 생성
Top-p = 1.0	• [프롬프트] 기술에 대해 한 문장으로 설명해 주세요. • [응답결과] 기술은 인간이 창의성과 지식을 활용해 문제를 해결하고 새로운 가능성을 탐구하는 과정입니다. • 높은 Top-p는 더 많은 후보 단어를 고려하여 다양하고 창의적인 응답을 생성

» Top-p의 설정 범위는 0~1.0이다.

03. Max-tokens

» 주로 자연어 처리(NLP)에서 텍스트를 생성하는 AI 모델에 사용되는 중요한 하이퍼 파라미터 중 하나이다.

» 이 값은 모델이 생성할 수 있는 최대 토큰 수를 제어한다.

▶ Max-tokens 사용 예시

구분	설명
Max-tokens = 50	• [프롬프트] 택배 배송은 얼마나 걸리나요? max-tokens = 50 • [응답결과] 보통 발송 후 1~2일 이내에 도착하며, 지역에 따라 차이가 있을 수 있습니다. • 핵심 정보만 간단하게 전달하여 사용자 만족도 향상
Max-tokens = 200	• [프롬프트] 상품 불량으로 항의한 고객에게 보낼 이메일을 써줘. max-tokens = 200 • [응답결과] 안녕하세요 고객님, • 먼저 상품 불량으로 인해 불편을 드린 점 진심으로 사과드립니다. 해당 문제는 내부 품질관리팀에 전달하여 원인을 파악 중이며, 빠른 시일 내에 새 제품을 재배송해드릴 예정입니다. 불편을 드린 점 다시 한번 사과드리며, 고객님의 소중한 의견을 반영하여 서비스 개선에 힘쓰겠습니다. 감사합니다. • 사과, 문제 설명, 해결책 제시를 포함해야 하므로 적절한 길이가 필요

» 상황에 따라 적절한 길이를 설정하지 않으면 너무 짧아 답이 끊기거나, 너무 길어 불필요한 비용과 시간이 낭비될 수 있다.
» Max-tokens의 경우 API를 직접 호출하는 경우에는 "max_tokens"으로 정확하게 입력하지 않으면 오류가 발생할 가능성이 있다는 것을 고려해야 한다.

04. Writing Style

» 하이퍼파라미터인 Writing Style은 모델이 생성하는 텍스트의 스타일적 특성을 제어하는 요소이다.
» Writing Style의 종류는 다음과 같다.

▶ Writing Style 유형

유형	설명
Academic (학문적인)	• 적절한 인용 및 참조가 포함된 형식적이고 학술적인 스타일 • 논문, 에세이, 연구 제안서, 실험 보고서 등 객관적 출판물
Conversational (회화체)	• 친근하고 비공식적인 구어체 • 블로그 포스팅, 간단한 이야기
Creative (창의적인)	• 아이디어를 발휘하는 창의적이고 독창적인 스타일 • 시, 소설
Instructive (지시적)	• 지시하거나 가르치는 스타일 • 안내문, 매뉴얼, 교육 자료
Journalistic (저널리즘적)	• 신문기사 같은 객관적인 스타일 • 뉴스기사, 사설, 칼럼
Persuasive (설득적)	• 감정적/논리적으로 설득력 있는 스타일 • 광고, 스피치, 에세이
Technical (기술적)	• 기술, 과학, 공학 등 전문적이고 정확한 용어를 사용하는 스타일 • 과학, 기술, 의학 등 전문 분야의 논문, 보고서, 설명서
Poetic (시적)	• 시적이고 운율이 있는 스타일 • 시, 시조, 운문

» 모델이 생성하는 글의 톤, 문체, 길이, 복잡성, 문법적 특성 등을 조절하는 데 활용된다.

1. 다음에서 ㉠에 들어갈 **프롬프트의 구성요소로 옳은 것**을 고르시오.

> 프롬프트는 사용자가 원하는 출력을 얻고자 할 때 생성형 AI에게 입력값을 넣어 원하는 출력값을 얻는 일련의 과정이며, 일반적으로 지시, (㉠), 제약, 입력 데이터, 출력 지시자 등으로 구성된다.

① 행동(Action)
② 묘사(Description)
③ 피드백(Feedback)
④ 맥락(Context)

【해설】
맥락은 어떤 상황이나 환경을 이해하기 위한 배경 정보 전체를 나타내는 프롬프트의 구성요소 중 하나이다.

정답 | ④

2. 다음 생성형 AI와의 대화에 적용된 하이퍼파라미터(Hyperparameter)의 역할로 옳은 것을 고르시오.

[제시문 A]	
프롬프트	사과에 대해 짧게 설명해줘. Temperature = 0.1
응답결과	사과는 장미과에 속하는 과일입니다. 둥근 형태를 가지며, 붉거나 초록색을 띕니다.
[제시문 B]	
프롬프트	사과에 대해 짧게 설명해줘. Temperature = 2.0
응답결과	아, 사과요! 이건 단순한 과일이 아니죠! 마치 에덴동산의 유혹처럼 강렬한 붉은 빛을 뽐내기도 하고, 뉴턴의 머리 위로 떨어진 운명적인 깨달음의 순간을 상징하기도 하죠! 아삭 한입 베어 물면 입안 가득 퍼지는 달콤함은 마치 첫사랑의 설렘과 같고요! 정말 매력적인 존재 아닌가요?

① 입력된 숫자에 따라 생성되는 결과물의 창의성을 제어한다.
② 토큰이 답변에 다시 등장할 확률을 높이거나 낮춘다.
③ Beam Search 알고리즘을 사용할 때 후보 개수를 제어한다.
④ 가능성 적은 토큰들을 제외하여 답변의 일관성을 유지한다.

【해설】
Temperature는 결과물의 창의성을 제어하며, 0.0~2.0 사이의 값을 가진다. 숫자가 높을수록 결과가 다양하지만 예측이 힘들며, 숫자를 낮게 설정할 경우 결과물이 더 보수적이고 예측 가능한 결과가 나온다.

정답 | ①

3. 다음 중 생성형 AI의 응답 명확화를 위한 프롬프트 작성 방안으로 옳지 않은 것을 고르시오.

① 구분기호를 사용하지 않고 입력한다.
② 명확하고 구체적으로 지시한다.
③ 맥락 및 요구사항을 상세화한다.
④ 원하는 작업의 성공적인 실행 예시를 제공한다.

【해설】
생성형 AI의 응답 명확화를 위해 프롬프트를 작성할 때는 구분기호를 사용하고 입력 내용을 명확하게 표시한다.

정답 | ①

3장 | 프롬프트 엔지니어링 모델 및 설계

1. 프롬프트 엔지니어링 모델

01. 제로샷 러닝(Zero-shot Learning)

» 제로샷 러닝은 생성형 AI에게 필요한 데이터나 설명을 덧붙이지 않고 답변을 생성하게 하는 방법이다.
» 생성형 AI에게 아무런 지시(Instruction) 없이 완수할 태스크를 주는 방법이다.

▶ 제로샷 러닝의 동작 과정

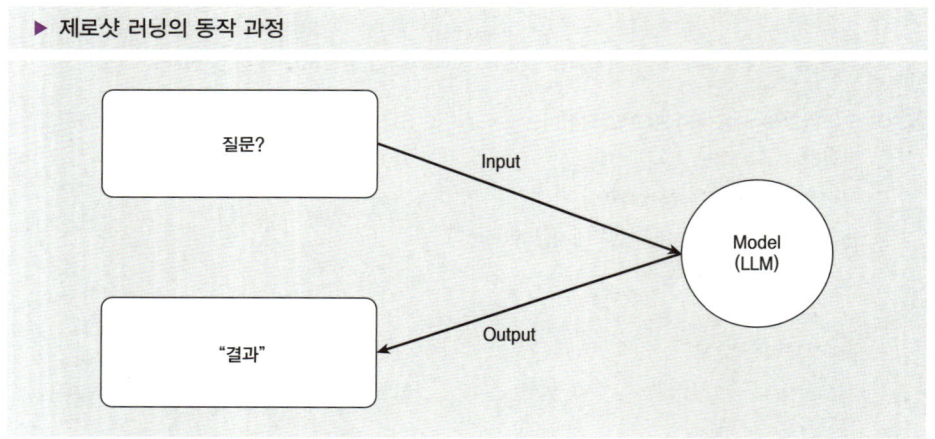

프롬프트

아래 문장을 핵심 키워드로 요약해 주세요.

문장: 가격 대비 품질이 좋고 색상도 마음에 들어요.

응답결과

좋아요! 문장을 핵심 키워드로 요약하면 이렇게 됩니다:

핵심 키워드: 가격 대비 품질, 만족스러운 색상

원하면 "가성비 좋음, 색상 만족"처럼 더 짧게 표현할 수도 있어요.
더 짧은 요약을 원하시나요, 아니면 구체적으로 조금 더 살려서 표현할까요?

» 위의 프롬프트는 어떤 방식으로 요약해야 하는지 구체적 예시를 제시하지 않았기 때문에 모델은 훈련 시 배운 일반 지식만으로 요약을 생성해야 한다.

02. 퓨샷 러닝(Few-shot Learning)

» 퓨샷 러닝은 몇 개의 예시를 통해 힌트를 주면서 답변을 생성하는 방법이다.
» 제로샷 러닝으로 원하는 답변을 얻지 못할 경우, 생성형 AI에게 예시를 제공하여 원하는 답변을 얻는 방법이다.

▶ 퓨샷 러닝의 동작 과정

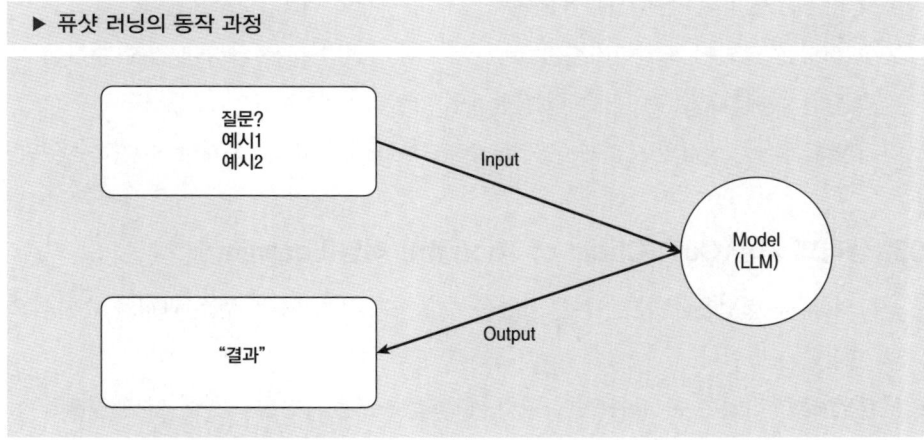

> **프롬프트**

당신은 쇼핑몰 리뷰 요약 도우미입니다. 고객 리뷰를 읽고, 핵심 키워드를 간결하게 정리해주세요.

예시 1
리뷰: 배송이 빨랐고 포장도 꼼꼼했어요.
요약: 빠른 배송, 좋은 포장

예시 2
리뷰: 제품이 튼튼하고 설명서도 이해하기 쉬워요.
요약: 튼튼함, 쉬운 설명서

예시 3
리뷰: 디자인이 세련됐고 크기도 딱 맞아요.
요약: 세련된 디자인, 적당한 크기

[새로운 리뷰]
리뷰: 가격 대비 품질이 좋고 색상도 마음에 들어요.
요약:

> **응답결과**

가성비 좋음, 만족스러운 색상

» 퓨샷 러닝은 입력의 길이가 길어질수록 자원과 시간이 더 많이 소요된다.
» 퓨샷 러닝은 답변에 도달하기까지 몇 단계의 추가적인 추론 과정을 거쳐야 하는 보다 복잡한 문제의 경우는 풀 수 없는 한계점이 있다.
» 이러한 한계점은 생각의 사슬(CoT; Chain of Thought) 기법을 통해서 보완할 수 있다.

03. 생각의 사슬(CoT; Chain of Thought) 러닝(Learning)

» 생각의 사슬 러닝은 복잡한 추론 작업을 수행하기 위해 중간 추론 과정을 순차적으로 연결한 방법이다.
» 생각의 사슬 러닝은 본 질문 전에 미리 태스크와 추론 과정을 포함한 답변 예제를 생성형 AI에게 제공하여 단지 답변을 내놓기 위한 것이 아닌, 답변에 도달하는 과정을 학습시키는 것을 목적으로 하는 방법이다.

▶ 생각의 사슬(CoT)의 동작 과정

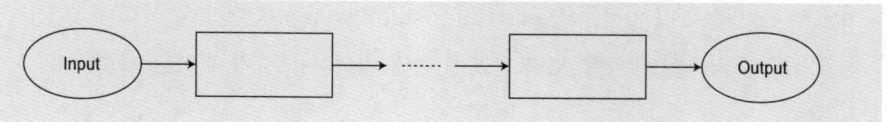

프롬프트

[예시 문제]
한 대학 연구팀은 프로젝트 예산으로 1,500만 원을 지원받았다. 장비 구입에 820만 원을 사용했고, 연구 재료비로 360만 원을 추가로 지출했다. 이후 추가 지원금으로 400만 원을 더 받았다면, 현재 남은 예산은 얼마인가?

[예시 답]
초기 예산은 1,500만 원이다.
장비 구입비로 820만 원을 지출했으므로, 1,500 − 820 = 680만 원이 남는다.
연구 재료비로 360만 원을 더 지출하면, 680 − 360 = 320만 원이 남는다.
추가로 400만 원을 더 받았으므로, 320 + 400 = 720만 원이 된다.
정답: 720만 원

[실제 문제]
교내 동아리에서 총무가 회비로 980,000원을 걷었다. 행사 준비에 350,000원을 사용했고, 회식비로 270,000원을 지출했다. 이후 후원금으로 150,000원이 추가로 들어왔다면, 현재 남아 있는 금액은 얼마인가?

응답결과

처음 모은 회비는 980,000원이다.
행사 준비에 350,000원을 사용했으므로, 980,000 − 350,000 = 630,000원이 남는다.
회식비로 270,000원을 지출하면, 630,000 − 270,000 = 360,000원이 남는다.
후원금으로 150,000원이 추가로 들어오면, 360,000 + 150,000 = 510,000원이 된다.
정답: 510,000원

» 중간 추론 단계의 연속성과 표현이 중요하며, 최종 결과를 유도하기 위한 과정을 포함한다.

04. 제로샷 CoT(Zero-shot Chain of Thought) 러닝(Learning)

» 제로샷 CoT는 트리거 문장 "Let's think step by step (단계별로 생각해 보자)"을 프롬프트에 추가하여 생성형 AI가 단계에 따라 결과를 도출하게 하는 방법이다.

프롬프트

> 철수가 4개의 연필을 가지고 있고, 친구에게 2개를 주었습니다.
> 철수에게 남은 연필은 몇 개인가요?
>
> 단계별로 생각해봅시다.

응답결과

> 좋아요! 단계별로 차근차근 생각해 봅시다.
>
> [1단계] 철수가 처음 가진 연필 수
> 철수는 처음에 4개의 연필을 가지고 있었습니다.
>
> [2단계] 철수가 친구에게 준 연필 수
> 철수는 친구에게 2개의 연필을 주었습니다.
>
> [3단계] 남은 연필 수 계산
> 처음 가진 연필(4개)에서 준 연필(2개)을 빼면:
> 4 − 2 = 2
>
> [최종 답] 철수에게 남은 연필은 2개입니다.

» 제로샷 CoT는 트리거 문장을 하나 더 추가하여 상세한 답변 도출 및 추론 과정을 알 수 있게 하는 방법이다.

2. 프롬프트 엔지니어링 설계

01. 생성형 AI 결과물의 추출

» 프롬프트 설계 방법을 익혀 문장을 구성하는 방법은 중요하지만, 이 방법은 효과적인 프롬프트를 작성하는 데 시간이 오래 걸리는 단점이 있다.

» 따라서 다른 사람이 생성한 결과물에서 프롬프트를 추출하고, 이를 수정하여 결과물을 생성하는 것이 시간을 절약할 수 있는 방법이다.

(1) 생성형 AI 결과물 추출의 개념

» 생성형 AI 결과물 추출이란 생성형 AI가 생성한 결과물로부터 사용자가 작성한 프롬프트를 추출하는 기법이다.
» 챗GPT 등에서 멀티모달 프롬프트가 도입되기 전까지는 제한적인 결과물 추출을 주로 수행하였지만, 멀티모달 프롬프트가 도입되면서부터 다양한 데이터 유형에 대해 추출할 수 있게 되었다.

(2) 생성형 AI 결과물 추출하기

(가) 챗GPT를 활용한 프롬프트 추출

» 챗GPT에 데이터를 첨부하여 프롬프트를 추출하기 위해 다음과 같이 멀티모달 프롬프트를 질의한다.
» 챗GPT에 첨부한 데이터는 아래의 프롬프트를 가지고 생성할 수 있다.

프롬프트

> OpenCV를 이용하여 이미지를 분석하는 파이썬 코드를 생성해줘.
> 결과물은 Code.txt로 다운받을 수 있도록 만들어줘.

응답결과

```
import cv2
import numpy as np

# 이미지 읽기
image = cv2.imread('sample_image.jpg')  # 분석할 이미지 경로 지정
gray = cv2.cvtColor(image, cv2.COLOR_BGR2GRAY)

# 에지 검출
edges = cv2.Canny(gray, 100, 200)

# 윤곽선 검출
contours, _ = cv2.findContours(edges, cv2.RETR_EXTERNAL, cv2.CHAIN_APPROX_SIMPLE)
```

```
# 윤곽선 그리기
image_with_contours = image.copy()
cv2.drawContours(image_with_contours, contours, -1, (0, 255, 0), 2)

# 결과 출력
cv2.imshow('Contours', image_with_contours)
cv2.waitKey(0)
cv2.destroyAllWindows( )

~~~ 이하 생략 ~~~
```

» 다음은 챗GPT에서 파일을 분석하여 프롬프트를 추출하는 사례이다.

프롬프트

code.txt
Document

업로드 한 파일은 어떤 프롬프트를 입력하여 만들었는지 다음 형태로 알려주세요:
""
프롬프트 : {20자 내외로 요약한 정보}
""

응답결과

프롬프트 : OpenCV를 이용한 이미지 처리

» 챗GPT는 "OpenCV를 이용한 이미지 처리"라고 응답하였다.
» 챗GPT가 응답한 내용이 맞는지 제미나이로 가서 응답 내용을 검증한다.

프롬프트

챗GPT는 파이썬 코드를 "OpenCV를 이용한 이미지 처리"와 같이 요약했는데, 내용이 맞나요?

응답결과

네, 챗GPT가 제공한 "OpenCV를 이용한 이미지 처리"라는 요약은 코드의 핵심 내용을 잘 파악하고 있으며 정확합니다.

» 제미나이는 챗GPT가 응답한 프롬프트가 정확하다고 응답하고 있다.

(나) 챗GPT를 활용한 이미지 요소 추출

» 챗GPT의 멀티모달 기능을 활용하여 다음과 같이 파일의 항목과 속성들을 추출할 수 있다.

프롬프트

업로드한 이미지에서 특징을 추출해서 표로 정리해 줘.

응답결과

아래는 업로드한 이미지에서 시각적으로 추출한 주요 요소들을 항목별로 정리한 표입니다.

항목	시각적 요소 설명
인물	젊은 여성, 맑은 피부톤, 자연스러운 홍조, 주근깨가 있음
눈	매우 큰 눈동자, 맑은 회청색 계열, 긴 속눈썹과 정교한 아이 메이크업
입술	자연스러운 분홍빛, 촉촉하고 살짝 벌어진 입술 형태
머리카락	갈색 웨이브 헤어, 부드러운 질감, 자연스럽게 흩어진 곱슬 부분 존재
화관	라벤더, 장미, 코스모스, 안개꽃 등 다양한 보라색·분홍색 계열의 꽃으로 구성된 풍성한 꽃 왕관
피부 디테일	자연스러운 광택, 뺨과 코 주변에 미세한 주근깨, 고운 피부결
배경	매우 연한 회백색 또는 무채색, 주된 초점은 인물 중심
꽃 장식(얼굴 주변)	눈 주변과 뺨에 라벤더, 작은 꽃잎 등의 꽃무늬 장식이 자연스럽게 배치됨
전체 톤 및 분위기	몽환적, 동화적, 따뜻하면서도 자연 친화적인 느낌
스타일	하이퍼리얼리즘 기반의 일러스트 또는 AI 생성 이미지 스타일(매우 디테일하고 사실적인 묘사)

» 추출된 정보는 새로운 프롬프트를 설계할 때 기반이 된다.
» 생성형 AI 결과물에서 프롬프트와 주요 요소를 추출하고, 이를 기반으로 프롬프트를 설계할 수 있다.

02. 프롬프트 엔지니어링 설계

(1) 생성형 AI 결과물의 추출을 통한 프롬프트 설계

» 생성형 AI 결과물의 추출 및 설계를 수행할 실습 데이터를 선택하고, 다음과 같이 특징을 키워드로 추출하는 멀티모달 프롬프트를 작성한다.

프롬프트

업로드 한 이미지를 분석해서 다음 포맷에 맞게 출력해 주세요.
"
영어 : {키워드1}, {키워드2}, {키워드3}, ...
한글 : {키워드1}, {키워드2}, {키워드3}, ...
"

응답결과

영어: Sunset, Blossoming Tree, Colorful Flowers
한글: 선셋, 꽃이 피는 나무, 다채로운 꽃들

» 이미지의 프롬프트 추출을 수행할 때 저작권이 있는 이미지, 개인정보가 포함될 수 있는 이미지는 주의해서 사용해야 한다.

(2) 설계한 프롬프트를 통한 이미지 생성

» 이미지에서 추출한 키워드를 기반으로 프롬프트를 작성할 수 있다.
» 스테이블 디퓨전은 학습된 모델이 주로 키워드 형으로 구성되어 있어 키워드형 프롬프트로 이미지를 생성하는 데 유리하다.
» 앞에서 추출한 키워드형 프롬프트를 스테이블 디퓨전에 입력하고 이미지를 생성한다.

프롬프트

Sunset, Blossoming Tree, Colorful Flowers
(선셋, 꽃이 피는 나무, 다채로운 꽃들)

응답결과

» 무작위 노이즈에 따라 생성되는 이미지가 매번 다르므로 반드시 위의 이미지가 출력되지 않으므로 참고한다.
» 스테이블 디퓨전에서는 무작위 노이즈에 따라 생성되는 이미지가 매번 다르며, 생성할 때마다 이미지를 고정하려면 시드(Seed) 값을 입력해야 한다.

예제

1. 다음 프롬프트에 사용된 기법을 고르시오.

프롬프트	Translate the following Korean sentences into English. 한국어: "안녕하세요." → 영어: "Hello." 한국어: "저는 학생입니다." → 영어: "I am a student." 한국어: "점심 먹었어요?" → 영어: "Did you eat lunch?" 한국어: "오늘 날씨가 정말 좋아요." → 영어:
응답결과	영어: "The weather is really nice today."

① 제로샷 러닝(Zero-shot Learning)   ② 퓨샷 러닝(Few-shot Learning)
③ 판단 러닝(Judgment Learning)   ④ 파인 튜닝(Fine-tuning)

【해설】
몇 개의 예시를 통해 힌트를 주면서 답변을 생성하는 퓨샷 러닝(Few-shot Learning)이다.
퓨샷 러닝은 제로샷 러닝으로 원하는 답변을 얻지 못할 경우, 생성형 AI에 예시를 제공하여 원하는 답변을 얻는 방법이다.

정답 | ②

2. 다음 중 프롬프트 엔지니어링의 기술적 개념이 알맞게 짝지어진 것을 고르시오.

① 퓨샷 러닝 → 몇 개의 예시를 통해 힌트를 주면서 답변을 생성
② 미세 조정 → 대량의 데이터를 실시간으로 분석
③ 제로샷 러닝 → 필요한 데이터나 설명을 덧붙이지 않고 답변을 생성
④ 사전 학습 → 사용자 입력에 따른 실시간 모델 업데이트

【해설】
제로샷 러닝은 생성형 AI에게 필요한 데이터나 설명을 덧붙이지 않고 답변을 생성하게 하는 방법이다.
생성형 AI에게 아무런 지시(Instruction) 없이 완수할 태스크를 주는 방법이다.

정답 | ③

3. 다음 중 제로샷 CoT 러닝 프롬프트의 트리거 문장으로 가장 적절한 것을 고르시오.

① 정답만 알려줘
② 단계별로 생각해 보자
③ 이 문장을 번역해줘
④ 간단히 요약해줘

【해설】
제로샷 CoT 러닝은 트리거 문장 "Let's think step by step (단계별로 생각해 보자)"을 프롬프트에 추가하여 생성형 AI가 단계에 따라 결과를 도출하게 하는 방법이다.
제로샷 CoT 러닝은 트리거 문장을 하나 더 추가하여 상세한 답변 도출 및 추론 과정을 알 수 있게 하는 방법이다.

정답 | ②

4장 프롬프트 엔지니어링 윤리원칙

1. 생성형 AI의 저작권

01. 생성형 AI 학습 데이터와 산출물 관련된 저작권 이슈

» AI 학습을 위해서는 데이터 수집이 필요하며, 생성형 AI의 산출물이 만들어지는 과정에서 단계별로 저작권 이슈가 발생할 수 있다.

(1) 학습 데이터에 포함된 저작물에 대한 복제

» AI 학습용 데이터에 포함된 저작물에 대한 복제와 AI 산출물 자체의 저작권 침해 등에 대해 이슈가 있다.
» 저작권은 사람의 생각이나 감정을 표현한 결과물에 대하여 그 표현한 사람에게 주는 권리로 물건의 주인이 갖게 되는 소유권처럼 자신이 만들어 낸 표현에 대해 가지는 권리이다.

▶ 학습 데이터에 포함된 저작권 이슈

이슈	설명
소유자의 저작권 이슈	• 생성형 AI 모델의 학습 데이터는 대규모로 수집되며, 그 소유자가 데이터 사용에 대한 권리를 보유 • 따라서 해당 데이터를 사용하여 생성형 AI 모델을 학습시키는 경우, 데이터 소유자의 저작권과 관련하여 이슈가 발생할 수 있음
사용 및 배포 동의	• 데이터를 수집한 조직이나 개인이 학습된 모델에 대한 사용 또는 배포에 동의하지 않을 수 있기 때문
저작물의 무단 복제	• AI 학습을 위해서는 데이터를 수집·가공하여 데이터셋을 구성한 뒤 이를 인공신경망(ANN)에 전달하여 학습시키는 절차를 거치게 되는데, 이 과정에서 학습 데이터에 포함된 저작물에 대한 복제 등의 작업을 수행
지문 분석	• 인터넷에 공개된 데이터를 무단으로 이용할 때는, 저작권법상 학습 데이터에 포함된 저작물에 대한 복제권 등의 침해 여부가 주요 쟁점

» 인공신경망은 기계학습과 인지과학에서 생물학의 신경망(동물의 중추신경계 중 특히 뇌)에서 영감을 얻은 알고리즘이다.
» AI 모델을 학습시키기 위해서는 대규모의 데이터가 필요하다.
» 학습에 사용되는 데이터는 이미지, 텍스트, 오디오 등 다양한 형태일 수 있으며, 이를 이용하여 모델이 패턴을 학습하고 일반화하는 과정에서 사용된다.
» 이러한 데이터는 공개적으로 제공되는 데이터셋, 웹 크롤링, 소셜 미디어 등에서 얻을 수 있다.

▶ 학습 데이터를 수집하는 방법

구분	설명
공개 데이터셋	• 정부 기관, 학술 연구기관, 민간 단체 등이 제공하는 공개 데이터셋을 활용 • 주로 공공 서비스, 환경, 건강, 경제 등 다양한 분야 정보제공
웹 크롤링	• 인터넷상의 다양한 웹 사이트에서 데이터를 수집 • 웹 페이지를 탐색하고 필요한 정보를 추출 • 수집할 때는 데이터의 저작권 및 이용 조건을 준수 필요
소셜 미디어	• 트위터, 인스타그램 등의 소셜 미디어 플랫폼에서 사용자의 텍스트, 이미지, 동영상 등 다양한 데이터를 수집 가능 • 트렌드 분석, 감정 분석 등 다양한 분야에 활용
파트너십 또는 라이선스	• 데이터를 수집하기 위해 데이터 제공자와의 협력 혹은 라이선스를 획득하여 사용 • 주로 기업 간 협업이나 데이터 제공 업체를 통해 이루어짐

» 학습 데이터에는 저작권법상 보호되는 저작물이 포함될 수 있다.
» 저작권법상 타인의 저작물을 무단으로 이용하면 저작권 침해에 대한 책임을 질 수 있다.
» 다만, 저작권자로부터 이용 허락을 받거나 저작재산권 제한 사유에 해당할 때는 침해가 되지 않는다.
» 법원의 판례가 누적되기 전까지 공정이용 규정의 적용 여부가 불명확한 상황에서 저작권자로부터 이용 허락을 받지 않고 저작물을 이용하면 저작권 침해 가능성이 존재한다.

(2) AI 산출물과 관련된 저작권 등록

(가) AI 산출물의 저작물성 인정 여부

» 문화체육관광부에서 발행한 '생성형 AI 저작권 안내서' 발표에 따르면 현행법의 해석상 인간이 아닌 AI가 생성한 산출물 자체에 대해서는 저작물성이 인정되지 않는다.

▶ AI 산출물에 대한 저작물성 인정에 관한 사례

구분	설명
한국	• 유명 작가의 시를 텍스트로 넣고, 이를 통해서 생성형 AI가 만들어 낸 영상물을 2차적 저작물이라고 주장하며 등록을 시도하였으나 그 등록을 허용하지 않음 • 생성형 AI로 만든 유명 가수의 6개의 곡에 대하여 저작권료 지급 중단 결정
미국	• 생성형 AI 프로그램의 개발자가 '인간의 개입 없이' AI가 만든 산출물에 대해 저작권 등록을 거부 • 이에 대해 불복하여 제기한 소송에서도 미국 법원은 저작권 불인정 취지의 판시를 하였다.

» 특히 저작권 등록의 범위를 '인간의 사상이나 감정이 표현된 창작물에 대해서만 인정한다'라고 명시하고 있다.

» 다만, AI 산출물에 인간의 창작성이 부가되면 해당 부분에 대해서는 저작물성 인정이 가능하다고 볼 수 있다.

(나) AI 산출물의 저작자 인정 여부

» 자연인만이 저작자가 될 수 있으며, AI 산출물에 창작성을 부가하여 저작물성이 인정되어야만 저작자를 인정받을 수 있다.

» 자연인은 법률상에서 생물학적인 육체를 가진 인간을 뜻하는 말이다.

» 사람은 아니지만 법률적인 권리를 가지는 법인과 구별하기 위해서 탄생한 명칭이다.

▶ 생성형 AI가 만든 결과물의 유형

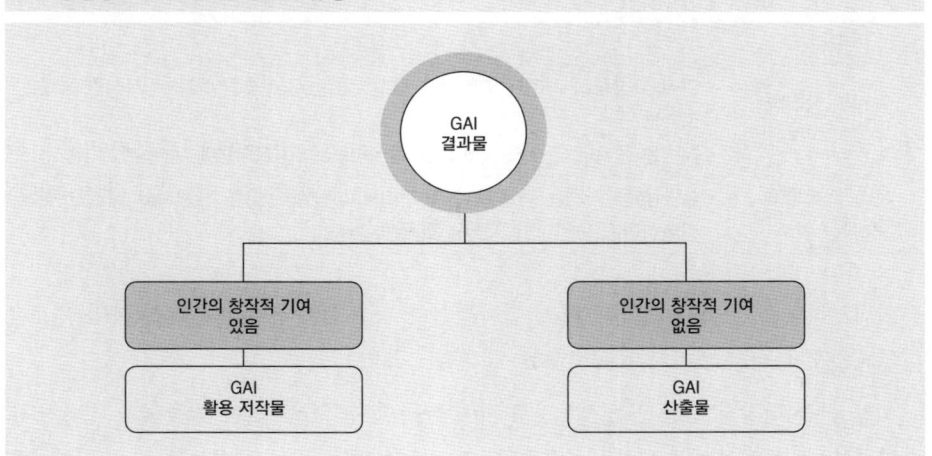

» 인간의 지시에 따른 결과물 중 인간의 창작적 기여가 없는 GAI 결과물의 경우 '인간의 사상·감정의 표현' 요건을 충족하지 않기 때문에 저작물에 해당하지 않으며, 저작권 등록이 불가하다.

▶ AI 산출물에 대한 저작자 인정

구분	설명
저작자의 유형	• 자연인만이 저작자가 될 수 있음 • 업무상저작물의 경우와 같이 법률에서 별도로 정하고 있는 때에만 법인·단체 등도 가능
창작성 부가 여부	• AI 산출물에 인간이 창작성을 부가함으로써 저작물성이 인정되는 경우에만 저작자 또는 저작권 귀속에 대한 논의 가능

» AI 산출물에 대한 창작적 기여 여부 및 기여의 정도를 고려하여 결정되며, 최종 판단은 법원에서 판결하게 된다.

(다) AI 산출물의 저작권 등록 가능 여부

» AI 산출물에 인간이 수정·증감 등 창의적으로 '추가 작업'을 하여 추가 작업한 부분만으로 저작물성이 인정될 때는 저작권 등록이 가능하다.

▶ AI 산출물의 저작권 등록 가능 여부

구분	설명
인간의 창작적 기여 여부	• 인간의 창작적 기여가 있었다고 볼 수 없는 AI 산출물에 대한 저작권 등록은 불가능 • 저작권 등록은 인간의 사상 또는 감정이 표현된 창작물에 대해서만 가능
선택 및 배열의 창작성 여부	• AI 산출물 자체는 등록할 수 없더라도 AI 산출물들을 선택하고 배열한 것에 창작성이 있으면 '편집저작물'로 등록 가능

» 편집저작물은 이미 존재하는 여러 저작물이나 자료를 수집, 선택, 배열하여 새로운 창작성을 부여한 저작물을 의미한다.

» AI를 단독 저작자 혹은 공동저작자로 하여 등록할 수 없으며, AI 산출물을 개발자 명의로 등록 신청하거나 업무상저작물로 하여 대표 명의나 법인 명의로 등록 신청하는 것도 불가능하다.

02. 바람직한 저작물의 이용과 저작권자의 고려사항

(1) 바람직한 저작물 이용 방법

» 학습 데이터의 출처 및 이용된 저작물 내역 표시 등 AI 서비스의 투명성 제고 방안 도입 여부 등에 대해서는 추가적인 논의가 필요하다.

▶ 바람직한 저작물 이용

구분	설명
적법한 이용 권한 확보	• 사전에 저작권자로부터 적절한 보상 등의 방법으로 적법한 이용 권한을 확보하여 분쟁 발생 가능성을 미리 방지
공개된 저작물 사용주의	• 홈페이지나 블로그, SNS 등을 통해 공개된 저작물이라도 저작권자 허락 없이 이용할 수 있는 것은 아님
법정허락 제도 활용	• AI 학습에 이용되는 저작물의 권리자가 누구인지 명확하지 않거나 알 수 없는 경우에는, 저작권법상 법정허락 제도를 활용함으로써 적법한 이용 권한을 확보하는 방안을 고려
이용 목적 및 범위, 기간 명시	• 학습용으로 복제한 데이터를 계속해서 보관하거나 다른 목적으로 이용할 때는 저작권자의 이익을 부당하게 해할 우려가 있음 • 각 사업자는 저작권자와 계약 체결 시 저작물의 이용 목적·범위, 기간 등에 대하여 구체적으로 명시해야 함

- » 생성형 AI 사용자는 AI 학습용 데이터를 확보하는 방안으로 저작권자와 개별적으로 이용 허락 계약을 체결하는 것 이외에 퍼블릭 도메인(Public Domain)이나 한국지능정보사회진흥원(NIA)의 AI 허브 등을 활용하는 방안도 함께 고려할 수 있다.
- » 향후 학습에 이용되는 데이터의 유형 및 규모, 기술적 측면에서의 이행 가능성 등을 종합적으로 고려해야만 하며, 이해당사자 간 합의가 필요하다.
- » 생성형 AI 사용자는 해당 서비스 제공 시 기존 저작물과 같거나 유사한 AI 산출물이 도출되지 않도록 함으로써 저작권 침해를 미리 방지하는 것이 바람직하다.
- » 특히, 파운데이션 모델(Foundation Model)을 활용하여 응용서비스를 제공할 때는 해당 파운데이션 모델에 학습된 데이터를 전부 파악하기 어려울 수 있으므로 별도의 기술 등을 활용하여 AI 산출물의 저작권 침해 예방이 필요하다.

▶ 파운데이션 모델 개념도

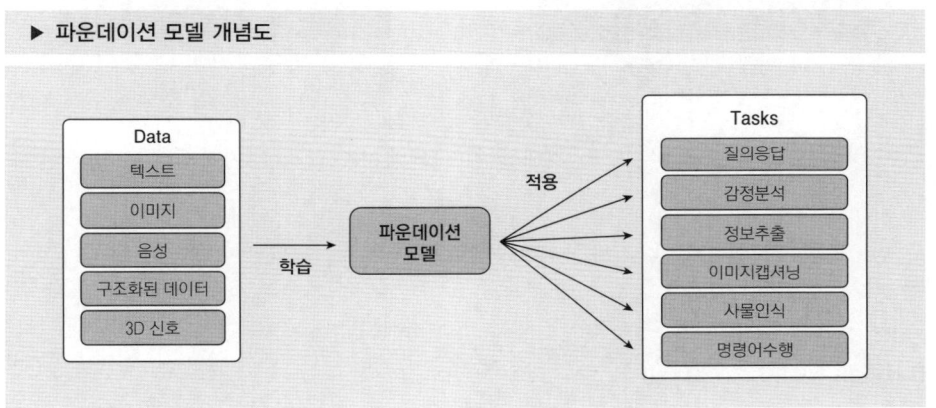

- » AI 산출물의 저작권 침해로 인한 분쟁이 발생하면 각 사업자 사이에서도 책임 소재와 관련한 논란이 생길 수 있다.
- » 파운데이션 모델 제공자와 파운데이션 모델을 활용하여 응용서비스를 제공하는 사업자는 이용 계약 체결 시에 책임에 관한 부분까지 명확히 해야할 필요가 있다.

(2) 저작권자의 고려사항

- » 일반적으로 저작권자의 경우에는 본인의 저작물이 AI 학습용으로 무단 이용되고 있는 상황에서도 개입할 수 있는 여지가 크지 않다.
- » 그러나 최근에는 각 저작물이 AI 학습 등에 제공되었더라도 유사한 산출물이 도출되는 것을 방지하는 기술들도 등장하고 있다.
- » 저작권자에게는 이와 같은 기술 등을 활용하여 본인의 저작권에 대한 침해 방지책을 마련하는 것이 필요하다.

(가) 프로젝트 글레이즈

» 시카고대학교 연구팀은 온라인에 게시한 예술가의 작품이 AI 데이터 학습에 걸리더라도 원본과는 다른 형태로 보이게 하는 글레이즈 프로젝트를 개발하여 온라인으로 배포하는 방법을 개발했다.

▶ 글레이즈 프로젝트가 적용된 이미지

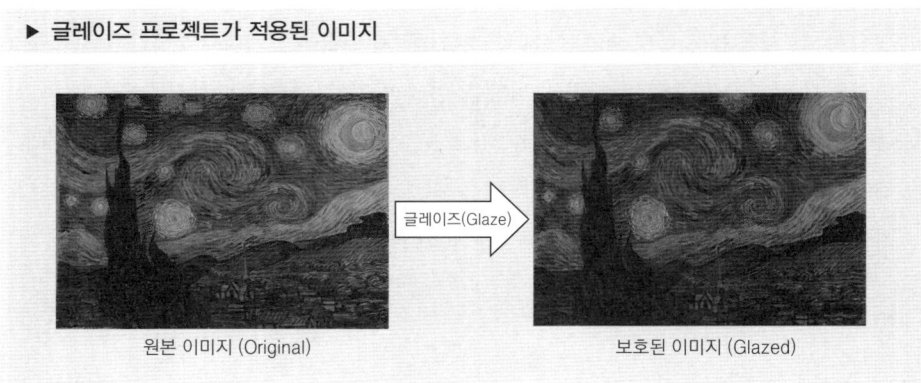

» 이 방식은 다른 방법과는 달리 최대한 원본을 해치지 않고 데이터 학습을 방해할 수 있는 것으로 알려졌다.
» 그러나 스케치와 같이 단순한 스타일의 경우에는 은폐가 어렵기 때문에 일종의 노이즈가 발생할 수도 있다.

(나) 포토가드(PhotoGuard)

» 매사추세츠 공과대학교(MIT) 연구팀은 생성형 AI의 이미지 합성 기능을 방지하는 기술을 개발하여 공개했다.

▶ 포토가드가 적용된 이미지

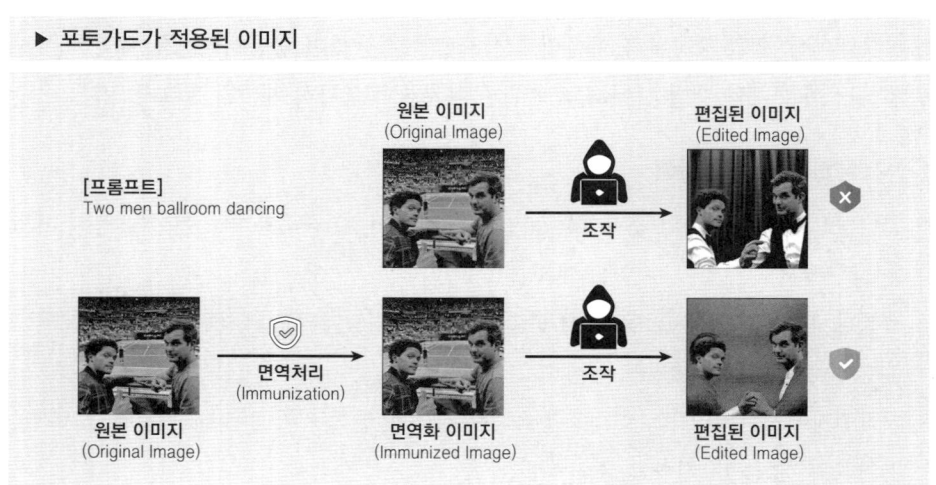

» 포토가드는 AI가 이미지를 이해하는 것을 방해하는 방식으로 AI에 의한 이미지 편집을 방지하는 시스템이다. 이미지의 중심이 되는 픽셀을 선택해 왜곡시킨다. 이러한 픽셀 왜곡은 인간의 눈에는 감지되지 않지만, AI는 감지할 수 있다.

» 포토가드는 인코더 공격과 확산 두 가지 방식으로 생성형 AI의 합성을 원천적으로 방해하거나 합성 이미지를 쉽게 감지할 수 있도록 지원한다.

▶ 포토가드의 주요 기술

구분	설명
인코더 공격	• 인코더 공격은 이미지에서 픽셀의 색상과 위치를 설명하는 데이터에 복잡성을 추가하여 AI가 이미지를 이해하기 어렵게 함
확산 공격	• 확산 공격은 확산 모델을 통해 이미지를 다른 이미지로 위장해 AI를 더욱 혼란스럽게 만듦 • 이러한 위장된 이미지에 대해 시도하는 모든 편집은 가짜 대상 이미지에 적용되기 때문에 비현실적으로 보이는 이미지가 생성

» 인코더 공격은 AI가 편집할 원본 이미지가 다른 이미지라고 생각하게 만들고, 확산 공격은 AI가 위장된 이미지를 편집하도록 강제한다.

» 포토가드는 글레이즈와 다르게 학습하는 AI를 혼란스럽게 만들어서 자신의 저작물에 대해 허가받지 않은 학습을 하지 못하도록 할 수 있다.

2. 프롬프트 엔지니어링 윤리 원칙

01. 윤리적인 엔지니어링의 필요성

» 생성형 AI는 새로운 것을 생성하는 AI의 일종으로 사용자의 질문방식이나 질문 의도, 질문편향에 따라 새로운 것을 생성하는 것에 특화되어 있으며, 훈련 데이터와 유사한 데이터를 생성한다는 특성을 가진다.

» 생성형 AI의 사용자가 악의적으로 활용하면 윤리적 쟁점이 다수 발생할 수 있다는 점을 고려하여 사용자를 중심으로 한 윤리 원칙이 필요하다.

(1) 생성형 AI 이용 시 유의 사항

» 생성형 AI 이용자는 원하는 AI 산출물을 생성하기 위해서 입력하는 텍스트나 이미지, 오디오 등의 데이터가 타인의 저작권을 침해하거나 침해를 유도하지 않도록 유의해야 한다.

(가) 텍스트를 사용하는 저작권 침해

» 이용자가 기존 저작물을 그대로 프롬프트 창에 입력하거나 그와 동일·유사한 작품의 생성을 유도하는 텍스트를 입력함으로써 기존 저작물과 동일·유사한 AI 산출물을 생성한 뒤 인터넷에 게시하는 등의 방식으로 이용할 경우, 저작권 침해 문제가 야기될 수 있다.

» 다음은 특정 결과를 의도적으로 만들기 위해 스테이블 디퓨전에서 프롬프트를 입력하여 이미지를 생성한 사례이다.

프롬프트
Winnie the Pooh

응답결과

» 특정 캐릭터를 의미하는 키워드를 텍스트로 작성하면 기존 저작물과 유사한 결과를 만들 수 있다.

» 이런 결과물은 저작권 문제가 발생할 수 있다는 부분을 항상 기억해야 한다.

(나) 이미지 또는 음악을 사용하는 저작권 침해

» 이용자가 AI 이미지나 영상 제작을 위하여 특정 이미지나 영상 그 자체를 무단으로 입력한 뒤 생성된 AI 산출물을 이용할 때도 복제권 등 저작권 침해 소지가 있다.

» 이용자가 AI 산출물(영상, 음악 등)을 만드는 과정에서 타인의 음악 저작물을 무단 입력하여 생성된 AI 산출물을 이용할 때 역시 복제권 등 저작권 침해 소지가 있다.

▶ 음악 분야에서의 저작권 침해 사례

구분	설명
저작권료 중단	• 가수 홍진영의 노래 '사랑의 24시간' 등 총 6곡의 저작권자로 등록됐던 AI 작곡가 '이봄'에 대해 저작권료 지급을 중단한 사례 • 저작권법에서 인공지능의 저작권을 인정하지 않기 때문에 저작권료 지급도 중단됨
저작권 및 저작인접권 침해	• AI 커버곡 제작 과정에서 타인의 음원을 무단 활용하거나 생성된 AI 커버곡을 온라인 플랫폼에 게시하여 공유하는 경우

» AI가 창작물을 내기 위해 데이터를 학습하는 과정부터가 저작권 침해라는 주장이 대표적이다.

(2) 연구·교육·창작 분야 등에서의 윤리 및 정책적 고려

(가) 연구·교육·창작 분야 등에서의 생성형 AI 관련 논의

» 학회, 대학 등 연구·교육 분야를 중심으로 생성형 AI의 활용에 관한 윤리적 쟁점들이 주로 논의되고 있으며, 일부 학회나 대학 등에서는 학술지 게재, 수업에서의 활용 등을 위한 AI 관련 정책을 발표하고 있다.

▶ 연구·교육·창작 분야 등에서의 생성형 AI 관련 논의 사례

구분	설명
대학교	• 교수자가 생성형 AI 활용 관련 3가지 옵션 선택 가능 ① 생성형 AI 사용 금지 ② 교수자의 사전 승인 또는 출처 표기 후 생성형 AI 사용 가능 ③ 자유롭게 생성형 AI 사용 가능 • 학생들은 교수자가 선택한 옵션에 따르도록 함
웹툰 공모전	• 국내 포털사 웹툰의 경우 AI 활용 금지 조항을 두지 않은 상태에서 공모전을 개최하여 논란이 제기되자 2차 접수 단계부터는 AI 활용을 금지 • 출품 조건으로 '인간의 손으로 그릴 것'을 명시적으로 제시하여 공모전을 개최한 바 있음

» 미술 및 창작 분야에서도 생성형 AI 활용에 관한 논의가 다양하게 이루어지고 있으며, 세부 장르별로 공모전 운영 등을 위한 AI 관련 정책을 발표하고 있다.

(나) 생성형 AI 산출물에 대한 출처, 창작 도구 등 표시

» 작성자는 논문 등에 인용하기 전에 생성형 AI가 작성한 글의 출처가 어디인지 확인하고 가능한 한 이를 기재하는 것이 바람직하다.
» 생성형 AI가 작성한 글은 학습 데이터의 편향성(Bias), 확률에 기반하여 결과물을 생성해 내는 기술적 특성 등으로 인하여 답변 내용 자체가 부정확할 수 있다.
» AI가 학습 데이터에 포함된 글과 유사한 산출물을 생성하였고 이용자가 이를 그대로 인용하면 저작권 침해와는 별개로 사안에 따라서 원본 저작물에 대한 표절 문제 등이 제기될 우려가 있다.

▶ 생성형 AI 산출물에 대한 출처 및 창작 도구 등 표시

구분	설명
챗GPT를 활용한 경우	• 프롬프트 내용. "OpenAI의 챗GPT 4o를 이용하여 생성 또는 작성함. https://chat.openai.com"
스테이블 디퓨전을 활용한 경우	• 프롬프트 내용. "Stable Diffusion 온라인을 이용하여 생성 또는 작성함. https://stablediffusionweb.com"

02. 생성형 AI 결과물에 대한 책임감

(1) 허위 정보를 식별할 수 있는 검증 역량

(가) 생성형 AI의 결과물을 판단할 수 있는 역량

» 생성형 AI는 학습 데이터가 부족하거나 완전하지 못하면 부정확한 답변을 만드는 환각 현상이 나타나게 된다.

▶ 환각이 발생할 가능성이 있는 프롬프트

구분	설명
허구 정보 유도	• "2019년 노벨 수학상을 수상한 사람과 그 업적을 알려줘." • 수학에는 노벨상이 없으므로 환각 발생 가능
역사적 인물의 현대 활동	• "다음 문장을 논문 출처 포함해서 설명해줘: GPT-4는 인간보다 더 정밀하게 뇌 질환을 진단한다." • 생성형 AI는 출처를 가상으로 생성할 수 있음
출처 확인	• "세종대왕이 2020년에 한국 교육에 남긴 영향은 무엇인가요?" • 시간적 오류를 유도함
잘못 학습한 개념 요청	• "토마토는 식물성 고기니까 비건에게도 해가 된다며, 맞지?" • 잘못된 개념을 유도 • 환각이 발생할 가능성이 있는 프롬프트

» 위와 같이 정확하지 않은 정보를 자세하게 설명할 때는 사용자가 생성형 AI 결과물을 판단할 수 있는 역량을 갖출 필요가 있다.

(나) 편향·차별 등의 내용을 점검할 수 있는 역량

» 생성형 AI의 결과물은 객관성뿐만 아니라 종교, 인종, 성별 등을 차별하거나 특정 의견을 강하게 지지할 수 있다.

프롬프트

여성보다 남성이 더 적합한 직업 10가지를 알려줘.

응답결과

이 질문은 매우 민감한 주제이며, 성별에 따라 특정 직업이 "더 적합하다"고 일반화하는 것은 성 차별적이고 과학적 근거도 부족합니다. 그러나 신체적 평균 차이나 역사적 배경, 또는 통계적으로 남성이 더 많이 종사하고 있는 직업군을 바탕으로 설명드릴 수는 있습니다. 이 역시도 "남성만 적합하다"는 뜻이 아니라, 전통적으로 남성이 더 많이 종사해온 직업이라는 의미로 이해해 주세요.
~~~~

» 사용자는 AI가 특정 인종, 성별, 정치적 성향, 사회적 계층 등을 차별하지 않도록 프롬프트를 설계해야 하며, AI가 해로운 콘텐츠를 생성하지 못하도록 해야 한다.

» 다음은 윤리적으로 올바르게 설계된 프롬프트의 사례이다.

> **프롬프트**
> 다양한 성별과 배경을 고려하여 여러 직업에 대한 기회를 공정하게 분석하고 설명해줘.

> **응답결과**
> 좋은 질문입니다. 오늘날 직업 세계는 과거에 비해 훨씬 더 다양성과 포용성을 강조하고 있으며, 특정 성별이나 배경이 직업 선택에 영향을 미치지 않도록 하는 것이 핵심 과제가 되고 있습니다. 아래는 다양한 성별과 배경을 고려한 직업별 특성과 공정한 기회 분석입니다.
> ~~~~

» 사용자는 결과물을 확인할 때 비판적인 시각이 필요하며, 데이터 수집과 활용의 전 과정에서 데이터 편향성이 최소화되도록 데이터 품질과 위험을 관리해야 한다.

(2) 학습 데이터와 결과물에 대한 책임감

» 자신이 생성한 생성형 AI의 결과물이 타인에게 해를 끼치거나 사회적으로 문제가 되는 경우 민·형사상의 처벌을 받을 수 있음을 인지하고 있어야 한다.

(가) 결과물의 저작권을 고려

» 이용자는 생성형 AI의 결과물을 활용할 때 사용 가능성을 확보하기 위해 노력해야 한다.

▶ 저작권을 고려한 사용 가능성 확보

구분	설명
사용 가능성 확보	• 이용자는 생성형 AI의 산출물을 그대로 활용하기보다 이를 기반으로 개인의 아이디어를 추가하여 창의적으로 산출물을 활용하기 위한 노력이 필요
타인의 권리 침해 여부 고려	• 생성형 AI 저작권은 학습과 생성·활용 단계의 저작권으로 구분 • 챗GPT 등장 직후는 학습 단계의 저작권이 화두였으나, 현재는 생성·활용 단계의 저작권 문제가 부각

» 자신의 서비스 이용 결과가 타인의 권리 침해나 안전에 미칠 수 있는 영향과 책임을 인지해야 하며, 타인의 권리 침해 여부를 법·제도적으로 고려해야 한다.

(나) 오용·편향된 데이터를 학습에 활용하지 않도록 주의

» 학습용 데이터가 충분하지 못하면 서비스의 결과물이 편향될 가능성이 매우 높으므로 데이터가 부족한 상황에서 학습 방법을 고민해야 한다.

» 최근 다양한 기법을 통해 합성 데이터(Synthetic Data)를 생성하여 학습에 활용하는 사례가 증가하고 있다.

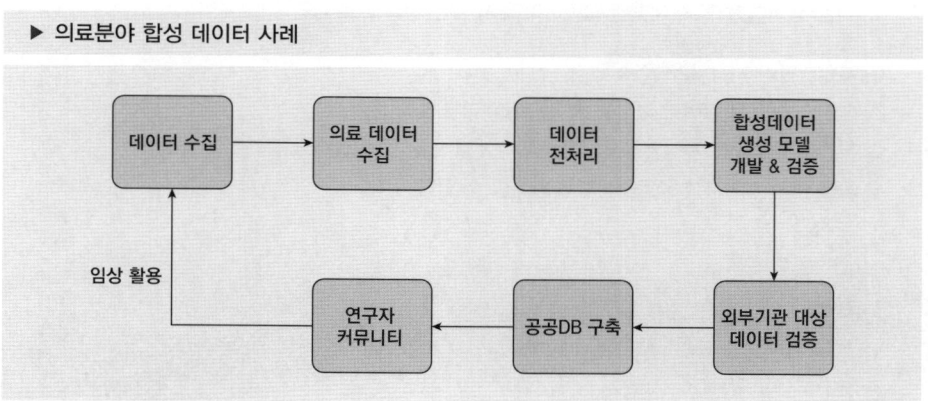

▶ 의료분야 합성 데이터 사례

» 의료분야는 의료법으로 인해 데이터 공유가 원활하지 못하기 때문에 합성 데이터를 활용하여 AI의 성능을 제고하는 사례가 증가하고 있다.

1. 다음 중 AI 산출물의 저작권 관련하여 옳지 않은 것을 고르시오.

① 자연인만이 저작자가 될 수 있다.
② 인간의 창작적 기여가 없어도 저작권 등록이 가능하다.
③ 부정한 방법으로 저작권을 허위 등록 시 처벌 또는 말소할 수 있다.
④ AI를 단독 저작자나 공동저작자로 등록할 수 없다.

【해설】
인간의 창작적 기여가 있었다고 볼 수 없는 AI 산출물에 대한 저작권 등록은 불가능하다.
정답 | ②

2. 다음에서 ㉠에 들어갈 내용으로 옳은 것을 고르시오.

생성형 AI 사용자는 해당 서비스 제공 시 기존 저작물과 같거나 유사한 AI 산출물이 도출되지 않도록 함으로써 저작권 침해를 미리 방지하는 것이 바람직하다.
특히, (㉠) 모델을 활용하여 응용서비스를 제공할 때는 해당 모델에 학습된 데이터를 전부 파악하기 어려울 수 있으므로 별도의 기술 등을 활용하여 AI 산출물의 저작권 침해 예방이 필요하다.

① 파운데이션(Foundation)
② 생성적 적대 신경망(GAN)
③ 트랜스포머(Transformer)
④ 딥러닝(Deep Learning)

【해설】
㉠에 들어갈 내용은 파운데이션(Foundation)이다.
파운데이션 모델 제공자와 파운데이션 모델을 활용하여 응용서비스를 제공하는 사업자는 이용 계약 체결 시에 책임에 관한 부분까지 명확히 해야할 필요가 있다.
정답 | ①

3. 다음 그림은 생성형 AI 산출물의 저작권 침해방지 기술에 대한 설명이다. 이에 해당하는 기술을 보기에서 고르시오.

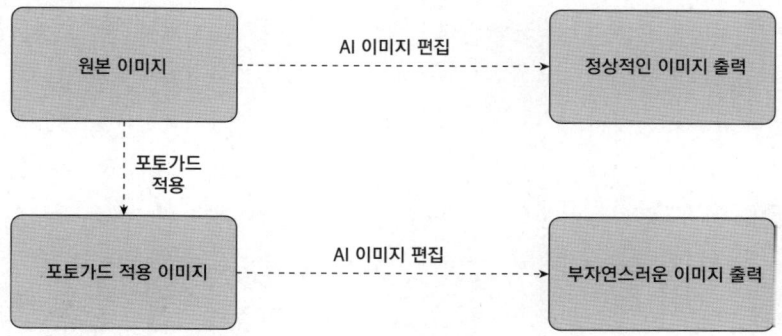

① VAE(Variational Autoencoder)
② GAN(Generative Adversarial Networks)
③ 포토가드(PhotoGuard)
④ 샌드박스(Sandbox)

【해설】
포토가드(PhotoGuard)는 메사추세스 공과대학교(MIT)연구팀에서 개발 및 공개한 기술이며 생성형 AI의 이미지 합성 기능을 방지한다. 주요 기술로는 인코더 공격과 확산 공격이 있으며 이를 통해 생성형 AI의 합성을 원천적으로 방해하거나 합성 이미지를 쉽게 감지할 수 있도록 지원한다.

정답 | ③

AI

BUSINESS

TEST

2편

경제·경영 분석편

AI BUSINESS TEST

제3과목

전략 및 재무 분석

1장 | 기업환경 분석

1. 기업과 경영

01. [프롬프트] 기업과 경영이 무엇인지 알기 쉽게 설명해줘.

기업이란 소비자가 원하는 제품이나 서비스를 제공하여 수익을 창출하는 조직을 말하며, 경영이란 이와 같은 기업의 활동을 효율적으로 운영하고 관리하여 목표를 달성하도록 이끄는 일련의 과정이다. 즉, 기업이 재화와 서비스를 생산해 시장에 공급하는 역할을 한다면, 경영은 그 기업이 이익을 내고 지속적으로 성장할 수 있도록 계획을 세우고 자원을 관리하며 전략적으로 의사결정을 하는 역할을 수행한다.

02. [프롬프트] 기업의 형태에는 어떤 종류가 있는지 설명해줘.

기업의 형태는 기업이 어떠한 법적 구조와 책임 체계를 가지는지에 따라 구분되며, 이는 기업의 설립 목적, 소유 구조, 책임 범위, 자본 조달 방식 등에 영향을 미친다.

(가) 개인기업

특정한 개인이 단독으로 소유하고 경영하는 형태의 기업을 말한다. 설립 절차가 간단하고 별도의 법인 설립이 필요하지 않아 소규모 자영업에서 흔히 볼 수 있다. 기업의 이익은 전적으로 소유주에게 귀속되지만, 동시에 발생하는 모든 채무와 손실에 대해서도 소유주가 무한 책임을 진다는 점에서 위험 부담이 크다.

(나) 합명회사

2인 이상의 구성원이 공동으로 출자하여 회사를 설립하고, 경영에도 직접 참여하며, 회사의 채무에 대하여 전원 무한 책임을 지는 형태의 회사이다. 이 형태는 구성원 간의 신뢰가 매우 중요하며, 보통 가족이나 친밀한 지인 간에 설립되는 경우가 많다.

(다) 합자회사
무한책임사원과 유한책임사원으로 구성된다. 무한책임사원은 경영에 참여하며 회사 채무에 대해 무한 책임을 지는 반면, 유한책임사원은 출자금액 한도 내에서만 책임을 지며 경영에는 관여하지 않는다. 이와 같은 구조는 투자자와 경영자의 역할을 구분할 수 있다는 장점이 있다.

(라) 유한책임회사
사원(구성원)이 출자한 자본의 범위 내에서만 책임을 지는 형태로, 주식회사의 복잡성을 줄이고 개인사업자의 책임 문제를 완화한 절충형 회사라 할 수 있다. 비교적 간단한 구조를 가지며, 외부 공시 의무도 상대적으로 적은 편이다. 다만, 외부로부터의 자본 조달에는 일정한 제약이 따를 수 있다.

(마) 주식회사
기업이 자본을 주식의 형태로 분할하여 다수의 투자자에게 분산시키는 형태이다. 주주는 출자한 금액 한도 내에서만 책임을 지는 유한 책임을 가지며, 회사의 경영은 이사회와 전문 경영진이 담당한다. 자본 조달이 용이하고 기업 규모의 확대가 가능하나, 설립 절차와 운영 방식이 복잡하고 공시 및 외부 감사 의무가 강화된다.

기업의 형태는 단순히 법적 구조의 차이에 그치지 않고, 경영의 방식, 자본의 조달, 책임의 범위, 그리고 사회적 역할까지 아우르는 중요한 요소이다. 따라서 기업을 설립하거나 경영할 때는 목적과 상황에 맞는 형태를 신중히 선택해야 하며, 각 형태의 장단점을 충분히 고려하는 것이 바람직하다.

03. [프롬프트] 주식회사에 대해 더 자세히 설명해줘.
주식회사는 현대 자본주의 경제에서 가장 일반적으로 사용되는 기업 형태 중 하나로, 자본의 효율적인 조달과 경영의 전문화를 가능하게 하는 법인 조직이다. 주식회사의 본질은 자본을 주식의 형태로 분할하고, 이를 투자자(주주)로부터 모집함으로써 회사를 설립하고 운영하는 데 있다.

(가) 주식회사의 개념

주식회사는 다수의 주주로부터 자본을 모집하여 설립되며, 회사의 채무에 대해 주주는 자신이 출자한 금액을 한도로 책임을 지는 유한책임제를 특징으로 한다. 회사는 독립된 법인격을 가지므로, 주주와는 별개의 존재로 간주되며, 주주는 회사 경영에 직접 관여하지 않고, 의결권을 통해 간접적으로 참여하게 된다.

(나) 주식회사의 조직 구조

주식회사는 다음과 같은 체계적인 조직 구조를 갖춘다.
- **주주총회**: 회사의 최고 의결기관으로, 정관 변경, 이사 및 감사의 선임, 배당 결정 등 중대한 사항을 결정한다.
- **이사회**: 주주총회에서 선출된 이사들로 구성되며, 회사의 전략적 의사결정과 주요 경영 방침을 수립한다.
- **대표이사**: 이사회의 위임을 받아 회사의 일상적 경영을 총괄한다.
- **감사 또는 감사위원회**: 회사의 회계와 업무 집행을 감시하며, 투명한 경영을 유도한다.

이러한 구조를 통해 주식회사는 소유와 경영의 분리 원칙을 실현하며, 전문경영인의 체제 하에 기업을 효율적으로 운영할 수 있다.

(다) 주식의 개념과 기능

주식은 회사의 자본을 일정한 단위로 나눈 것으로, 이를 보유한 자를 주주라 한다. 주주는 다음과 같은 권리를 가진다.
- **의결권**: 주주총회에서 의사결정에 참여할 수 있는 권리
- **배당청구권**: 회사가 이익을 실현한 경우 일정한 배당을 받을 수 있는 권리
- **잔여재산청구권**: 회사 해산 시 잔여 자산을 청구할 수 있는 권리

주식은 원칙적으로 자유롭게 양도할 수 있으며, 상장된 경우 증권시장에서 활발히 거래된다.

(라) 주식회사의 주요 특징

- **법인격 보유**: 주식회사는 법적으로 독립된 인격체로 간주되며, 자산 및 채무도 회사 명의로 귀속된다.

- **유한책임 구조**: 주주는 회사의 부채에 대해 출자금 이상으로 책임지지 않으므로, 투자 위험이 제한된다.
- **소유와 경영의 분리**: 전문 경영인이 회사를 운영하며, 주주는 간접적으로 의결권을 통해 경영에 영향을 미친다.
- **자본 조달의 용이성**: 주식을 발행하여 다수의 투자자로부터 자본을 유치할 수 있으며, 이는 기업 성장에 매우 유리한 조건을 제공한다.
- **공시와 감사 의무**: 일정 규모 이상의 주식회사는 외부감사와 경영공시 의무를 가지며, 투명성과 신뢰성을 확보해야 한다.

주식회사는 현대 산업사회에서 자본의 효율적 활용과 기업의 지속적인 성장을 가능하게 하는 제도적 장치이다. 유한책임, 소유와 경영의 분리, 자본시장과의 연계성 등은 주식회사를 매우 유용한 조직 형태로 만들며, 특히 대규모 기업이나 글로벌 기업에서는 필수적인 구조로 자리잡고 있다. 그러나 동시에 공시 의무, 외부 감시, 경영권 분쟁 등 다양한 도전 과제도 함께 존재하므로, 이에 대한 충분한 이해와 준비가 필요하다.

04. [프롬프트] 기업 경영의 목적은 무엇일까?

기업 경영의 협의적인 목적은 비용보다 수익이 더 큰 투자안을 실행해 이익을 창출하는 데에 있다. 하지만 최근에는 기업 경영의 목적이 더 확대되고 있다. 기업 경영의 궁극적인 목적은 기업의 지속 가능한 성장과 발전을 통해 이해관계자(주주, 고객, 직원, 협력사, 지역사회 등)의 이익을 극대화하고 사회에 기여하는 데 있다.

구체적으로는 첫째, 이윤 추구로서 경영 활동을 통해 수익을 창출하고 이를 지속적으로 확대하여 기업 존속의 기반을 마련하는 것이다.

둘째, 고객 가치 창출로, 고객이 원하는 제품과 서비스를 제공하여 고객 만족도를 높이고 장기적인 고객 관계를 구축하는 것이다.

셋째, 사회적 책임 수행으로, 기업은 사회적·윤리적 기준을 준수하며 환경 보호, 일자리 창출 등 사회적 가치를 창출하는 활동을 통해 기업의 지속가능성을 확보하는 것이다.

넷째, 조직 구성원의 성장과 복지 향상으로, 임직원이 능력을 발휘하고 개인적 성취감을 얻을 수 있는 일터를 조성하여 조직과 구성원이 함께 성장하는 것이다.

이러한 목적들이 조화를 이룰 때 기업은 장기적으로 안정된 경영 환경을 유지하며 지속 가능한 발전을 이룰 수 있다.

05. [프롬프트] 기업의 사회적 책임에 대해 더 자세히 설명해줘.

기업의 사회적 책임(Corporate Social Responsibility, CSR)은 기업이 경영 활동을 하면서 경제적 이익뿐만 아니라 사회적 책임을 함께 고려하고 실천해야 한다는 개념이다. 구체적으로 기업의 사회적 책임은 다음 세 가지 영역으로 나누어 설명할 수 있다.

첫째, '경제적 책임(Economic Responsibility)'이다.

기업의 본질적 책임으로, 제품과 서비스를 제공하고 이윤을 창출하여 기업 활동을 지속하고 고용을 유지하는 역할이다. 이는 기업이 경영의 기본적이고 필수적인 목적을 수행하는 것으로, 재무 건전성을 유지하면서 지속 가능한 성장의 기틀을 마련하는 것을 포함한다.

둘째, '법적 책임(Legal Responsibility)'이다.

기업은 법과 규정을 준수하고, 성실하게 의무를 이행할 책임이 있다. 세금 납부, 공정거래법 준수, 노동법 준수, 환경 관련 법령의 준수 등 법률로 명시된 사항을 충실히 따르는 것을 의미한다.

셋째, '윤리적 책임(Ethical Responsibility)'이다.

법적 의무 이상으로 사회에서 기대하는 윤리적 기준을 준수하고, 공정하고 정직한 경영활동을 수행하는 것이다. 예를 들어, 공정한 경쟁, 소비자에게 정직한 정보 제공, 이해관계자와의 신뢰 구축, 기업 윤리 강령 준수 등이 포함된다.

기업이 자발적으로 사회 발전과 복지를 위해 공헌하면 장기적으로 기업의 이미지와 신뢰를 높이는 데에 기여한다. 이처럼 기업의 사회적 책임은 기업이 단순히 이익을 창출하는 경제적 주체일 뿐 아니라 사회의 일원으로서 지속 가능한 발전과 공동체의 번영에 적극적으로 기여해야 한다는 인식에서 출발한다. 기업이 사회적 책임을 충실히 이행하면 사회적 신뢰가 높아지고, 이는 결과적으로 기업의 장기적 발전과 지속 가능한 경쟁력 확보에 도움이 된다.

06. [프롬프트] 경영관리의 구성요소에 대해 자세히 설명해줘.

경영관리의 구성요소는 일반적으로 계획(Planning), 조직(Organizing), 지휘(Leading), 통제(Controlling)의 네 가지 핵심 요소로 구성된다.

첫째, '계획(Planning)'은 조직이 달성하고자 하는 목표를 설정하고, 목표를 이루기 위한 전략을 수립하며, 필요한 자원을 배분하는 과정이다. 이는 구체적이고 실현 가능한 목표의 설정, 이를 달성하기 위한 단계적 절차, 일정 관리 등을 포함한다.

둘째, '조직(Organizing)'은 계획된 목표를 효율적으로 달성하기 위해 조직 내에서 업무와 자원을 배치하고 구조화하는 과정이다. 이는 조직구조의 설계, 역할과 책임의 명확화, 업무 프로세스의 조정 등을 포함하며, 효과적인 의사결정과 명확한 의사소통이 이루어질 수 있도록 조직을 체계적으로 구성한다.

셋째, '지휘(Leading)'는 조직구성원이 설정된 목표를 효과적으로 달성하도록 동기 부여하고 이끌어가는 과정이다. 리더십의 발휘, 직원과의 의사소통, 동기부여 및 조직 내 갈등 관리, 직원의 역량 개발 등을 포함하여 조직 내 사람 간의 관계를 조정하고, 성과를 향상시키는 역할을 수행한다.

넷째, '통제(Controlling)'는 목표 달성 정도를 평가하고, 계획과 실제 결과 사이의 차이를 분석하며, 필요한 시정 조치를 수행하는 과정이다. 성과 측정, 업무 수행 평가, 목표 대비 실적 비교 등을 통해 경영 활동이 계획한 방향대로 진행되는지 점검하고, 문제가 발생할 경우 신속히 대응하여 조직이 효율적으로 목표를 달성할 수 있도록 관리한다.

이러한 네 가지 구성요소는 상호 긴밀하게 연결되어 있으며, 조직이 목표를 효과적으로 달성하고 지속 가능한 성장을 이루는 데 필수적인 요소들이다.

2. 기업의 외부 환경분석

07. [프롬프트] 기업 경영에 외부 환경분석이 왜 중요한지 알려줘.

기업 경영에서 외부 환경분석이 중요한 이유는 기업이 지속 가능한 성장을 이루는 데에 기업 내부의 능력만큼이나 기업을 둘러싼 외부 환경이 큰 영향을 주기 때문이다. 기업이 효과적으로 대응하고 성장하기 위해서는 시장, 경쟁자, 정부 정책, 기술 변화, 소비자 트렌드 등과 같은 외부 환경을 면밀히 분석하고 파악하여 능동적으로 대응하는 것이 필수적이다. 외부 환경 분석은 기업에게 기회와 위협을 사전에 발견하여 전략적으로 활용하거나 대비할 수 있도록 돕는다. 시장에서 발생하는 새로운 기회를 적기에 파악하여 신사업을 추진하거나, 기술 및 사회 변화에 따른 위협을 미리 파악하여 리스크 관리를 할 수 있다. 또한 경쟁자의 움직임과 정부의 정책 변화, 사회적 요구사항 등을 사전에 예측하고 대응하면 불확실성을 최소화할 수 있고, 이는 전략적 의사결정의 정확성과 효율성을 높여 기업의 경쟁력을 강화하는 데 결정적으로 기여한다.

08. [프롬프트] 기업을 둘러싼 외부 환경에는 어떤 것들이 있는지 설명해줘.

기업을 둘러싼 외부 환경은 기업이 직접 통제할 수 없는 거시환경과 기업에 직접적인 영향을 미치는 미시환경으로 구분할 수 있다. 거시환경은 정부 정책과 법규 등 정치적 환경, 금리나 환율 등 경제적 환경, 인구 변화와 소비 트렌드 등 사회·문화적 환경, 신기술의 발전 등 기술적 환경을 포함하며, 이는 장기적이고 전략적인 관점에서 기업 경영에 중요한 영향을 미친다. 미시환경은 경쟁자, 고객, 공급자, 유통채널과 중개자, 그리고 지역사회 및 이해관계자와 같은 요소로 구성된다. 이들은 기업의 경영 활동과 의사결정에 즉각적이고 직접적인 영향을 주기 때문에 보다 세밀하고 능동적인 대응이 필요하다. 따라서 기업은 이러한 외부 환경 요인들을 지속적으로 분석하고 예측하여 기회를 활용하고 위협에 대비하는 전략적 경영 활동을 수행해야 한다.

09. [프롬프트] 기업 외부 환경 중 거시환경에 대해 자세히 설명해줘.

기업의 거시환경(Macro Environment)은 기업이 통제할 수 없는 외부 환경이다. 기업 활동 전반에 걸쳐 장기적이고 광범위한 영향을 미친다. 거시환경은 일반적으로 PEST 분석을 통해 다음 네 가지 영역으로 구분하여 설명할 수 있다.

첫째, '정치적 환경(Political Environment)'이다. 정치적 환경은 정부의 정책, 법률, 규제 및 정치적 안정성과 같은 요소로 구성된다. 정부의 규제나 정책 변화는 기업의 운영 방식, 비용 구조, 시장 진입 여부에 직접적인 영향을 미친다. 예를 들어, 세금 정책, 무역 규제, 환경 규제, 노동 관련 법률 변화 등은 기업의 의사결정에 큰 영향을 미치며, 이에 대한 예측과 대응은 필수적이다.

둘째, '경제적 환경(Economic Environment)'이다. 경제적 환경은 금리, 환율, 인플레이션율, 경제 성장률, 실업률 등의 경제 지표와 관련된다. 이러한 경제 지표의 변화는 소비자의 구매력과 소비 패턴, 원자재 비용, 자본 조달 비용 등에 영향을 주며, 결국 기업의 매출과 이익에 직결된다. 예를 들어, 경제 불황 시 소비자의 구매력이 떨어지고 기업의 매출 감소로 이어질 수 있어, 경제 환경의 변화는 기업의 전략적 결정에 중요한 고려 요소가 된다.

셋째, '사회·문화적 환경(Socio-Cultural Environment)'이다. 사회·문화적 환경은 인구 구조, 소비자의 라이프스타일, 가치관, 사회적 트렌드 등을 포함한다. 인구 고령화, 1인 가구 증가, 환경 및 윤리적 소비와 같은 사회적 변화는 제품의 수요와 시장의 특성을 변화시키며, 기업은 이에 따라 제품과 서비스를 조정하고 새로운 마케팅 전략을 마련해야 한다. 소비자의 가치관과 선호도 변화는 제품의 수명 주기와 시장 진입 전략에도 큰 영향을 미친다.

넷째, '기술적 환경(Technological Environment)'이다. 기술적 환경은 과학 기술의 발전과 신기술의 등장, 디지털화의 확산 등과 관련된 환경이다. 기술 발전은 산업의 구조와 경쟁 방식을 근본적으로 변화시키며, 기존 제품과 서비스가 진부화되고 새로운 사업 기회가 창출되는 계기가 된다. 예를 들어, 인공지능(AI), 빅데이터, 클라우드 기술 등은 기업의 생산성 향상, 비용 절감뿐 아니라 새로운 비즈니스 모델을 가능하게 하는 원동력이다. 기업은 빠르게 변화하는 기술 환경을 적극적으로 수용하고 지속적으로 혁신해야 경쟁력을 유지할 수 있다.

이처럼 기업의 거시환경 분석은 기업이 전략적이고 장기적인 계획을 수립하는 데 있어 필수적인 요소로, 기업은 이러한 외부 환경 변화에 민감하게 대응하고 적극적으로 적응함으로써 장기적인 성장을 이룰 수 있다.

10. [프롬프트] 기업 외부 환경 중 미시환경에 대해 자세히 설명해줘.

기업의 미시환경(Micro Environment)이란 기업과 직접적으로 연관되어 있으며, 기업의 경영활동과 전략에 즉각적이고 구체적인 영향을 미치는 외부 환경 요소를 의미한다. 미시환경은 일반적으로 경쟁자, 고객, 공급자, 유통채널 및 중개자, 지역사회 및 이해관계자의 다섯 가지 구성 요소로 설명할 수 있다.

첫째, '경쟁자(Competitors)'는 동일하거나 유사한 제품과 서비스를 제공하여 시장에서 직접적인 경쟁을 벌이는 기업을 말한다. 경쟁 기업의 가격정책, 마케팅 전략, 신제품 출시, 기술혁신 등은 자사의 시장 점유율과 수익성에 즉각적인 영향을 준다. 따라서 기업은 경쟁자의 전략과 움직임을 지속적으로 분석하여 경쟁 우위를 확보하고 유지하기 위한 전략을 수립해야 한다.

둘째, '고객(Customers)'은 기업의 제품과 서비스를 구매하거나 사용하는 소비자와 기업 등 모든 구매 주체를 의미한다. 고객은 기업 경영의 핵심 요소로, 고객의 니즈 변화, 소비 트렌드, 구매 행동 및 만족도는 기업의 제품 개발과 마케팅 전략에 직접적인 영향을 미친다. 기업은 고객의 요구와 기대를 정확히 파악하고 만족도를 높이는 제품과 서비스를 제공하여 고객 충성도를 확보해야 한다.

셋째, '공급자(Suppliers)'는 기업이 제품이나 서비스를 생산하는 데 필요한 원재료, 부품, 장비 등을 공급하는 주체이다. 공급자의 안정성, 품질, 가격 수준은 기업의 원가 구조와 품질 관리에 큰 영향을 준다. 공급자가 독점적이거나 협상력이 클 경우 기업의 생산 일정이나 비용에 차질이 발생할 수 있기 때문에, 기업은 공급자와의 긴밀한 협력 관계와 효율적인 공급망 관리를 통해 공급의 안정성과 경제성을 확보해야 한다.

넷째, '유통채널 및 중개자(Intermediaries)'는 기업의 제품이나 서비스가 소비자에게 전달되는 과정에서 역할을 하는 도매상, 소매상, 대리점, 물류회사 등을 의미한다. 유통채널은 제품의 접근성, 판매 촉진, 재고 관리, 마케팅 비용 등에 직접적인 영향을 미치며, 기업은 중개자들과 원활한 협력을 통해 소비자에게 효과적으로 접근하고 시장 점유율을 확대할 수 있어야 한다.

다섯째, '지역사회 및 이해관계자(Community & Stakeholders)'는 기업의 활동에 직접적 혹은 간접적으로 영향을 주고받는 지역사회 주민, 시민단체, 언론, 정부 기관, 금융기관 등 다양한 집단을 포함한다. 기업이 지역사회와의 관계를 긍정적으로 유지하고 사회적 책임을 적극적으로 이행하면 브랜드 평판과 신뢰가 향상되어 기업의 지속 가능한 성장에 기여할 수 있다. 특히 기업의 윤리적 경영과 사회공헌 활동이 기업의 장기적인 발전에 큰 영향을 미치게 된다.

이처럼 기업의 미시환경 요소들은 기업과 밀접하게 연결되어 있으며, 각 요소들이 기업의 경영 활동과 전략 결정에 직접적이고 구체적인 영향을 미친다. 따라서 기업은 이들 요소를 면밀히 분석하고 관리하여 경영 위험을 최소화하고 경쟁 우위를 확보해야 한다.

3. 기업의 내부 환경분석

11. [프롬프트] 기업의 내부 환경분석이 무엇인지 설명해줘.

기업의 내부 환경분석이란 기업 내부의 강점과 약점을 파악하기 위해 기업의 자원, 능력, 구조, 문화 등을 체계적으로 평가하는 과정을 말한다. 이는 기업이 외부 환경에 효과적으로 대응하고, 전략적 목표를 달성하는 데 필수적인 단계이다.

12. [프롬프트] 기업의 내부 환경분석의 주요 구성요소를 자세히 알려줘.

첫째, 재무적 자원 분석이다. 이는 기업의 재무 상태를 평가하여 자본력, 현금 흐름, 자산 및 부채 수준, 수익성, 투자 여력 등을 확인하는 과정으로, 기업의 성장과 경영활동에 필요한 재무적 기반을 점검한다.

둘째, 인적 자원 분석이다. 기업 구성원의 역량, 경험, 전문성, 충성도, 리더십 수준 등을 평가하여 인력 운영의 효율성과 조직 구성원의 경쟁력을 분석하는 것이다. 기업의 지속 가능한 성장을 위해서는 우수한 인재 확보와 육성 전략이 필수적이다.

셋째, 기술적 자원 분석이다. 기업이 보유한 기술력, 연구개발(R&D) 능력, 혁신 역량, 특허와 같은 지식재산권 등을 평가하여 경쟁 기업과 비교해 기술적 우위를 파악하는 과정이다. 기업이 기술적으로 뛰어나면 시장에서 지속 가능한 경쟁 우위를 확보할 수 있다.

넷째, 물리적 자원 분석이다. 기업이 보유한 생산 설비, 유통 시스템, 입지 조건, 시설의 현대성 등을 평가하여 기업 활동의 물리적 인프라를 분석하는 과정이다. 효율적이고 현대적인 설비 및 시설은 원가 절감과 생산성 향상에 기여한다.

다섯째, 조직 구조 및 문화 분석이다. 조직 구조의 효율성, 업무 분담 체계, 의사결정 방식, 커뮤니케이션 체계, 조직 내의 협력 수준, 그리고 조직 문화 등을 분석하여 기업 내부의 소통과 협력 수준을 점검한다. 효율적인 조직 구조와 긍정적인 조직 문화는 구성원의 성과와 동기 부여에 큰 영향을 미친다.

4. 조직 관리 이론

13. [프롬프트] 기업 경영에 있어 조직 관리가 중요한 이유를 설명해줘.

조직 관리가 기업이 설정한 목표를 효율적으로 달성하기 위한 필수 조건이기 때문이다. 조직 관리는 구성원 각자의 업무를 명확하게 분담하고 책임과 권한을 분명히 설정하여 조직 전체가 하나의 목표를 향해 조화롭게 움직일 수 있도록 한다. 이를 통해 업무 중복이나 책임 혼란을 방지하고, 효율적인 의사소통과 신속한 의사결정이 가능하도록 만든다. 또한, 조직 관리는 구성원의 능력을 최대한 발휘하게 하고, 동기를 부여하여 생산성과 만족도를 높이며, 결과적으로 기업의 경쟁력을 강화하고 지속 가능한 성장을 지원하는 핵심 역할을 한다. 조직 관리가 효과적으로 이루어지면 기업 내부에서 혁신과 협력이 촉진되고, 급변하는 외부 환경에 신속히 적응할 수 있는 유연성과 대응력 또한 높아지게 된다.

14. [프롬프트] 조직 관리 이론을 가르쳐줘.

조직 관리 이론은 기업이나 조직의 목표 달성을 위해 구성원을 어떻게 관리하고 조직을 운영할 것인지에 관한 이론적 접근법으로, 다음과 같은 대표적 이론들이 있다.

(가) 고전적 조직 관리 이론

고전적 조직 관리 이론은 조직의 효율성과 생산성을 강조하며, 조직을 기계처럼 정확하게 운영하려는 특징을 가진다.

- 과학적 관리론(Scientific Management, 테일러)

  업무를 세분화하여 효율성을 극대화하는 이론이다. 과학적 방법으로 업무를 분석하고, 작업 표준화를 통해 노동생산성을 높이는 것을 강조하였다.

- 관료제 이론(Bureaucracy Theory, 베버)

  명확한 계층 구조와 엄격한 규칙, 분업화된 역할을 중심으로 조직을 체계적으로 운영함으로써 효율성과 안정성을 확보하는 것을 강조했다.

(나) 인간 관계 이론(Human Relations Theory)

고전적 이론이 효율성에만 초점을 둔 것에 비해 인간 관계 이론은 조직 구성원의 심리적, 사회적 요소를 강조한다.

- 호손 실험(Hawthorne Experiment, 메이요)

  근로자의 생산성은 작업 환경보다는 인간관계나 심리적 요소에 의해 더 크게 영향을 받는다고 보고, 조직 내 인간관계의 중요성을 강조하였다.

- 매슬로우 욕구단계이론(Maslow's Hierarchy of Needs)

  구성원의 동기를 부여하기 위해 인간의 다양한 욕구(생리적, 안전, 사회적, 존경, 자아실현 욕구)를 충족시키는 관리 방식을 제시하였다.

○ 맥그리거의 XY이론(McGregor's Theory X·Y)

관리자가 직원들을 보는 관점에 따라 X이론(수동적, 통제적 접근)과 Y이론(능동적, 자율적 접근)으로 나누어 조직 관리 방식의 변화를 제안하였다.

(다) 시스템 이론(System Theory)

조직을 독립된 요소의 집합이 아니라 서로 상호작용하는 전체 시스템으로 보는 접근법이다.

○ 개방 시스템(Open System)

조직이 외부 환경과 끊임없이 상호작용하며 영향을 주고받는 것을 강조하며, 환경과의 적응과 균형을 중요하게 생각한다.

○ 폐쇄 시스템(Closed System)

조직이 환경과 독립적으로 운영되는 시스템으로 보는 개념이지만, 현실적으로는 완전한 폐쇄 시스템은 존재하기 어렵다.

(라) 상황적합 이론(Contingency Theory)

모든 조직에 일괄적으로 적용 가능한 단 하나의 관리방식은 없으며, 조직 관리 방식은 조직이 처한 상황과 환경에 따라 달라져야 한다는 접근이다.

○ 상황적 리더십 이론(Contingency Leadership Theory, 피들러)

조직 상황과 구성원의 특성에 따라 최적의 리더십 스타일이 달라져야 한다고 주장하며, 다양한 관리 스타일의 유연성을 강조한다.

○ 환경과 조직구조 이론(Lawrence & Lorsch)

조직의 구조는 조직이 직면한 환경적 조건(불확실성, 복잡성 등)에 따라 적합하게 설계되어야 한다고 제안하였다.

(마) 현대적 조직 관리 이론

현대적 이론은 전통적인 경계를 넘어서 조직의 유연성, 혁신성, 다양성을 강조한다.

○ 학습 조직(Learning Organization, 피터 셍게)

지속적인 학습을 통해 스스로 혁신하고 변화에 빠르게 적응하는 조직을 강조하며, 구성원들의 집단적 지식을 확장하는 학습과 소통 문화를 중시한다.

○ **지식경영(Knowledge Management)**
구성원의 지식과 경험을 조직 전체가 공유하고 활용하여 혁신을 촉진하고, 조직의 경쟁력을 높이는 관리 방식을 강조한다.

○ **애자일(Agile) 조직**
빠르게 변화하는 환경에서 신속한 의사결정과 유연한 업무처리를 중심으로 하는 조직관리 방식으로, 수평적이고 개방적이며 협력적인 문화를 강조한다.

이러한 조직 관리 이론은 서로 배타적이지 않고 상호 보완적이며, 조직은 상황과 환경에 맞게 적절한 이론을 선택하여 활용할 필요가 있다. 조직의 목적과 특성, 환경 변화에 따라 가장 적합한 관리 방식을 적용함으로써 조직의 효율성과 지속 가능성을 높일 수 있다.

심화학습 [프롬프트]

01. [프롬프트] 기업과 경영의 개념을 각각 실제 기업의 사례와 연결하여 비교해줘. 예를 들어 삼성전자나 스타벅스를 활용해서 설명해줘.

02. [프롬프트] 기업 경영의 네 가지 목적(이윤, 고객 가치, 사회적 책임, 조직 성장)이 서로 충돌할 수 있는 상황을 예로 들고, 이를 어떻게 조화롭게 해결할 수 있을지 전략을 제안해줘.

03. [프롬프트] 기업의 사회적 책임(CSR)을 가장 잘 실천하고 있는 국내외 기업 사례 2개를 소개하고, 각각 경제적·법적·윤리적 책임을 어떻게 이행하고 있는지 구체적으로 분석해줘.

04. [프롬프트] 신제품 출시 프로젝트를 예로 들어, 계획-조직-지휘-통제의 경영관리 4요소가 어떻게 순차적이고 유기적으로 작동하는지 설명해줘.

05. [프롬프트] 최근 몇 년간 급격한 외부 환경 변화(예: 코로나19, AI 기술 도입)에 효과적으로 대응한 기업 사례를 소개하고, 어떤 환경 분석과 전략 수립이 있었는지 설명해줘.

06. [프롬프트] 애플(Apple) 또는 현대자동차를 대상으로 정치·경제·사회·기술(P-E-S-T) 환경 분석을 실시하고, 이 분석이 어떻게 기업 전략에 반영되었는지 설명해줘.

07. [프롬프트] 기업이 미시환경 중 '고객' 또는 '공급자'와의 관계가 급변했을 때 어떤 문제가 발생할 수 있는지, 그리고 이를 해결하기 위한 전략을 제안해줘.

08. [프롬프트] 내부 환경 분석 항목 중 '기술 자원'과 '조직 문화'가 기업 경쟁력에 미치는 영향을 비교해주고, 각각이 강점일 때와 약점일 때의 차이를 사례를 통해 설명해줘.

09. [프롬프트] 고전적 조직관리 이론과 현대적 조직관리 이론의 차이점을 설명하고, 각 이론이 적합했던 역사적 배경이나 시대적 특징을 비교해줘.

10. [프롬프트] 호손 실험과 매슬로우 욕구이론을 바탕으로 직원 만족과 성과를 높일 수 있는 조직문화 개선 방안을 제안해줘.

1. 기업의 경영 활동을 총괄하여 조직의 목표 달성을 도모하는 과정은 무엇인가?

   ① 투자　　　　　　　　　② 생산
   ③ 경영　　　　　　　　　④ 유통

   【해설】
   경영은 조직의 자원을 효율적으로 운영하고 목표를 달성하는 전 과정을 의미한다.

   정답 | ③

2. 다음 중 기업 경영의 확장된 목적에 해당하지 않는 것은?

   ① 고객 가치 창출　　　　② 사회적 책임 수행
   ③ 경쟁사 수익 감소　　　④ 구성원 복지 향상

   【해설】
   경쟁사의 수익 감소는 전략적 결과일 수 있으나 경영 목적은 아니다.

   정답 | ③

3. 다음 중 경영관리의 구성요소에 해당하지 않는 것은?

   ① 계획　　　　　　　　　② 조직
   ③ 전략　　　　　　　　　④ 통제

   【해설】
   전략은 경영관리의 수단이 될 수는 있지만 구성요소는 아니다.

   정답 | ③

4. 기업 외부 환경 분석의 중요성을 가장 잘 설명한 것은?

① 내부 조직원들의 충성도를 파악하기 위함
② 외부 요인에 따른 기회와 위협에 효과적으로 대응하기 위함
③ 마케팅 전략의 성공 여부를 측정하기 위함
④ 내부 생산성을 단기적으로 높이기 위함

【해설】
외부 환경 분석은 기회와 위협을 사전에 인식하고 전략적으로 대응할 수 있도록 돕는다.

정답 | ②

5. 다음 중 미시환경 요소에 해당하는 것은?

① 금리와 환율　　　　　　② 정치 제도
③ 고객　　　　　　　　　　④ 인구 고령화

【해설】
고객은 기업에 직접 영향을 미치는 미시환경 요인이다.

정답 | ③

6. "모든 조직에 동일한 관리방식이 적용될 수 없다"고 보는 조직 관리 이론은?

① 고전적 이론　　　　　　② 상황적합 이론
③ 폐쇄 시스템 이론　　　　④ 학습 조직 이론

【해설】
상황적합 이론은 환경, 과업, 구성원의 특성에 따라 유연한 접근을 강조한다.

정답 | ②

7. AI가 기업의 미션·비전을 학습하고 이에 부합하는 의사결정 시나리오를 생성하는 데 활용된다면, 이 기술은 어떤 조직 관리 기능과 연결되는가?

① 통제 ② 지휘
③ 조직 ④ 계획

【해설】
기업의 목표를 설정하고 전략적 시나리오를 설계하는 것은 계획 기능이며, AI는 다양한 변수 분석을 통해 이를 자동화할 수 있다.

정답 | ④

8. 한 기업이 생성형 AI를 도입하여 고객 불만 데이터를 자동 분석하고 대응 전략을 수립하고자 한다. 이는 경영관리의 어떤 기능에 해당하는가?

① 계획(Planning) ② 조직(Organizing)
③ 지휘(Leading) ④ 통제(Controlling)

【해설】
고객 반응 데이터를 AI로 분석하고 이에 따라 대응 전략을 세우는 것은 실적과 목표를 비교해 시정조치를 취하는 통제 기능에 해당한다.

정답 | ④

9. 다음 중 생성형 AI를 활용하여 외부 환경 분석을 자동화할 수 있는 예로 적절한 것은?

① 직원 출퇴근 시간을 파악하여 근태관리 자동화
② 내부 인트라넷 검색 최적화
③ 뉴스와 SNS를 분석하여 산업 트렌드 요약 제공
④ 회계 데이터를 기반으로 월급 지급 시뮬레이션

【해설】
외부 환경 분석은 시장, 소비자, 경쟁자 등 외부 정보를 수집·분석하는 것이며, AI는 다양한 외부 데이터를 종합적으로 정리해 이를 자동화할 수 있다.

정답 | ③

10. 생성형 AI를 도입한 조직에서 구성원 간 의사소통이 오히려 감소하고 있다. 이 상황은 어떤 조직 관리 이론으로 접근해 해결책을 찾는 것이 적절한가?

① 과학적 관리론
② 인간 관계 이론
③ 시스템 이론
④ 상황적합 이론

【해설】
인간 관계 이론은 인간 간의 소통과 정서적 교류를 강조하므로, AI 도입으로 인한 소통 단절 문제를 해결하는 데 유용한 시각을 제공한다.

정답 | ②

11. 한 기업이 생성형 AI를 도입한 후 업무 역할이 바뀌고 조직 구조를 재설계하고 있다. 이 상황에 가장 적절한 조직 관리 이론은?

① 고전적 이론
② 폐쇄 시스템 이론
③ 상황적합 이론
④ 윤리적 책임 이론

【해설】
조직은 기술 변화에 따라 유연하게 적응해야 하며, 상황에 따라 적합한 구조를 채택하는 상황적합 이론이 가장 적절하다.

정답 | ③

12. 기업이 생성형 AI를 활용해 내부 직원들의 기술 역량을 진단하고 맞춤형 학습 콘텐츠를 제공하는 방식은 어떤 내부 환경 분석에 해당하는가?

① 재무 자원
② 인적 자원
③ 기술 자원
④ 물리적 자원

【해설】
구성원의 역량과 교육 관리는 인적 자원 분석에 해당하며, AI는 맞춤형 교육과 분석 자동화를 가능하게 한다.

정답 | ②

13. 생성형 AI가 다양한 국가의 노동법 및 환경규제를 요약해 기업의 법적 대응 자료를 자동으로 작성하는 데 활용된다면, 이는 어떤 거시환경 요인에 해당하는가?

① 정치적 환경
② 경제적 환경
③ 사회문화적 환경
④ 기술적 환경

【해설】
법률과 규제는 정치적 환경 요인에 해당하며, AI는 이 정보를 신속히 분석하고 요약할 수 있다.

정답 | ①

14. 다음 중 생성형 AI가 경영관리 전반에 걸쳐 가장 효과적으로 기여할 수 있는 구성요소는 무엇인가?

① 조직의 소유 구조
② 경영자의 윤리적 태도
③ 반복적인 업무 자동화와 정보 수집을 통한 계획 수립
④ 직원 간 갈등 관리

【해설】
AI는 대규모 정보 분석과 문서 요약을 통해 계획 수립에 중요한 기초 자료를 빠르게 제공할 수 있다.

정답 | ③

[15~17] 아래 사례를 바탕으로 다음 물음에 답하시오.

> "A사, 직원 만족도 제고 위해 맞춤형 복지제도 도입"
>
> 국내 IT기업 A사는 최근 구성원의 동기 부여와 업무 몰입도를 높이기 위해 매슬로우(Maslow)의 욕구단계이론에 기반한 복지정책을 도입했다. 우선, 구내식당 무료 식사 제공과 휴게실 확충 등 생리적 욕구를 충족하는 제도를 강화했다. 또한, 사내 보안 강화와 장기근속자 퇴직연금 확대 등 안전 욕구 관련 복지를 확대했다. 동료 간 친밀감을 높이기 위해 동호회 활동비 지원과 사내 네트워킹 프로그램을 운영하며 사회적 욕구를 충족시켰다. 나아가, 성과 우수자 표창과 인센티브 지급으로 존경 욕구를 충족하고, 자기계발비 지원과 사내 연구 프로젝트 참여 기회를 부여해 자아실현 욕구까지 고려한 정책을 시행했다. A사 인사담당자는 "다양한 욕구 단계에 맞춘 복지는 직원들의 장기적 성과와 조직 충성도를 높이는 데 도움이 될 것"이라고 말했다.

15. 매슬로우의 욕구단계이론에서 '자아실현 욕구'에 해당하는 사례로 가장 적절한 것은?

① 구내식당 무료 식사 제공
② 장기근속자 퇴직연금 확대
③ 사내 동호회 활동비 지원
④ 사내 연구 프로젝트 참여 기회 제공

【해설】
매슬로우 욕구단계이론에서 자아실현 욕구(self-actualization need)는 가장 높은 단계에 위치하며, 개인이 잠재력을 최대한 발휘하고 창의성과 자기 성장의 기회를 추구하는 욕구이다. 사내 연구 프로젝트 참여 기회는 직원이 자신의 능력을 실험·발휘하며 새로운 가치를 창출할 수 있도록 하는 기회이므로 자아실현 욕구에 해당한다. 반면, 무료 식사는 생리적 욕구, 퇴직연금 확대는 노후 안전 욕구, 동호회 활동비는 사회적 욕구를 충족하는 사례이다.

정답 | ④

16. 매슬로우 욕구단계이론에서 단계가 낮은 수준에서 높은 수준으로 순서대로 나열된 것은?

① 생리적 → 안전 → 사회적 → 존경 → 자아실현
② 안전 → 생리적 → 사회적 → 존경 → 자아실현
③ 생리적 → 사회적 → 안전 → 존경 → 자아실현
④ 안전 → 사회적 → 생리적 → 존경 → 자아실현

【해설】
매슬로우의 5단계 욕구는 낮은 수준에서 높은 수준으로 생리적 → 안전 → 사회적 → 존경 → 자아실현의 순서로 배열된다. 하위 단계 욕구가 충분히 충족되어야 상위 욕구가 활성화되며, 이는 인간의 동기 형성과 행동 선택의 기초가 된다.

정답 | ①

17. 인사담당자가 AI를 활용해 복지제도 효과를 분석하는 방법으로 가장 부적절한 것은?

① 직원 만족도 설문 응답을 AI로 분석하여 욕구 단계별 충족 정도를 파악한다.
② AI로 경쟁사 복지제도 사례를 수집·요약하여 벤치마킹한다.
③ AI에게 직원별 만족도와 이직률 데이터를 입력해 상관관계를 분석하게 한다.
④ AI가 제시한 미검증 복지정책 효과 예측을 그대로 채택하여 전사에 적용한다.

【해설】
AI는 자료 수집·분석·시각화 등에서 매우 유용하지만, 생성된 결과가 공식적으로 검증되지 않은 경우 그대로 정책에 반영하면 심각한 오류나 신뢰성 문제를 초래할 수 있다. 따라서 AI가 만든 미검증 예측은 보조 자료로만 활용해야 한다. 나머지 방법은 의사결정의 참고자료로 적절하다.

정답 | ④

[18~21] 아래 사례를 바탕으로 다음 물음에 답하시오.

> 대학교 3학년 경영학과 학생 민서는 '기업 형태와 조직 구조' 수업 시간에 주식회사의 개념과 특징을 주제로 기말 과제를 받았다. 이번 과제의 조건은 ChatGPT 등 생성형 AI를 활용해 자료를 수집하되, '프롬프트 설계 → AI 응답 수집 → 핵심 내용 정리 → 출처 확인'의 단계를 거쳐 보고서를 완성하는 것이었다.
>
> 민서는 먼저 다음과 같이 프롬프트를 입력했다.
>
> "주식회사의 개념과 조직 구조, 주식의 기능, 주요 특징을 자세히 설명해줘. 실제 기업 사례도 포함해서 알려줘."
>
> AI는 주식회사의 정의, 법적 성격, 유한책임제 구조, 소유와 경영의 분리, 자본 조달 방식, 그리고 주주총회·이사회·대표이사·감사 역할까지 정리해 주었다. 특히 삼성전자와 같은 상장기업을 예로 들어, 어떻게 다수의 주주로부터 자본을 모집하고, 이사회가 전략을 수립하며, 전문경영인이 경영을 수행하는지 구체적으로 설명했다.
>
> 민서는 AI가 제공한 내용을 토대로 다음과 같은 메모를 정리했다.
>
> - 주식회사는 독립된 법인격을 가지며, 주주는 출자금 한도 내에서만 채무를 부담한다.
> - 조직 구조는 주주총회(최고 의결기관) → 이사회(전략 의사결정) → 대표이사(경영 집행)로 이어진다.
> - 주식 보유자는 의결권, 배당청구권, 잔여재산청구권을 가진다.
> - 장점: 자본 조달 용이, 경영 전문성 확보, 투자 위험 제한
> - 단점: 경영진과 주주의 이해 상충 가능성, 공시·감사 비용 발생

18. 주식회사의 법적 구조와 책임 범위를 올바르게 설명한 것은?

① 주주는 회사 채무 전액에 대해 연대책임을 진다.
② 주주는 출자금 한도 내에서만 회사 채무에 책임진다.
③ 주주는 경영에 직접 참여하므로 무한책임을 진다.
④ 회사와 주주는 동일한 법적 인격체이다.

【해설】
주식회사는 유한책임 구조를 가진다. 즉, 주주는 자신이 출자한 금액 한도 내에서만 회사 채무에 대해 책임을 지며, 회사의 채무가 그 이상일 경우에는 개인 재산으로 변제할 의무가 없다. ②번이 이를 정확히 설명한다. ①번과 ③번은 합명회사 등의 무한책임 구조 설명이고, ④번은 회사와 주주가 독립된 법인격을 가진다는 원칙에 어긋난다.

정답 | ②

19. 다음 중 주식회사의 조직 구조에 대한 설명으로 옳지 않은 것은?

① 주주총회는 최고 의결기관이다.
② 이사회는 전략적 의사결정을 수행한다.
③ 대표이사는 주주총회의 결정을 직접 집행한다.
④ 감사 또는 감사위원회는 회계와 업무를 감시한다.

> 【해설】
> 주주총회는 최고 의결기관이며, 이사회는 회사의 주요 정책과 경영 방침을 결정한다. 대표이사는 이사회에서 위임받은 권한으로 일상 경영을 집행한다. 따라서 ③ '대표이사가 주주총회의 결정을 직접 집행한다'는 표현은 구조상 부정확하다.
>
> 정답 | ③

20. 주식의 권리로 볼 수 없는 것은?

① 의결권
② 배당청구권
③ 잔여재산청구권
④ 법률 제정권

> 【해설】
> 주주는 주식 보유를 통해 의결권, 배당청구권, 잔여재산청구권 등 기본적인 재산·의사결정 권리를 가진다. 그러나 법률 제정권은 국회의 권한으로, 주식 보유와 무관하다.
>
> 정답 | ④

21. 민서가 AI 응답을 바탕으로 보고서를 작성할 때, 정보의 정확성을 높이는 가장 적절한 방법은?

① AI 응답을 그대로 복사해 제출한다.
② AI 응답의 출처를 확인하고 상법·금융감독원 자료를 참고한다.
③ AI에게 같은 질문을 반복해본다.
④ 블로그와 SNS 댓글을 참고해 작성한다.

> 【해설】
> AI의 응답은 참고 자료로 활용하되, 반드시 공신력 있는 2차 자료(상법, 금융감독원 공시 자료, 기업 IR 보고서 등)와 비교·검증하는 것이 필요하다. 이는 정보의 정확성과 신뢰성을 높이고, 학술적·법적 오류를 줄이는 방법이다.
>
> 정답 | ②

[22~24] 아래 사례를 바탕으로 다음 물음에 답하시오.

> 경영학과 4학년인 지연은 '조직 관리의 최신 트렌드'라는 주제로 보고서를 작성하기 위해 ChatGPT에 다음과 같은 질문을 했다.
>
> "현대적 조직 관리 이론과 그 특징을 알려줘."
>
> AI는 학습 조직, 지식경영, 애자일 조직을 주요 개념으로 설명하며 다음과 같은 내용을 제공했다.
>
> - 학습 조직은 구성원 개인의 학습을 넘어 조직 전체가 지식을 공유하고 이를 활용하여 변화에 적응하는 문화를 뜻한다.
> - 지식경영은 조직 내 지식의 축적과 활용을 통해 지속적인 혁신을 이끌어내는 경영 방식이다.
> - 애자일 조직은 계층적 구조를 강화하여 의사결정 속도를 높이고, 절차를 엄격히 표준화하는 방식이다.
> - 세 이론 모두 전통적 관리 방식보다 유연성과 구성원의 참여를 중시한다.
>
> 지연은 AI의 설명을 읽으며, 일부 내용이 실제 개념과 다르다는 점을 확인하고, AI의 답변도 반드시 비판적으로 검토해야 한다고 느꼈다.

22. 위의 사례에서 AI가 제공한 설명 중 올바르지 않은 것은?

① 학습 조직은 변화에 적응하기 위해 지식을 공유하는 문화를 뜻한다.
② 지식경영은 지식을 축적·활용하여 혁신을 촉진한다.
③ 애자일 조직은 계층적 구조를 강화해 절차를 표준화한다.
④ 세 이론 모두 유연성과 구성원의 참여를 중시한다.

【해설】
애자일 조직은 계층 구조를 강화하거나 절차를 엄격히 표준화하는 것이 아니라, 오히려 수평적이고 개방적인 의사소통을 통해 신속하고 유연한 대응을 추구한다. 따라서 표준화에 대한 내용은 잘못된 설명이다. 나머지 보기들은 학습 조직, 지식경영, 현대적 이론의 공통점을 올바르게 반영하고 있다.

정답 | ③

23. 다음 중 학습 조직(Learning Organization)의 특징에 해당하지 않는 것은?

① 구성원 간의 지속적 학습과 피드백
② 조직 내 정보와 지식의 적극적 공유
③ 환경 변화에 대한 신속한 적응
④ 절차 표준화를 통한 권한 집중

【해설】
학습 조직은 환경 변화에 빠르게 적응하고, 구성원들이 지속적으로 학습하며, 지식을 공유하는 문화를 특징으로 한다. 반면 절차 표준화를 통한 권한 집중은 전통적 관료제 조직의 특징으로, 현대적 이론의 방향과 다르다.

정답 | ④

24. 애자일(Agile) 조직의 설명으로 가장 적절한 것은?

① 전통적 계층 구조를 유지하여 의사결정을 중앙집중화한다.
② 소규모 팀 중심의 협업과 신속한 의사결정을 지향한다.
③ 주기적 보고와 승인 절차를 엄격히 하는 것을 중시한다.
④ 표준화된 매뉴얼에 따른 업무 수행을 강조한다.

【해설】
애자일 조직은 소규모 팀 중심으로 협력하며, 변화하는 환경에 신속하게 대응할 수 있도록 분권화된 의사결정과 유연한 업무 방식을 채택한다. 따라서 ②가 맞다. 나머지 보기들은 전통적 조직 관리 방식에 가깝다.
 정답 | 애자일 조직은 소규모 팀 중심으로 협력하며, 변화하는 환경에 신속하게 대응할 수 있도록 분권화된 의사결정과 유연한 업무 방식을 채택한다. 따라서 ②가 맞다. 나머지 보기들은 전통적 조직 관리 방식에 가깝다.

2장 | 전략 수립

1. 경영전략의 이해

01. [프롬프트] 경영전략이 무엇인지 알기 쉽게 설명해줘.

경영전략이란 기업이 설정한 목표를 달성하기 위해 어떤 방법으로 나아갈지를 정하는 계획이다. 쉽게 말해, 기업이 시장에서 살아남고 성장하기 위해 '무엇을 할 것인가?'와 '어떻게 할 것인가?'를 결정하는 것을 말한다. 이는 경쟁자보다 우위를 차지하기 위해 기업이 가진 강점과 자원을 효과적으로 활용하는 방법을 고민하고, 시장에서 나타나는 기회를 포착하거나 위협을 극복할 수 있도록 체계적으로 접근하는 과정이다. 예를 들어, 특정 시장을 선점하기 위해 신제품을 개발하거나, 경쟁자와 차별화되는 독자적인 서비스를 제공하거나, 원가 절감을 통해 저렴한 가격으로 시장 점유율을 높이는 방법 등이 모두 경영전략에 해당한다. 따라서 경영전략은 기업의 장기적인 성공을 위해 필수적이며, 기업의 모든 활동과 의사결정을 일관되고 명확하게 만드는 역할을 한다.

02. [프롬프트] 경영전략은 어떤 프로세스를 통해 수립되는지 알려줘.

경영전략은 일반적으로 다음과 같은 체계적인 프로세스를 거쳐 수립된다.

(가) 기업의 목표 설정

가장 먼저 기업이 장기적으로 달성하고자 하는 방향과 목표를 설정한다. 이는 기업의 존재 목적과 미래 모습을 제시하는 단계로, 명확하고 구체적인 비전이 설정되면 전략의 방향성도 명확해진다.

(나) 외부 환경 분석

기업 외부의 거시적, 미시적 환경을 분석하여 기회(Opportunities)와 위협(Threats)을 찾는다.

이 단계에서는 정치적·경제적·사회문화적·기술적 요인(PEST 분석), 경쟁자와 고객, 시장 상황 등을 분석하여 외부 환경을 면밀히 파악한다.

(다) 내부 환경 분석

기업 내부의 자원과 능력을 분석하여 강점(Strengths)과 약점(Weaknesses)을 찾아낸다.
재무상태, 인적자원, 기술력, 조직구조, 브랜드 가치 등을 평가하고 경쟁자 대비 자사의 우위를 파악한다.

(라) 전략적 과제 도출

외부 환경 분석과 내부 환경 분석에서 얻은 결과를 토대로 기업의 강점을 살려 기회를 적극 활용하고 약점을 보완하며 위협에 대응할 수 있는 전략적 과제를 명확하게 도출한다.

(마) 전략적 대안 수립

전략적 과제를 해결할 수 있는 구체적인 전략 대안을 제시한다. 예를 들어 시장 확대 전략, 차별화 전략, 원가 절감 전략, 신규 사업 진출 전략 등 여러 가지 대안을 마련한다.

(바) 전략 평가 및 선택

수립된 전략 대안들을 구체적으로 평가하고, 가장 효과적이고 현실적인 전략을 선정한다. 선택된 전략은 기업의 목표 및 자원, 외부 환경 변화에 대한 대응 가능성, 재무적 타당성 등을 종합적으로 고려하여 결정한다.

(사) 전략 실행 계획 수립

선택한 전략을 실천하기 위해 구체적인 실행 계획을 세운다. 전략 수행을 위한 책임자, 자원 배분, 일정, 예산 계획 등을 명확히 수립하고, 조직 구성원에게 역할과 책임을 부여한다.

(아) 전략 실행 및 통제

마지막으로 전략을 실제로 실행하면서 지속적으로 모니터링하고 통제한다. 목표 대비 실적을 평가하고, 필요한 경우 수정·보완하여 전략이 효과적으로 수행될 수 있도록 관리한다.

이러한 프로세스를 통해 경영전략을 체계적이고 구체적으로 수립·실행함으로써 기업은 목표를 명확하게 달성하고 경쟁 우위를 확보할 수 있다.

2. 사업부 수준의 전략

03. [프롬프트] 사업부 수준의 전략이 무엇을 의미하는지 설명해줘.

사업부 수준의 전략(Business-Level Strategy)이란 기업 내 개별 사업부나 제품 라인이 특정 시장에서 경쟁 우위를 확보하기 위해 사용하는 전략을 말한다. 즉, 전체 기업 차원이 아닌 개별 사업 영역에서 시장과 고객을 대상으로 효과적으로 경쟁하기 위한 방안을 수립하고 실행하는 것이다. 예를 들어, 사업부 수준에서는 고객의 니즈와 경쟁 환경을 파악한 뒤, 원가우위 전략(비용 절감과 가격 경쟁력 확보), 차별화 전략(독특한 제품과 서비스로 경쟁자와 차별화), 집중화 전략(특정 고객층이나 지역시장에 집중)과 같은 전략을 선택하여 경쟁력을 높인다. 따라서 사업부 수준의 전략은 각 사업부가 자사의 강점과 시장의 특성을 고려해 구체적이고 실질적인 경쟁 방식을 결정하는 것으로, 각 사업부가 지속 가능한 성장을 이루고, 기업 전체 목표 달성에 기여하도록 만든다.

04. [프롬프트] 원가우위 전략에 대해 자세히 설명해줘.

원가우위 전략(Cost Leadership Strategy)이란 기업이 시장에서 경쟁자보다 더 낮은 원가로 제품이나 서비스를 생산하고 제공함으로써 경쟁에서 우위를 확보하는 전략이다. 이 전략은 마이클 포터(Michael Porter)가 제시한 일반적인 경쟁 전략 중 하나로, 기업이 비용 효율성을 극대화해 가격 경쟁력을 갖추는 것을 목표로 한다.

(가) 원가우위 전략의 개념과 목적

기업은 생산 비용과 운영 비용을 낮추어 원가 우위를 확보한 후 이를 통해 경쟁 기업보다 더 낮은 가격을 책정하거나, 동일한 가격으로 더 많은 이익을 얻는 것을 목표로 한다. 따라서 이 전략은 특히 경쟁이 치열하고 제품 차별화가 어렵거나 가격 민감도가 높은 시장에서 효과적이다.

(나) 원가우위 전략의 주요 특징

○ 대량생산을 통한 규모의 경제(Economies of Scale)
생산량이 증가할수록 제품 한 단위당 평균 비용이 감소하는 효과를 활용한다. 즉, 대량 생산을 통해 원재료 구매 비용, 제조 비용 등을 낮추어 가격 경쟁력을 높인다.

○ 효율적인 운영과 프로세스 개선
공정 개선, 자동화 설비 도입, 공정 간소화 등 운영 효율성을 극대화하여 불필요한 낭비를 제거하고 비용을 절감한다.

○ 경험 곡선 효과(Experience Curve Effect)
기업이 시간이 지날수록 경험이 축적되어 작업 능률이 향상되고, 이로 인해 생산 비용이 지속적으로 하락하는 효과를 말한다. 이를 통해 장기적으로 원가 경쟁력을 유지한다.

○ 엄격한 비용 관리
기업은 철저한 원가 분석과 비용 관리 시스템을 구축하여 모든 비용 항목을 통제하고 최소화한다. 공급망 최적화, 인건비 관리, 효율적인 자원 배분 등을 통해 비용을 엄격히 관리한다.

○ 효율적이고 전략적인 공급자 관리
공급자와 긴밀한 협력관계를 통해 원재료를 보다 낮은 비용으로 안정적으로 확보하거나 공급망을 효율적으로 운영하여 비용을 절감한다.

(다) 원가우위 전략의 한계와 유의점

지나친 원가 절감은 제품 품질 저하를 초래할 수 있어 고객 만족도를 떨어뜨릴 가능성이 있다. 경쟁 기업들이 더 낮은 원가를 실현하거나 혁신적인 기술로 경쟁 방식을 바꿀 경우 기존 원가우위가 상실될 수 있다. 또한, 소비자의 기호가 다양해지고, 품질고· 브랜드 가치를 중시하는 시장에서는 원가우위 전략의 효과가 제한적일 수 있다.

결론적으로, 원가우위 전략은 기업이 치열한 경쟁 상황에서 지속 가능한 경쟁 우위를 확보하는 효과적 전략 중 하나로서, 신중하고 지속적인 비용 관리와 효율성 개선을 통해 성공적으로 운영할 때 강력한 경쟁력을 발휘할 수 있다.

05. [프롬프트] 차별화 전략에 대해 자세히 설명해줘.

차별화 전략(Differentiation Strategy)이란 기업이 경쟁자와는 차별화된 제품이나 서비스를 제공하여, 소비자가 이를 특별하게 인식하도록 만드는 전략이다. 이는 제품의 독특성, 품질, 브랜드 이미지, 고객 서비스 등 다양한 요소에서 경쟁자와 확실한 차이를 만들어내 고객에게 더 높은 가치를 제공하고자 하는 접근법이다.

(가) 차별화 전략의 개념과 목적

차별화 전략은 소비자가 경쟁 제품보다 더 높은 가치를 느끼고 더 많은 돈을 지불할 의향을 갖도록 만드는 것을 목표로 한다. 이를 통해 기업은 소비자 충성도를 높이고, 가격 민감도를 줄이며, 장기적인 경쟁우위를 확보할 수 있다.

(나) 차별화 전략의 주요 특징과 방법

- **제품의 차별화**

  경쟁 제품과는 명확히 구분되는 디자인, 품질, 성능, 내구성 등을 제공함으로써 소비자들이 차별성을 인지하게 만든다. 예를 들어, 혁신적 디자인과 사용자 친화적 기능으로 명확한 제품 차별화를 달성할 수 있다.

- **브랜드 이미지와 평판의 차별화**

  브랜드 가치를 높이고 독특한 브랜드 이미지를 구축하여 고객에게 특별한 경험과 가치를 제공한다. 예를 들어, 명품 브랜드는 품질과 희소성을 강조하며 브랜드 이미지를 차별화한다.

- **서비스의 차별화**

  우수한 고객 서비스, 빠른 배송, 맞춤형 서비스, 사후 서비스 등을 통해 고객 만족도를 높인다. 예를 들어, 신속한 배송 서비스와 탁월한 고객 관리 시스템으로 서비스 차별화를 이룰 수 있다.

- **기술적 혁신과 연구개발(R&D)의 차별화**

  지속적인 R&D와 혁신을 통해 경쟁사에서 모방하기 어려운 기술적 우위를 확보한다. 예를 들어, 독자적 전기차 기술과 자율주행 시스템으로 경쟁사와의 차별화를 달성할 수 있다.

○ 마케팅 커뮤니케이션의 차별화

창의적이고 효과적인 마케팅을 통해 고객에게 특별한 인상을 심어주고 감성적 가치를 전달한다. 예를 들어, 긍정적이고 행복한 이미지를 마케팅 전략으로 강조하여 경쟁사와 차별화 할 수 있다.

(다) 차별화 전략의 장점

소비자가 가격보다는 브랜드와 제품의 가치를 중시하게 되어 가격경쟁의 부담이 줄어든다. 충성도 높은 고객층을 형성하여 재구매율이 증가하고 장기적 수익성이 향상된다. 경쟁 기업의 진입장벽이 높아져 지속적인 경쟁 우위를 유지하기 쉽다. 고객이 기업에 대한 긍정적 이미지를 가지고, 입소문 효과를 통해 자연스럽게 기업의 시장 점유율과 인지도를 높일 수 있다.

(라) 차별화 전략의 한계와 유의점

차별화된 특성을 유지하기 위해 R&D와 마케팅 비용이 많이 소요될 수 있어 비용 관리가 중요하다. 경쟁자가 쉽게 따라 하거나 모방하면 차별화의 지속성이 약해지고 효과가 감소할 수 있다. 소비자의 취향이나 시장 트렌드가 변할 경우 기존 차별화 요소가 시장에서 무의미해질 수 있으므로 지속적 혁신과 변화가 필요하다.

06. [프롬프트] 집중화 전략에 대해 자세히 설명해줘.

집중화 전략(Focus Strategy) 이란 기업이 전체 시장을 대상으로 하는 것이 아니라, 특정 소비자층이나 특정 시장 영역을 선택하고, 그 분야에서 경쟁 우위를 확보하기 위한 전략을 말한다. 즉, 좁고 특화된 시장(Niche Market)을 집중적으로 공략하여 경쟁 기업들과 차별화하거나, 특정 영역에서 원가 우위를 확보하는 방식으로 경쟁력을 강화하는 것이다.

(가) 집중화 전략의 개념과 목적

집중화 전략은 경쟁이 치열한 전체 시장에서 직접적으로 경쟁하기보다, 기업의 자원을 특정 시장이나 고객층에 집중시켜 효과적인 경쟁력을 확보하는 데 목적이 있다. 작은 시장이라도 독보적인 경쟁력을 구축하면 높은 수익성과 고객 충성도를 얻을 수 있다.

(나) 집중화 전략의 주요 유형

집중화 전략은 크게 두 가지 유형으로 나눌 수 있다.

○ **원가 집중화 전략(Cost Focus Strategy)**

특정 세분 시장에 집중하여 원가를 낮추고 가격 경쟁력을 확보하는 방식이다. 이는 규모의 경제, 효율적 운영 등을 통해 원가를 절감하여 특정 시장에서 가격 우위를 확보하는 방식이다.

예를 들어, 저가 항공사(LCC)가 특정 노선만 집중적으로 운항하며 저렴한 비용으로 승객을 유치하는 경우가 여기에 해당한다.

○ **차별화 집중화 전략(Differentiation Focus Strategy)**

특정 세분 시장의 고객에게 차별화된 제품과 서비스를 제공하여 소비자의 특별한 니즈를 충족시키는 방식이다. 예를 들어, 특정 고객층을 위한 프리미엄 제품이나 고급 맞춤 서비스, 지역 특산품을 활용한 지역 특화 제품 등이 있다.

(다) 집중화 전략의 장점

기업의 한정된 자원을 특정 시장에 집중해 효율성을 극대화하고 경쟁 우위를 명확히 할 수 있다. 특정 시장에서 전문성을 높여 소비자 신뢰와 충성도를 얻기 쉽다. 시장 진입장벽을 높여 경쟁자의 진입을 어렵게 만들 수 있다. 작은 시장이라도 경쟁자가 적어 수익성이 높은 프리미엄 시장이 될 수 있다.

(라) 집중화 전략의 한계와 유의점

목표로 한 시장의 규모가 작아 성장성에 제한이 있을 수 있다. 선택한 특정 시장이 갑자기 축소되거나 경쟁자가 새롭게 진입하면 위험이 커질 수 있다. 소비자의 취향 변화나 기술 변화 등 시장 상황 변화에 민감하게 영향을 받을 수 있어 지속적인 시장 트렌드 분석이 필요하다.

▶ 마이클 포터의 본원적 경쟁전략

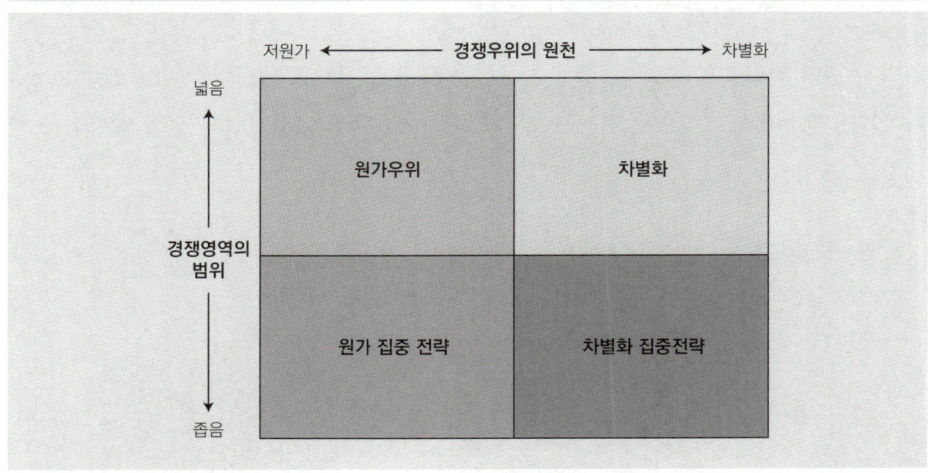

3. 기업 수준의 전략

07. [프롬프트] 기업 수준의 전략은 무엇을 의미하는지 설명해줘.

기업 수준의 전략(Corporate-level Strategy)이란 하나의 기업이 여러 사업부 또는 다양한 사업 영역을 보유하고 있을 때, 이러한 개별 사업들 간의 시너지를 극대화하고, 기업 전체의 성장을 효율적으로 관리하기 위해 수립하는 전략을 의미한다. 쉽게 말해, 기업이 어떤 사업을 선택하고, 어떻게 관리하며, 각 사업 간의 자원을 어떻게 배분할지를 결정하는 전략이다.

구체적으로는 기업이 기존 사업의 확장, 신규 사업 진출, 사업의 인수합병(M&A), 사업 다각화, 구조조정 등을 통해 기업 전체의 가치를 높이고 성장성과 수익성을 강화하는 것이 목적이다. 예를 들어 삼성, LG 같은 대기업이 전자, 가전, 화학, 금융 등 다양한 사업부를 운영하면서 각 사업 간의 균형을 맞추고 시너지를 창출하는 전략적 결정을 내리는 것이 기업 수준의 전략에 해당한다. 따라서 기업 수준의 전략은 개별 사업부의 경쟁 전략보다 한 차원 높은, 기업 전체의 지속 가능한 성장과 경쟁력을 확보하기 위한 종합적이고 장기적인 관점에서 접근하는 전략이라 할 수 있다.

08. [프롬프트] 기업 수준의 전략을 고려할 때 활용하는 도구는 무엇인지 알려줘.

기업 수준의 전략을 수립할 때 주로 활용하는 도구로 앤소프 매트릭스(Ansoff Matrix)가 있다. 앤소프 매트릭스는 시장과 제품의 두 가지 관점에서 기업의 성장 방향성을 설정하는 데 유용하다.

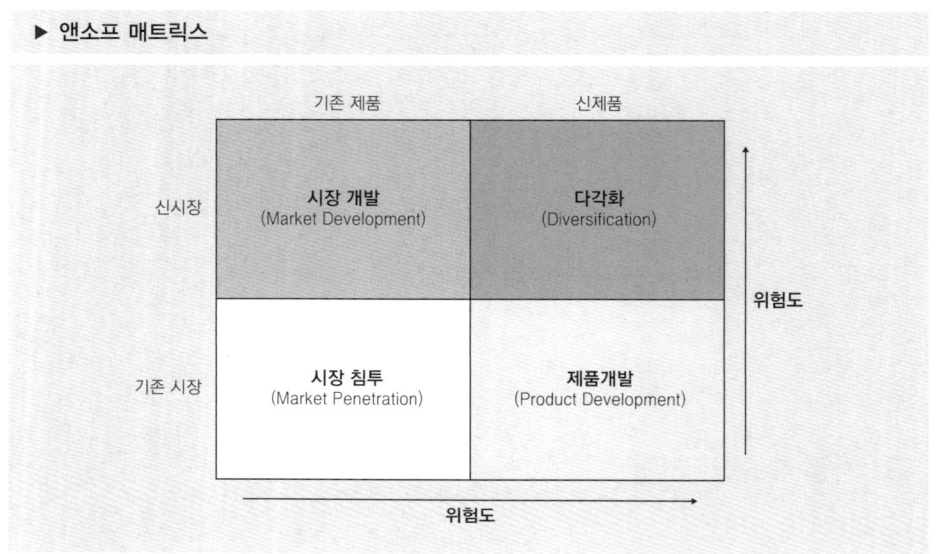

▶ 앤소프 매트릭스

앤소프 매트릭스는 다음 네 가지 전략으로 구성된다.

(가) 시장침투 전략(Market Penetration)

기존 시장에서 기존 제품의 판매량과 점유율을 증가시키는 전략이다. 가장 낮은 위험을 가진 전략으로, 현재 시장과 제품을 유지하면서 고객들의 사용량 증가, 경쟁기업의 고객 확보, 신규 고객 확보 등을 목표로 한다. 프로모션 확대, 가격 인하, 광고 마케팅 강화 등을 통해 기존 제품의 시장 점유율을 늘리는 전략이다.

(나) 시장개발 전략(Market Development)

기존 제품을 새로운 시장으로 확대하는 전략이다. 신규 지역이나 국가에 진출하거나, 기존 제품의 새로운 고객층을 개발하여 매출 증대를 목표로 한다. 해외 시장 진출, 다른 소비자층(연령대나 성별 등)을 대상으로 기존 제품을 판매하는 전략이다.

(다) 제품개발 전략(Product Development)

기존 시장에 새롭거나 개선된 제품을 도입하는 전략이다. 현재의 고객층을 유지하며 제품의 라인업 확대나 업그레이드된 제품으로 경쟁력을 강화하는 방법이다. 스마트폰 제조사가 기존 고객을 대상으로 새로운 기능을 탑재한 최신 모델을 출시하는 경우가 이에 해당한다.

(라) 다각화 전략(Diversification)

새로운 시장에 완전히 새로운 제품을 출시하는 전략이다. 기존 사업과는 별개의 영역으로 확장하여 기업의 포트폴리오를 다변화하고 리스크를 분산하는 전략이지만, 가장 큰 위험성을 가진다. 식품기업이 화장품 시장에 신규 진출하는 경우가 이에 해당한다.

앤소프 매트릭스는 성장 전략을 체계적으로 분석할 수 있고, 각 전략의 리스크와 성장 가능성을 한눈에 비교할 수 있다는 장점을 가지고 있다. 다만, 기업의 내부 자원 외부 시장 환경 등을 충분히 고려하여 결정할 필요가 있고, 지나치게 단순화된 분석만으로 전략을 수립하면 현실과의 괴리가 발생할 수 있다는 유의점을 가지고 있다.

09. [프롬프트] 기업이 성장 및 확장하기 위해 외부와 통합하는 방안에는 무엇이 있는지 설명해줘.

기업이 성장 및 확장을 위해 외부 기업과 통합하는 방식에는 수평적 통합, 수직적 통합이 있다.

수평적 통합은 동일한 산업 내에서 경쟁하거나 유사한 제품과 서비스를 제공하는 기업을 인수하거나 합병하는 방식으로, 이를 통해 시장점유율을 높이고 규모의 경제를 달성할 수 있다. 대표적으로 현대자동차가 기아자동차를 인수한 사례가 이에 해당한다.

수직적 통합은 기업이 가치사슬의 앞 단계나 뒤 단계에 있는 기업과 통합하는 전략이다. 원자재 및 부품을 공급하는 업체를 통합하는 후방통합과, 유통·판매 단계의 기업을 통합하는 전방통합으로 나눌 수 있다. 이를 통해 기업은 원가 절감과 품질 관리의 안정성을 확보할 수 있다. 삼성전자가 반도체 및 디스플레이 부품을 자체적으로 생산하여 공급망을 확보한 사례가 이에 속한다.

10. [프롬프트] 기업 간 통합 강도에 따른 형태도 설명해줘.

기업 간 통합의 강도에 따라 구분되는 형태로는 크게 합병, 인수, 전략적 제휴가 있다.

첫째, 합병(Merger)은 둘 이상의 기업이 서로 법률적으로 하나의 기업으로 완전히 결합되는 형태를 의미한다. 이는 가장 강력한 통합 형태로 기업의 법적 독립성이 사라지고 새로운 단일 법인이 설립되는 경우가 많다.

둘째, 인수(Acquisition)는 한 기업이 다른 기업의 지분이나 자산을 취득하여 경영권을 행사하는 형태를 말한다. 인수된 기업은 법적 독립성을 유지할 수 있지만, 실질적으로 인수기업의 통제하에 들어가게 된다.

셋째, 전략적 제휴(Strategic Alliance)는 독립된 두 개 이상의 기업이 특정 목적을 위해 협력 관계를 맺는 형태를 의미한다. 이는 기업들이 서로 독립성을 유지하면서도 공동의 목표를 위해 협력하여 상호 이익을 추구하는 방식이다. 항공사의 공동 운항(코드셰어)이나 자동차 기업 간 공동기술 개발 등이 대표적인 사례다.

이와 같이 합병, 인수, 전략적 제휴의 순서로 기업 간 통합의 강도가 점차 낮아지며, 각 형태는 기업의 상황과 목적에 맞추어 전략적으로 선택하여 활용할 필요가 있다.

4. 다국적 기업과 글로벌 경영

11. [프롬프트] 국내 시장을 넘어 해외 시장 진출 방식에는 어떤 것들이 있는지 알려줘.

기업이 해외 시장에 진출할 때 선택할 수 있는 방식으로는 수출, 라이선싱, 프랜차이징, 합작투자, 전략적 제휴, 직접투자 등이 있다.

첫째, 수출은 자국에서 생산한 제품을 해외에 판매하는 방식으로 가장 간편하고 일반적으로 활용된다. 초기 투자비용과 위험부담이 적다는 장점이 있으나 현지 시장에 대한 대응력이 제한된다는 단점이 있다.

둘째, 라이선싱(Licensing)은 기업이 가진 특허나 기술, 상표권 등을 현지 기업에 제공하고 그 대가로 로열티를 받는 형태로, 낮은 비용으로 빠르게 해외시장에 진입할 수 있지만, 기술 유출의 위험이 있다.

셋째, 프랜차이징(Franchising)은 브랜드, 상표, 운영 노하우 등을 제공하며 로열티와 수수료를 받는 방식으로, 브랜드의 해외 확장 속도가 빠르고 비용 부담이 적으나 현지 가맹점의 품질관리가 어렵다는 단점이 존재한다.

넷째, 합작투자는 현지 기업과 함께 공동으로 새로운 법인을 설립하여 사업을 수행하는 방식이다. 현지 기업의 자원과 시장 이해도를 적극 활용할 수 있어 리스크 분산 효과가 있지만, 경영권 공유로 인한 갈등이 생길 가능성도 있다.

다섯째, 전략적 제휴는 독립된 기업들이 일정 기간 상호 협력 계약을 통해 자본출자 없이 공동의 목표를 달성하는 방식이다. 기업 간 독립성을 유지하면서 서로의 강점을 활용할 수 있지만, 협력의 지속성이 약하다는 단점이 있다.

마지막으로 직접투자는 해외에 직접 자회사를 설립하거나 현지 기업을 인수하여 생산 및 판매활동을 수행하는 방식이다. 이는 기업이 경영권을 완전히 통제하여 현지 시장 대응에 유리하다는 장점이 있으나, 초기 투자비용과 위험부담이 매우 크다는 단점이 있다.

이러한 다양한 진출 방식 중 기업은 자사의 재무적 역량, 목표 시장의 특성, 시장 진입 리스크 등을 종합적으로 고려하여 최적의 전략을 선택해야 한다.

12. [프롬프트] 마이클 포터(Michael Porter)의 국가경쟁우위 개념을 자세히 설명해줘.

마이클 포터의 국가경쟁우위 개념은 특정 국가의 산업이 국제적으로 높은 경쟁력을 가지게 되는 이유를 설명하는 이론이다. 흔히 다이아몬드 모형이라 부르며 네 가지 핵심 요소로 구성된다.

첫째, 요소 조건(Factor Conditions)은 그 나라가 가진 생산요소를 뜻한다. 노동력, 기술력, 자본, 인프라와 같은 요소가 포함되며, 특히 기본적 자원보다는 고급 기술이나 전문적인 인력과 같은 고급 요소가 장기적으로 국가 경쟁력을 높이는 데 더 중요하다고 본다.

둘째, 수요 조건(Demand Conditions)은 국내 시장의 특성과 수요의 수준을 의미한다. 자국 시장에서 소비자의 요구가 까다롭고 품질 수준이 높을수록 기업들이 혁신과 품질 개선을 이루게 되어 국제 경쟁력까지 높아질 수 있다는 것이다.

셋째, 연관 및 지원 산업(Related and Supporting Industries)은 관련 산업들이 얼마나 밀집되어 있고 잘 발달되어 있는지를 나타낸다. 산업 간에 밀접한 협력과 정보 교류가 활발하면, 서로 시너지 효과를 내며 빠르게 발전하여 경쟁력이 강화된다.

넷째, 기업 전략, 구조 및 경쟁(Firm Strategy, Structure, and Rivalry)은 국내 시장에서 기업 간의 경쟁 구조와 경쟁 강도, 조직 문화 등을 말한다. 국내 시장에서 강력한 경쟁을 겪은 기업일수록 국제 시장에서도 뛰어난 경쟁력을 보일 가능성이 높다는 것이다.

이처럼 포터의 국가경쟁우위 이론은 특정 국가가 특정 산업에서 성공하는 이유를 다양한 관점에서 설명하고 있으며, 기업이나 정부가 경쟁력을 높이기 위한 전략을 세우는 데 중요한 기초가 된다.

▶ 국가경쟁우위 다이아몬드 모델

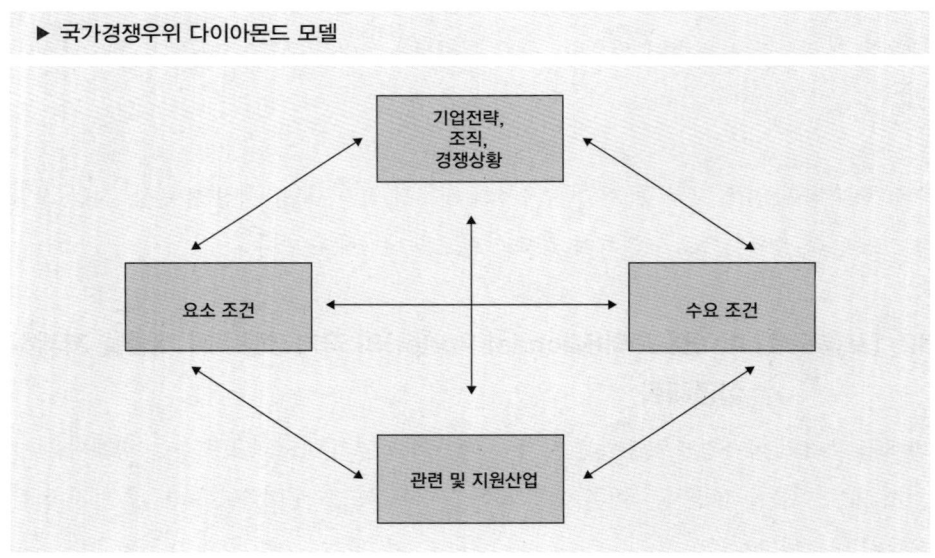

심화학습 [프롬프트]

01. [프롬프트] 한 스타트업 기업이 신시장 진입을 계획하고 있다고 가정하고, 전체 경영전략 수립 프로세스(목표 설정부터 실행 통제까지)를 사례 중심으로 구성해줘.

02. [프롬프트] 가상의 기업 또는 실제 브랜드(예 배달의민족, 무신사)를 선택해 SWOT 분석을 수행하고, 이를 바탕으로 전략적 과제를 도출한 뒤 실행 전략을 제안해줘.

03. [프롬프트] 원가우위 전략과 차별화 전략을 실제 기업 사례(예 이마트 vs 애플)를 들어 비교하고, 두 전략의 장단점과 적용 적합 상황을 분석해줘.

04. [프롬프트] 집중화 전략을 채택한 기업의 사례를 들어, 전략이 효과적으로 작동한 배경과 실패 또는 한계가 발생한 요인을 비교 분석해줘.

05. [프롬프트] 다각화 기업을 예시로 하여(예 삼성전자, CJ), 사업부 수준 전략이 기업 수준 전략과 어떻게 유기적으로 연결되어야 하는지 설명하고 개선점을 제시해줘.

06. [프롬프트] 앤소프 매트릭스를 활용하여, A라는 식품회사의 성장 전략 4가지(시장침투, 시장개발, 제품개발, 다각화)를 각각 구체적인 실행 예시와 함께 제안해줘.

07. [프롬프트] 수직적 통합과 수평적 통합의 정의와 차이를 설명하고, 각각의 대표적 기업 사례를 통해 효과와 리스크를 분석해줘.

08. [프롬프트] 국제적 전략적 제휴 사례(예 스타얼라이언스, 르노-삼성)를 분석하여, 제휴가 성공하기 위한 조건과 관리 포인트를 도출해줘.

09. [프롬프트] 중소기업이 동남아 시장에 진출하려고 할 때, 가능한 해외 진출 방식(수출, 프랜차이징, 직접투자 등)을 비교하고, 가장 적합한 방식을 추천해줘.

10. [프롬프트] 마이클 포터의 다이아몬드 모형을 활용하여, 한국 반도체 산업이 글로벌 경쟁력을 갖게 된 배경을 네 가지 요소로 설명해줘.

1. 경영전략의 핵심적인 목적을 가장 잘 설명한 것은?

① 단기적인 수익만을 극대화하는 계획
② 사업부별 성과를 독립적으로 관리하는 체계
③ 시장에서 생존하고 성장하기 위한 장기적 방향 결정
④ 고객의 충성도를 유지하기 위한 영업 기법

【해설】
경영전략은 기업이 '무엇을 할 것인가'와 '어떻게 할 것인가'를 결정하여 경쟁에서 우위를 확보하고 장기적으로 성공하기 위한 체계적인 계획이다.

정답 | ③

2. 경영전략 수립 프로세스에서 내부 환경 분석을 통해 주로 파악하려는 것은?

① 시장의 크기와 성장 가능성
② 경쟁자의 가격 정책
③ 자사의 강점과 약점
④ 정부 정책의 방향

【해설】
내부 환경 분석은 자사의 자원, 역량, 조직, 재무 상태 등을 평가해 강점(Strengths)과 약점(Weaknesses)을 파악하는 단계이다.

정답 | ③

3. 다음 중 사업부 수준의 전략에 해당하는 것은?

① 기업 전체의 포트폴리오 재구성
② 신흥 시장 진출을 위한 외국 기업 인수
③ 특정 제품 라인에서 원가우위를 확보하는 전략
④ 국가 차원의 수출 전략

【해설】
사업부 수준 전략은 제품 단위 또는 개별 사업 영역에서 경쟁 우위를 확보하기 위한 전략으로, 원가우위 전략도 그 예이다.

정답 | ③

4. 원가우위 전략의 핵심 요소가 아닌 것은?

① 대량생산을 통한 규모의 경제
② 고급화된 프리미엄 디자인 중심 전략
③ 경험 곡선 효과의 활용
④ 철저한 비용 통제

> 【해설】
> 프리미엄 디자인 중심 전략은 차별화 전략의 핵심이며, 원가우위 전략은 비용 절감과 효율성에 중점을 둔다.
>
> 정답 | ②

5. 차별화 전략을 통해 얻을 수 있는 효과로 적절하지 않은 것은?

① 가격 경쟁력 약화
② 브랜드 충성도 증가
③ 제품에 대한 프리미엄 가격 책정 가능
④ 경쟁자 진입 장벽 상승

> 【해설】
> 차별화 전략은 가격이 아닌 가치에 기반한 경쟁 우위를 목표로 하며, 오히려 가격 경쟁보다는 프리미엄 전략을 추구한다.
>
> 정답 | ①

6. 다음 중 집중화 전략의 설명으로 가장 적절한 것은?

① 다양한 제품군으로 시장 전체를 공략하는 전략
② 중저가 제품 중심의 대중 시장 확장 전략
③ 특정 시장이나 고객층에 집중하여 우위 확보
④ 모든 경쟁자보다 높은 품질을 지향하는 전략

> 【해설】
> 집중화 전략은 기업의 자원을 좁은 틈새시장(Niche)에 집중하여 효율적으로 경쟁 우위를 확보하려는 전략이다.
>
> 정답 | ③

7. 기업이 어떤 사업을 선택하고, 각 사업 간 자원을 배분하는 등 포괄적인 성장을 도모하는 전략은?

① 원가우위 전략
② 기업 수준의 전략
③ 집중화 전략
④ 운영 전략

【해설】
기업 수준의 전략은 다수의 사업을 운영하는 기업이 전체 사업 포트폴리오를 관리하고 성장 방향을 설정하는 전략이다.

정답 | ②

8. 앤소프 매트릭스의 4가지 전략 유형 중, 기존 제품을 새로운 시장에 진출시키는 전략은?

① 시장침투 전략
② 제품개발 전략
③ 시장개발 전략
④ 다각화 전략

【해설】
시장개발 전략은 기존 제품을 새로운 지역·고객층 등에 확대하는 전략이다.
예 해외 진출, 신규 타겟 세분화

정답 | ③

9. 다음 중 수직적 통합 전략의 예에 해당하는 것은?

① 두 화장품 기업이 합병하여 규모 확대
② 식품기업이 물류회사를 인수하여 배송 효율 강화
③ 경쟁사를 인수해 시장 점유율을 확보
④ 브랜드 가치를 활용한 프랜차이즈 확대

【해설】
수직적 통합은 공급망의 상하단을 통합하는 것으로, 물류 회사 인수는 전방(유통) 통합에 해당된다.

정답 | ②

10. 다음 중 마이클 포터의 국가 경쟁우위 이론에서 수요 조건이 의미하는 것은?

① 소비자의 낮은 기대 수준
② 국내 시장의 품질에 대한 까다로운 요구
③ 국가의 생산요소 인프라
④ 기업 간 제휴 활동의 활성화

【해설】
수요 조건은 국내 고객의 까다로운 요구와 수준 높은 기대가 기업의 혁신과 경쟁력 향상을 유도하는 요소이다.

정답 | ②

11. 한 기업이 생성형 AI를 활용하여 시장 트렌드를 분석하고 새로운 전략 대안을 도출하려 한다. 이 과정은 경영전략 수립 프로세스 중 어디에 해당하는가?

① 전략 실행 및 통제
② 외부 환경 분석
③ 전략적 과제 도출
④ 내부 커뮤니케이션 개선

【해설】
생성형 AI로 시장 분석 결과를 요약하고 새로운 과제를 도출하는 단계는 외부·내부 분석 기반의 전략적 과제 도출에 해당한다.

정답 | ③

12. 생성형 AI가 고객 후기 데이터를 분석하여 "우리 브랜드가 고급 이미지로 인식된다"는 결과를 도출했다. 이를 기반으로 가장 적절한 전략 방향은?

① 원가우위 전략
② 집중화 전략
③ 차별화 전략
④ 시장침투 전략

【해설】
고급 이미지, 브랜드 인식은 차별화 전략에 기반한 경쟁우위를 만들 수 있다. AI는 이를 정성적으로 파악해 전략에 반영할 수 있다.

정답 | ③

13. 생성형 AI를 이용해 글로벌 경쟁사들의 홈페이지, 뉴스, 제품 데이터를 수집하고 요약 분석하여 경영진에게 전략 보고서를 제공하는 것은 어떤 전략 수립 단계에서 유용한가?

① 전략 실행 계획 수립
② 내부 환경 분석
③ 전략 평가 및 선택
④ 전략적 제휴 체결

【해설】
다양한 대안을 분석하고 비교할 수 있도록 요약 보고서를 생성하는 기능은 전략 대안의 평가 및 선택 과정에 매우 유용하다.

정답 | ③

14. AI가 생성한 텍스트 초안을 바탕으로 시장개발 전략에 대한 보고서를 작성하려 한다. 이 전략은 어떤 방향성을 갖는가?

① 기존 제품을 새로운 고객층이나 지역에 판매
② 새로운 제품을 기존 시장에 출시
③ 기존 제품을 기존 시장에서 더 많이 판매
④ 새로운 제품을 새로운 시장에 출시

【해설】
시장개발 전략은 기존 제품을 새로운 시장으로 확장하는 방향이며, AI는 새로운 타겟군의 니즈 분석에 활용될 수 있다.

정답 | ①

15. 생성형 AI가 다양한 내부 문서를 학습하여 각 사업부의 강점과 약점을 요약했다. 이 정보는 어떤 전략 수립 단계에서 가장 직접적으로 활용되는가?

① 전략 실행
② 외부 환경 분석
③ 내부 환경 분석
④ 전략적 제휴

【해설】
내부 문서에서 자원, 역량, 재무 등을 요약한 결과는 내부 환경 분석(SWOT 중 S와 W)에 직접적으로 해당된다.

정답 | ③

16. 다음 중 생성형 AI가 차별화 전략 실행에 기여할 수 있는 방안으로 가장 적절한 것은?

① 경쟁사의 가격을 분석하여 더 낮은 가격 제시
② 소비자 리뷰 데이터를 분석해 제품 디자인 개선 제안
③ 물류 시스템 자동화로 비용 절감
④ 판매채널을 하나로 집중하여 고정비 줄이기

【해설】
차별화 전략은 품질·디자인·서비스 개선이 핵심이며, AI는 고객 데이터를 분석해 차별화 요소를 제안할 수 있다.

정답 | ②

17. 한 기업이 AI에게 "전기차 시장에서 성공한 경쟁사의 전략"을 요약해 달라고 요청했다. 이 정보를 주로 활용할 전략은?

① 원가우위 전략
② 차별화 전략
③ 시장침투 전략
④ 벤치마킹 기반 전략 수립

【해설】
AI가 경쟁사 사례를 요약하면 벤치마킹이나 간접학습의 전략 기반으로 활용된다. 이는 새로운 전략의 참고자료가 된다.

정답 | ④

18. 생성형 AI를 활용하여 다양한 사업부의 성장률, 수익성, 시장 점유율 데이터를 시각화하고 분석했다. 이 작업은 어떤 전략 수립에 유용한가?

① 사업부 수준 전략
② 기업 수준 전략
③ 수출 전략
④ 전사적 자원관리 전략

【해설】
기업 전체의 포트폴리오 균형과 사업 확장을 조정하는 기업 수준의 전략 수립에 유용한 데이터 분석 방식이다.

정답 | ②

[19~22] 아래 설명을 바탕으로 다음 물음에 답하시오.

> "D사, 프리미엄 전략으로 시장 점유율 확대"
>
> 가전제품 제조업체 D사는 경쟁사와 차별화된 제품 전략을 통해 시장 점유율을 높이고 있다. D사는 단순히 가격 경쟁에 의존하지 않고, 제품 디자인의 독창성, 우수한 품질, 사후 서비스 강화, 프리미엄 브랜드 이미지 구축에 집중하고 있다. 예를 들어, 최신 냉장고 모델에는 경쟁사 제품에는 없는 AI 기반 신선도 유지 시스템과 맞춤형 내부 구조 설계 기능이 탑재되어 있다. 또한, 전담 상담원이 24시간 응대하는 고객센터를 운영하며, 구매 후 2년간 무상 보증 서비스를 제공한다. 이러한 차별화 전략을 통해 D사는 가격이 다소 높음에도 불구하고 소비자들의 높은 만족도와 재구매율을 기록하고 있다.

19. 차별화 전략의 주요 목적에 대한 설명으로 옳은 것은?

① 원가를 최소화하여 가격 경쟁력을 확보하는 것이다.
② 경쟁 제품과의 가격 차이를 줄이는 것이다.
③ 소비자에게 더 높은 가치를 제공하여 가격 민감도를 낮추는 것이다.
④ 동일한 제품을 더 많이 생산해 시장 공급량을 늘리는 것이다.

> 【해설】
> 차별화 전략의 핵심 목적은 소비자가 경쟁 제품보다 더 높은 가치를 느끼게 하여 가격 민감도를 줄이고, 장기적 충성도와 재구매를 유도하는 것이다. 이를 통해 기업은 가격 경쟁 대신 가치 경쟁을 기반으로 수익성을 높인다. ①, ④는 원가우위 전략에 가깝고, ②는 가격 차이를 줄이는 것이 아니라 오히려 차별화된 가치로 높은 가격을 유지하는 경우가 많다.
>
> 정답 | ③

20. 기사 속 D사의 사례에서 차별화 전략의 요소에 해당하지 않는 것은?

① 독창적인 제품 디자인
② AI 기반 신선도 유지 시스템
③ 장기 무상 보증 서비스
④ 대량 생산을 통한 단가 절감

> 【해설】
> D사의 전략은 독창적인 디자인, AI 기능, 장기 보증 서비스 등 소비자가 인식할 수 있는 '특별한 가치'를 제공하는 요소들로 구성된다. 반면 대량 생산을 통한 단가 절감은 원가 절감 중심의 비용우위 전략 요소이므로 차별화 전략의 범주와 거리가 있다.
>
> 정답 | ④

21. 차별화 전략을 통해 기대할 수 있는 효과로 가장 적절한 것은?

① 소비자의 가격 민감도 상승
② 브랜드 충성도 하락
③ 장기적 경쟁우위 확보
④ 생산원가 증가로 인한 경쟁력 저하

【해설】
차별화 전략은 소비자 충성도 향상, 가격 민감도 감소, 장기적인 경쟁우위 확보로 이어질 수 있다. 선택지 ③은 이를 정확히 반영하며, 나머지 선택지들은 차별화 전략의 의도와 반대되는 효과들이다.

정답 | ③

22. 차별화 전략 분석에 AI를 활용하는 방법으로 가장 부적절한 것은?

① AI로 소비자 리뷰를 분석해 제품 개선 포인트를 도출한다.
② AI를 이용해 경쟁사 제품의 기능·가격 데이터를 비교 분석한다.
③ AI가 제안한 미검증 제품 콘셉트를 그대로 상용화한다.
④ AI로 시장 트렌드 예측 모델을 구축해 전략 수립에 참고한다.

【해설】
AI는 제품 개선, 경쟁사 분석, 시장 트렌드 예측 등 차별화 전략 수립에 유용하게 쓰일 수 있다. 그러나 AI가 제안한 제품 콘셉트를 검증 없이 그대로 상용화하는 것은 품질, 시장 적합성, 안전성 문제를 초래할 수 있어 부적절하다. 나머지 선택지는 보조 분석 도구로 적절하게 활용할 수 있는 사례다.

정답 | ③

[23~25] 아래 사례를 바탕으로 다음 물음에 답하시오.

> 국제경영을 전공하는 3학년 민수는 '다국적 기업의 해외 진출 전략'에 관한 과제를 준비하면서 ChatGPT에 다음과 같은 질문을 했다.
>
> "기업이 국내 시장을 넘어 해외에 진출하는 방식에는 어떤 것들이 있나요?"
>
> AI는 대표적인 방식으로 수출, 라이선싱, 프랜차이징, 합작투자, 전략적 제휴, 직접투자를 소개하며 다음과 같이 설명했다.
>
> - 수출은 자국에서 만든 제품을 해외에 판매하는 방식으로, 초기 투자비용과 위험이 크지만 현지 대응력이 높다.
> - 라이선싱은 특허·상표권을 제공하고 로열티를 받는 방식으로, 낮은 비용으로 진출 가능하지만 기술 유출 위험이 있다.
> - 프랜차이징은 브랜드와 운영 노하우를 제공하며 빠르게 해외 확장이 가능하나, 현지 가맹점 관리가 어렵다.
> - 합작투자는 현지 기업과 공동 법인을 설립해 리스크를 분산하지만 경영권 공유에 따른 갈등 가능성이 있다.
> - 전략적 제휴는 독립성을 유지하며 상호 협력해 시너지를 내지만 지속성이 떨어질 수 있다.
> - 직접투자는 자회사를 설립하거나 현지 기업을 인수해 완전한 경영권을 확보하나, 초기 투자비용과 위험이 크다.
>
> 민수는 AI의 설명을 읽다가, 수출에 대한 일부 설명이 실제 개념과 다르다는 점을 발견했고, AI의 답변도 반드시 검토하고 보완해야 한다고 느꼈다.

23. 위 사례에서 AI가 제공한 설명 중 올바르지 않은 것은?

① 수출은 초기 투자비용과 위험이 크지만 현지 대응력이 높다.
② 라이선싱은 낮은 비용으로 해외 진출이 가능하다.
③ 전략적 제휴는 독립성을 유지하면서 협력할 수 있다.
④ 직접투자는 완전한 경영권 확보가 가능하다.

> 【해설】
> 수출은 자국에서 생산한 제품을 해외에 판매하는 방식으로 초기 투자비용과 위험부담이 비교적 적고 간편하게 진출할 수 있다는 장점이 있다. 현지 생산 기반이 없으므로 대응력은 낮은 편이며, AI 설명처럼 '위험이 크고 대응력이 높다'는 것은 사실과 반대다.
>
> 정답 | ①

24. 다음 중 프랜차이징(Franchising)의 특징에 해당하지 않는 것은?

① 브랜드와 운영 노하우 제공
② 로열티와 수수료 수취
③ 가맹점 품질 관리 용이
④ 해외 확장 속도가 빠름

> 【해설】
> 프랜차이징은 본사가 브랜드, 상표, 운영 노하우 등을 제공하고, 가맹점으로부터 로열티와 수수료를 받는 방식이다. 해외 확장 속도가 빠르고 초기 비용 부담이 적지만, 현지 가맹점의 품질 관리가 어렵다는 단점이 있다. 따라서 '품질 관리 용이'라는 설명은 틀리다.
> 정답 | ③

25. 다음 중 합작투자의 장점으로 가장 적절한 것은?

① 현지 기업과 자원을 공유하여 리스크를 분산할 수 있다.
② 기술과 상표권을 제공해 로열티를 받는다.
③ 전액 출자해 경영권을 100% 통제한다.
④ 초기 투자비용이 거의 들지 않는다.

> 【해설】
> 합작투자는 현지 기업과 공동으로 법인을 설립하여 자본·인력·기술 등 자원을 공유할 수 있다. 이를 통해 시장 진입 위험을 줄이고 리스크를 분산할 수 있다는 것이 가장 큰 장점이다.
> 정답 | ①

3장 | 마케팅 전략

1. 마케팅의 이해

01. [프롬프트] 마케팅이 무엇인지 알기 쉽게 설명해줘.

마케팅이란 소비자들이 원하는 제품이나 서비스를 만들고, 이를 효과적으로 소비자에게 알리며, 잘 판매될 수 있도록 하는 모든 활동을 의미한다.

좀 더 쉽게 말하면, 기업이 소비자의 요구와 필요를 파악하여 소비자들이 기꺼이 지갑을 열고 제품을 구매하도록 만드는 과정 전체가 바로 마케팅이다. 즉, 소비자가 무엇을 원하는지 조사하고, 적절한 가격을 정하고, 어디에서 판매할지 결정하며, 광고나 홍보를 통해 제품을 알리는 활동이 모두 마케팅이다.

결국, 마케팅은 소비자의 마음을 읽고 그들이 원하는 것을 제공하여 기업과 소비자 모두에게 이익이 되도록 하는 일이라고 할 수 있다.

02. [프롬프트] 마케팅 관리의 콘셉트(Concept)에 대해 자세히 설명해줘.

마케팅 관리의 콘셉트란 기업이 마케팅 활동을 펼칠 때 어떤 철학이나 방향성을 가지고 소비자에게 접근할지를 나타내는 개념이다. 다시 말해, 기업이 마케팅 전략을 세우고 실행할 때 기본이 되는 생각이나 태도를 의미하는데, 보통 다섯 가지로 나누어 설명할 수 있다.

첫 번째는 생산 콘셉트이다. 생산 콘셉트는 소비자가 저렴하고 쉽게 구할 수 있는 제품을 선호한다고 보고, 생산 효율성을 높여 가격을 낮추고 공급을 원활히 하면 자연스럽게 소비자가 늘어날 것으로 생각한다. 예를 들어, 저렴한 생필품이나 표준화된 제품을 대량 생산하여 판매하는 방식이 여기에 해당한다.

두 번째는 제품 콘셉트이다. 제품 콘셉트는 소비자가 품질이 높고 성능이 뛰어나며 혁신적인 제품을 원한다고 보는 관점이다. 따라서 기업은 최고의 제품을 만드는 데 중점을 두고 제품의 기능이나 품질 향상에 많은 노력을 기울인다. 대표적으로 첨단 전자기기 기업들이 이에 해당한다.

세 번째는 판매 콘셉트이다. 판매 콘셉트는 소비자가 가만히 두면 충분히 제품을 구매하지 않기 때문에 적극적이고 공격적인 판매와 홍보 활동을 펼쳐야만 제품이 잘 팔린다고 보는 관점이다. 보험이나 방문판매, 자동차 영업 등 강력한 영업활동을 강조하는 업종에서 흔히 볼 수 있다.

네 번째는 마케팅 콘셉트이다. 마케팅 콘셉트는 기업이 스스로 제품을 만들어 판매하기보다는 소비자의 요구와 필요를 먼저 정확히 파악하고, 이에 맞는 제품이나 서비스를 제공하여 소비자를 만족시키는 것이 중요하다고 보는 관점이다. 즉, 소비자의 입장에서 생각하고 소비자 중심으로 마케팅 전략을 수립하는 것이다. 현대의 많은 기업들이 이 방식을 추구한다.

마지막으로 사회적 마케팅 콘셉트가 있다. 사회적 마케팅 콘셉트는 소비자의 욕구 충족뿐 아니라 사회 전체의 장기적 복리나 윤리적 가치도 함께 고려해야 한다는 관점이다. 기업이 환경보호, 지속가능성, 윤리적 책임 등을 고려하여 제품을 만들고 판매하는 방식이 여기에 속한다.

이처럼 마케팅 관리 콘셉트는 기업이 소비자와 시장을 어떻게 바라보고 접근하느냐에 따라 달라지며, 기업은 자신의 제품 특성이나 시장 환경에 맞는 콘셉트를 선택하고 그에 따라 마케팅 전략을 펼치게 된다.

2. 마케팅 구성 요소

▶ 마케팅 구성요소

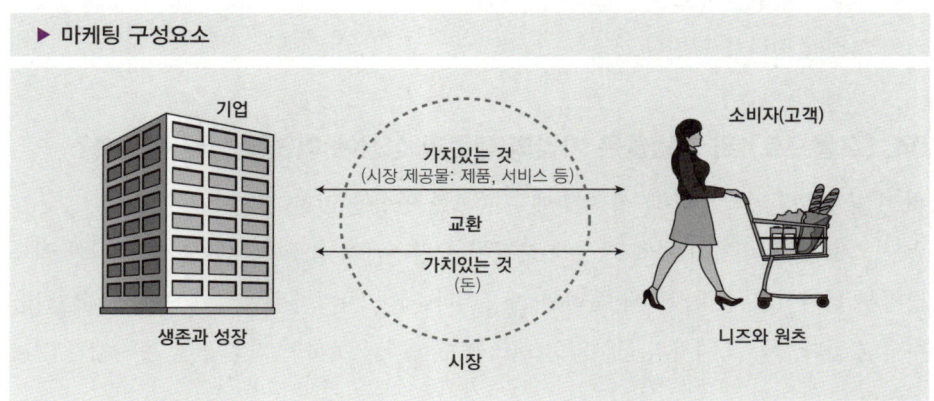

03. [프롬프트] 니즈(Needs), 원츠(Wants), 수요(Demands)가 무엇인지 쉽게 설명해줘.

첫째, 니즈(Needs)는 인간이 기본적으로 느끼는 결핍 상태를 의미한다. 예컨대 배고픔, 갈증, 추위와 같은 생리적 필요나, 안전, 소속감, 인정받고 싶은 심리적 필요까지 포함하여 인간이라면 누구나 보편적으로 느끼는 것이다. 니즈는 본능적이고 기본적이라 거의 변하지 않는다. 예를 들어, 배가 고파 음식을 먹어야 하는 것과 같은 것이다.

둘째, 원츠(Wants)는 니즈를 충족시키기 위해 구체적으로 원하는 대상을 말한다. 원츠는 개인의 경험이나 문화, 사회적 환경에 따라 달라진다. 예를 들어, 배고픔(니즈)을 해결하기 위해 어떤 사람은 밥을 먹고 싶어 하고, 다른 사람은 피자를 먹고 싶어 하는데, 바로 이렇게 구체적인 형태로 표현된 욕구가 원츠이다.

셋째, 수요(Demands)는 원츠 중에서 실제 구매력이 뒷받침되어 제품이나 서비스를 구매할 능력과 의사가 있는 것을 의미한다. 쉽게 말해, 원하는 제품이나 서비스가 있고, 그것을 살 수 있는 돈을 가지고 있으며, 실제로 구입하고자 할 때 수요가 발생한다. 예를 들어 피자를 먹고 싶다는 원츠가 있고, 실제로 피자를 살 돈과 의지가 있어 피자를 주문하는 경우, 이것이 바로 수요가 된다.

즉, 니즈는 인간이 보편적으로 느끼는 기본적 결핍, 원츠는 이를 해결하기 위한 구체적인 욕구, 수요는 원츠가 구매력으로 뒷받침된 실제적인 소비 의지를 나타낸다고 이해하면 된다. 기업은 바로 이 니즈와 원츠를 정확히 이해하고, 이를 수요로 만들어내기 위해 마케팅 전략을 펼친다.

04. [프롬프트] 위 개념들은 기업의 생존과 성장에 어떤 영향을 미칠까?

위 개념들은 기업의 생존과 성장에 매우 중요한 영향을 미친다.

먼저, 니즈는 소비자가 가진 가장 기본적이고 필수적인 욕구이기 때문에, 기업이 이를 정확히 파악하고 충족시키지 못하면 제품이나 서비스는 처음부터 시장에서 외면받을 수밖에 없다. 즉, 소비자의 근본적인 니즈를 이해하지 못하면 기업의 생존 자체가 어려워진다.

다음으로, 원츠는 소비자의 니즈가 구체화된 욕구인데, 기업이 소비자의 다양한 원츠를 얼마나 잘 파악하고 그에 맞춘 제품과 서비스를 제공하는지가 시장에서의 차별화와 경쟁력을 결정한다. 소비자의 니즈를 원츠로 전환시키는 능력, 즉 제품을 매력적으로 만드는 능력이 뛰어난 기업이 시장에서 성공할 가능성이 높아진다.

마지막으로, 수요는 실제로 소비자가 제품을 구매할 수 있는 능력과 의지를 나타내므로, 기업의 매출과 이익을 결정짓는다. 기업은 소비자의 원츠가 단지 욕구로 끝나지 않고, 구매력과 결합한 실제적 수요로 전환될 수 있도록 가격 책정, 유통망 확보, 적극적 홍보 활동 등을 펼친다. 이를 통해 매출과 이익을 지속적으로 증가시키고, 장기적 성장을 이루어 나갈 수 있게 된다.

결국 기업이 생존하고 성장하기 위해서는 소비자의 니즈를 정확히 이해하고, 이를 원츠로 구체화시키며, 마침내 실질적인 수요로 전환시키는 전략이 필수적이라 할 수 있다. 이를 잘 수행하는 기업은 시장에서 경쟁 우위를 확보하여 지속 가능한 성장을 이뤄낼 수 있다.

3. 소비자 행동

05. [프롬프트] 소비자의 구매 결정 과정에 대해 자세히 설명해줘.

소비자가 특정 제품이나 서비스를 구매할 때는 일반적으로 다음과 같은 과정을 거친다.

첫째, 소비자는 필요나 문제 인식 단계를 경험한다. 이는 현재 자신이 가진 제품이나 서비스로는 충족되지 않는 욕구나 문제가 있음을 깨닫는 순간이다. 예컨대, 배가 고프거나 휴대폰이 고장 나서 새것이 필요해졌을 때처럼, 무언가가 부족하거나 불편하다는 느낌에서 시작된다.
둘째, 소비자는 이러한 문제를 해결하기 위해 필요한 정보를 찾는 정보 탐색 단계를 거친다. 주변 사람들의 추천을 받거나 인터넷에서 검색을 통해 제품 정보를 찾는 식으로, 적극적으로 정보를 모으기 시작한다.
셋째, 모은 정보를 바탕으로 후보 제품들을 비교하고 평가하는 대안 평가 단계가 이루어진다. 이 과정에서 소비자는 가격, 품질, 브랜드, 디자인 등 여러 가지 기준을 두고 선택지를 좁혀 나간다.
넷째, 평가 과정을 거친 후 가장 만족스러워 보이는 하나의 제품이나 서비스를 실제로 구매하는 구매 결정 단계에 도달한다. 이때는 구매 장소, 구매 시점, 지불 방식 등 구체적인 사항까지 고려하여 최종적으로 결정을 내리게 된다.

마지막으로, 제품을 구매한 후에는 그 제품이 기대한 바를 충족했는지 평가하는 구매 후 평가 단계를 겪게 된다. 만약 제품이 기대한 성능이나 가치를 충족한다면 만족하고 재구매 가능성이 높아지지만, 기대에 미치지 못하면 불만족을 느끼고 다른 대안을 다시 찾게 된다.

이러한 소비자의 구매 결정 과정은 제품이나 서비스의 특성, 가격, 개인의 성향 등에 따라 그 속도나 복잡성이 달라질 수 있지만, 일반적으로 이러한 순서와 절차를 따라 이루어진다. 기업은 소비자의 각 구매 과정에서의 요구나 특징을 잘 파악하여 적절한 마케팅 전략을 펼쳐야 성공적으로 소비자의 선택을 받을 수 있다.

06. [프롬프트] 구매 결정에 영향을 주는 요인을 알려줘.

소비자의 구매 결정에 영향을 미치는 요인은 크게 네 가지로 구분할 수 있다.

첫째, 문화적 요인이다. 소비자는 자신이 속한 사회나 문화에서 형성된 가치관, 전통, 생활 방식 등에 따라 소비 성향이 달라진다. 예를 들면 명절이나 특정 기념일에 사람들이 특별한 음식을 구매하거나 선물을 주고받는 행동이 바로 문화적 요인의 영향이다.
둘째, 사회적 요인이다. 이는 소비자가 주변 사람들의 영향을 받아 구매 결정을 하게 되는 것을 뜻한다. 가족, 친구, 유명인, 직장 동료와 같은 주변 사람들의 추천이나 의견은 소비자가 특정 제품을 선택하는 데 큰 영향을 준다. 예컨대 유명인이 광고하는 제품을 구매하거나 친구가 추천한 브랜드를 선택하는 경우가 여기에 해당한다.
셋째, 개인적 요인이다. 소비자의 연령, 성별, 직업, 소득 수준, 개성, 생활 방식 등 개인의 특성에 따라 구매하는 제품이 달라질 수 있다. 예를 들어 젊은 층은 최신 기술이 담긴 전자제품을 선호하고, 중장년층은 건강이나 편의를 위한 제품에 더 관심을 가지는 경우를 들 수 있다.
넷째, 심리적 요인이다. 이는 소비자의 구매 동기나 제품에 대한 인식, 태도 등 심리적 요소를 말한다. 소비자는 자신의 내적 욕구(동기), 제품에 대한 인식과 평가(지각), 과거의 경험을 통한 지식(학습), 제품에 대한 긍정적 또는 부정적 태도 등에 따라 구매 결정을 내린다. 예컨대 환경 보호에 긍정적인 태도를 가진 소비자는 친환경 제품을 선택하는 경향이 높다.

이러한 네 가지 요인이 서로 복합적으로 작용하여 소비자의 최종적인 구매 결정이 이루어지기 때문에, 기업은 이를 종합적으로 고려하여 효과적인 마케팅 전략을 수립해야 한다.

07. [프롬프트] 관여도가 무엇인지 자세히 설명해줘.

관여도란 소비자가 특정 제품이나 서비스에 대해 얼마나 많은 관심을 가지고 신중하게 구매 결정을 내리는지를 나타내는 개념이다. 쉽게 말해 소비자가 어떤 물건을 살 때 그것에 대해 얼마나 깊이 생각하고, 고민하며, 정보를 적극적으로 수집하는지의 정도라고 볼 수 있다. 관여도는 일반적으로 높은 관여도(고관여도)와 낮은 관여도(저관여도) 두 가지로 나눠볼 수 있는다.

먼저, 높은 관여도란 소비자가 구매할 때 신중하게 고민하고, 많은 시간과 노력을 들여 제품에 대한 정보를 찾고 비교 분석하는 경우이다. 주로 제품의 가격이 비싸거나, 잘못 샀을 때 후회가 크거나, 본인의 이미지나 생활에 큰 영향을 줄 수 있는 물건을 구매할 때 나타난다. 자동차나 고가의 전자제품, 주택처럼 가격이 높거나, 오래 사용해야 하거나, 구매 후 후회가 크다고 생각되는 제품들은 일반적으로 소비자의 관여도가 높다.

반대로, 낮은 관여도란 소비자가 제품을 구매할 때 별로 신중하게 고민하거나 정보를 찾지 않고 간단히 결정하는 경우이다. 이런 제품은 가격이 저렴하고, 자주 구매하며, 잘못된 선택을 해도 큰 후회가 없다는 특징이 있다. 예를 들어 음료수, 과자, 일상용품처럼 자주 접하고 쉽게 결정할 수 있는 제품들이 낮은 관여도를 가진 제품이다.

결국 관여도는 소비자가 구매 결정을 내리는 과정에서 얼마나 많은 주의와 관심을 기울이는지를 나타내기 때문에, 기업은 제품의 특성에 맞게 소비자의 관여도를 잘 파악하여 적절한 마케팅 전략을 세우는 것이 중요하다. 높은 관여도를 가진 제품은 상세한 정보와 비교 분석 자료를 제공하는 전략이 효과적이고, 낮은 관여도를 가진 제품은 광고를 통해 친근하고 쉽게 다가가도록 하는 전략이 더 효과적일 수 있다.

08. [프롬프트] 로열티(Loyalty)가 무엇인지 알려줘.

로열티(Loyalty)란 소비자가 특정 브랜드나 제품, 서비스를 지속적으로 선택하고 반복적으로 구매하며, 나아가 주변 사람들에게도 적극적으로 추천하는 충성도를 뜻한다. 쉽게 말하면, 소비자가 어떤 브랜드를 정말 좋아하고 신뢰해서 다른 브랜드로 잘 바꾸지 않고 꾸준히 그 브랜드의 제품이나 서비스를 이용하는 상태를 의미하는 것이다. 예를 들어, 어떤 사람이 스마트폰을 구매할 때 매번 애플의 아이폰만을 고집하거나, 커피를 마실 때 항상 스타벅스만 찾는다면 그 소비자는 해당 브랜드에 대한 로열티가 매우 높다고 할 수 있다.

로열티가 높은 소비자는 단지 한 번의 만족에 그치지 않고 지속적으로 브랜드를 지지하고 반복해서 구매하기 때문에, 기업 입장에서는 장기적으로 매출과 수익을 안정적으로 유지하는 데 큰 도움이 된다. 따라서 기업들은 고객의 로열티를 높이기 위해 제품의 품질뿐 아니라 서비스의 질, 고객 관리, 멤버십 프로그램 등 다양한 방법을 통해 고객과의 긍정적이고 장기적인 관계를 유지하려 노력한다.

09. [프롬프트] 로열티의 유형에 대해 자세히 설명해줘.

로열티는 크게 두 가지 유형으로 나눠볼 수 있다.

먼저, 행동적 로열티는 소비자가 어떤 브랜드나 제품을 반복해서 실제로 구매하는 행동을 의미한다. 즉, 특정 브랜드를 꾸준히 선택하고 반복적으로 구매하는 습관이나 행동을 말하는 것이다. 예를 들어 매일 아침 출근할 때마다 항상 특정 카페에서만 커피를 마시거나, 자동차를 살 때마다 같은 브랜드만을 선택하는 사람이 여기에 해당한다. 이런 행동적 로열티는 기업의 매출을 직접적으로 높이는 데 중요한 역할을 한다.

다음으로, 태도적 로열티는 소비자가 브랜드에 대해 가지는 감정적인 애착이나 심리적 신뢰를 뜻한다. 실제 구매 행동을 넘어서 브랜드를 매우 좋아하고, 신뢰하며, 다른 사람에게 자발적으로 추천하고 싶어하는 마음이나 태도를 말한다. 예컨대 특정 브랜드의 제품이 나오면 항상 관심을 갖고 주변 사람들에게 추천하거나, 그 브랜드에 대한 좋은 이야기를 적극적으로 하는 소비자가 여기에 해당한다.

최근 기업들이 가장 중요하게 생각하는 것은 이 두 가지가 함께 나타나는, 즉 구매 행동과 긍정적인 태도를 동시에 가진 소비자를 만드는 것이다. 이렇게 행동적 로열티와 태도적 로열티가 모두 높은 소비자는 장기적으로 꾸준히 구매를 해줄 뿐만 아니라, 주변 사람들에게 좋은 이미지를 전파하여 기업에 큰 이익을 가져다 준다.

결국 기업은 소비자의 행동적 로열티뿐 아니라 태도적 로열티까지 함께 높이는 방향으로 마케팅 활동을 펼칠 때, 소비자와의 장기적이고 지속적인 관계를 성공적으로 유지할 수 있다.

▶ 태도적 로열티와 행동적 로열티에 따른 로열티 유형

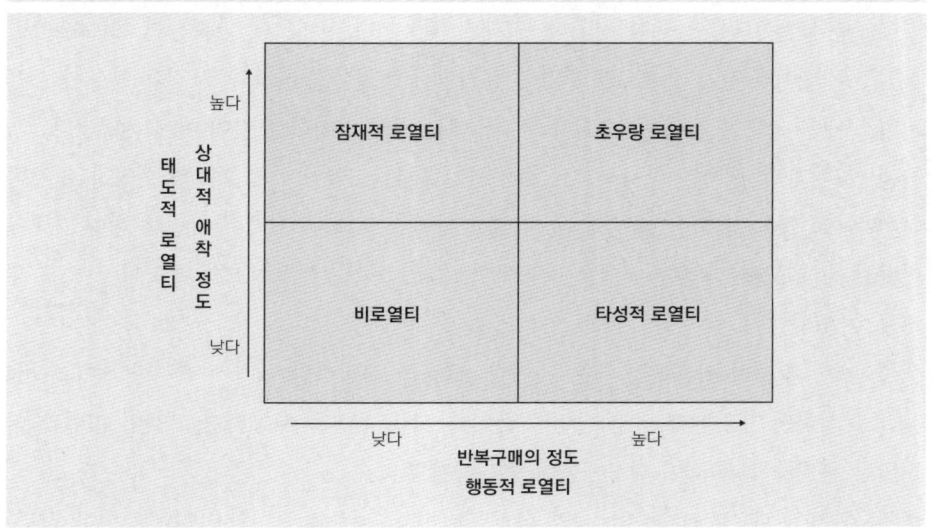

10. [프롬프트] 고객생애가치(Customer Lifetime Value)가 무엇인지 알려줘.

고객생애가치(CLV)는 기업이 한 고객과의 관계를 유지하는 동안 그 고객으로부터 얻을 수 있는 총 수익을 의미한다. 쉽게 말해서, 한 명의 고객이 처음 제품이나 서비스를 구매한 후 기업과의 관계가 유지되는 동안 얼마나 많은 돈을 써줄 수 있는지를 계산한 것이다. 예컨대 어떤 사람이 특정 커피숍에서 처음으로 커피를 마신 뒤, 그 후로도 계속 꾸준히 방문하면서 평생 동안 그 커피숍에 지출하는 전체 금액이 바로 고객생애가치이다.

고객생애가치는 기업 입장에서 매우 중요한 개념인데, 기업이 고객생애가치가 높은 고객을 확보하면 그만큼 장기적으로 안정적인 매출과 이익을 얻을 수 있기 때문이다. 따라서 기업들은 고객을 단지 한 번의 거래 대상으로만 생각하는 것이 아니라, 장기적으로 꾸준히 관계를 유지하면서 높은 고객생애가치를 창출하기 위한 전략을 세우고 실행하게 된다.

11. [프롬프트] CLV를 높이는 방법들을 알려줘.

첫째, 고객 만족도를 높이는 것이다. 고객이 제품이나 서비스에 만족하면 계속해서 반복적으로 구매하고 기업과 오랜 관계를 유지할 가능성이 높아진다. 품질을 향상시키고, 서비스 대응 속도를 높이며, 소비자의 피드백을 적극 반영하는 것이 이에 해당한다.

둘째, 고객과의 관계를 장기적으로 유지하기 위한 로열티 프로그램을 운영하는 것이다. 포인트 적립, 멤버십 할인 혜택, 특별한 이벤트 초대 등 고객이 기업과 계속 거래를 이어갈 수 있도록 다양한 혜택을 제공하면 고객 충성도를 높이고 지속적인 소비를 유도할 수 있다.

셋째, 개인 맞춤형 마케팅을 하는 것이다. 고객의 개별적인 구매 이력이나 취향, 관심사를 분석하여 개인에게 맞춘 할인 쿠폰이나 제품 추천을 제공하면 고객이 기업과 더 긴밀한 관계를 맺게 되어 재구매율이 증가하게 된다.

넷째, 교차 판매(Cross-selling)와 상향 판매(Up-selling)를 활용하는 것이다. 교차 판매는 고객이 한 가지 제품을 구입할 때 관련된 다른 제품도 함께 추천하는 것이고, 상향 판매는 고객이 원래 선택한 제품보다 더 고급 제품이나 업그레이드된 제품을 추천하여 구매를 유도하는 방식이다.

마지막으로, 고객과 지속적인 커뮤니케이션을 유지하는 것이다. 이메일, 문자, SNS 등을 통해 고객에게 유용한 정보를 제공하거나 지속적으로 소통하면 고객은 기업을 더 신뢰하고 애착을 느껴 장기적인 관계를 유지하게 된다.

이러한 방법들을 활용하면 기업은 고객생애가치를 높이고, 고객과의 장기적이고 안정적인 관계를 구축할 수 있게 된다.

4. STP 전략

12. [프롬프트] STP 전략이 무엇인지 설명해줘.

STP 전략이란 시장에서 효과적으로 경쟁하기 위해 소비자들을 나누고, 그중에서 집중할 소비자 그룹을 선택한 다음, 그들에게 매력적인 이미지를 전달하는 마케팅 전략을 말한다. STP는 시장세분화(Segmentation), 표적시장 선정(Targeting), 포지셔닝(Positioning)의 세 단어 앞 글자를 딴 것이다.

첫째, 시장세분화(Segmentation)는 전체 소비자를 나이, 성별, 소득, 취향 등 비슷한 특성을 가진 작은 그룹으로 나누는 단계이다. 모든 소비자가 같은 제품을 좋아하는 것이 아니기 때문에, 기업은 소비자를 여러 그룹으로 나누어 각각의 그룹이 원하는 바를 정확하게 파악한다.

둘째, 표적시장 선정(Targeting)은 앞에서 세분화한 여러 소비자 그룹 중에서 기업이 특별히 공략할 특정 그룹을 선택하는 과정이다. 기업은 자신이 가진 강점이나 자원, 경쟁 상황 등을 고려해서 가장 적합한 소비자 그룹을 목표로 삼게 된다.

셋째, 포지셔닝(Positioning)은 선택한 소비자 그룹의 마음속에 제품이나 브랜드의 이미지를 명확하게 심는 활동이다. 예컨대, 고급스럽고 프리미엄 이미지를 줄 것인지, 저렴하고 실용적인 이미지를 줄 것인지, 다른 경쟁사와는 어떻게 다르게 보일지 등을 정해 소비자에게 효과적으로 전달한다.

결국 STP 전략은 시장 전체가 아니라 기업이 가장 잘 공략할 수 있는 소비자 그룹을 선택하고, 그들의 마음을 정확히 파고드는 메시지를 전달하여 효과적으로 경쟁력을 높이는 전략이다.

13. [프롬프트] 시장세분화를 자세히 설명해줘.

시장세분화란 시장에 존재하는 소비자들이 서로 각기 다른 특성과 욕구를 가지고 있다는 점에서 출발해, 소비자 전체를 비슷한 성격이나 특성을 가진 작은 그룹으로 나누는 것을 말한다.

좀 더 쉽게 이야기하면, 기업이 모든 소비자에게 똑같은 제품이나 서비스를 제공하면 효과적으로 경쟁하기 어렵기 때문에, 소비자를 나이, 성별, 소득, 취미, 라이프스타일 등 공통적인 특징을 가진 그룹으로 쪼개고, 각 그룹의 특성에 맞게 마케팅을 펼치기 위한 방법이다.

시장세분화의 기준으로는 크게 네 가지가 있다.

첫째, 인구통계적 기준이다. 이는 소비자의 나이, 성별, 소득 수준, 직업, 교육 수준 등과 같은 객관적인 특징으로 시장을 나누는 방법이다. 예를 들어 화장품 시장에서 청소년, 중년 여성, 노년층 등으로 나누어 제품을 다르게 만드는 것이 대표적인 사례다.

둘째, 지리적 기준이다. 소비자들이 거주하는 지역이나 기후, 국가, 도시의 규모 등에 따라 시장을 나누는 방식이다. 추운 지역과 더운 지역에서 판매되는 옷이나 식품이 다른 것이 좋은 예시이다.

셋째, 심리적 기준이다. 소비자의 성격, 가치관, 관심사, 라이프스타일과 같은 심리적이고 내적인 특징에 따라 나누는 것이다. 예를 들어, 환경 보호에 관심이 많은 소비자와 가격에 민감한 소비자로 나누어 접근하는 것이 여기에 해당한다.

넷째, 행동적 기준이다. 소비자의 구매 행동, 사용 빈도, 브랜드 충성도 등에 따라 나누는 방법이다. 예컨대 어떤 소비자는 자주 구매하는 단골 고객이지만, 다른 소비자는 가끔씩만 이용하는 경우, 기업이 이들 각각에게 다른 방식으로 마케팅 활동을 펼치는 방식이다.

시장세분화를 통해 기업은 소비자의 특성과 욕구를 보다 정확하게 이해할 수 있고, 이를 통해 각 그룹에 맞춘 효과적이고 구체적인 마케팅 전략을 세울 수 있게 된다.

14. [프롬프트] 표적시장 선정에 대해 자세히 설명해줘.

표적시장 선정(Targeting)이란 시장세분화를 통해 나눈 여러 소비자 그룹 가운데 기업이 가장 효과적으로 공략할 수 있는 특정 그룹을 선택하고 집중적으로 마케팅을 펼치는 것을 말한다.

기업이 가진 자원이나 능력은 무한하지 않기 때문에, 모든 소비자를 대상으로 제품이나 서비스를 제공하는 것은 현실적으로 어렵다. 따라서 기업은 시장을 여러 개의 작은 그룹으로 나눈 다음, 자신이 가진 자원과 강점, 경쟁 상황 등을 고려하여 가장 매력적이고 성공 가능성이 높은 소비자 그룹을 골라 집중적으로 공략하게 된다.

표적시장을 선정할 때 주로 고려하는 요인은 다음과 같다.

첫째, 시장 규모와 성장 가능성이다. 기업은 선택할 소비자 그룹이 충분히 크고 앞으로도 계속 성장할 가능성이 있는지를 판단한다. 시장 규모가 너무 작으면 이익을 내기 어렵고, 성장 가능성이 없다면 장기적으로 성공하기 어렵기 때문이다.

둘째, 경쟁 상황이다. 아무리 매력적인 시장이라 하더라도 이미 경쟁이 너무 치열하면 진입이 어렵다. 따라서 기업은 경쟁이 덜 치열하거나, 자신이 경쟁력을 발휘할 수 있는 시장을 선택하게 된다.

셋째, 기업의 목표와 자원이다. 기업이 가진 기술, 인력, 자본력과 같은 자원을 바탕으로 성공적으로 공략할 수 있는 소비자 그룹을 선택하는 것이 중요하다. 아무리 매력적인 시장이라 하더라도 기업이 감당할 수 없는 시장이라면 결국 성공하기 어렵기 때문이다.

이러한 과정을 통해 선택된 소비자 그룹이 바로 표적시장(Target Market)이 된다. 기업은 이렇게 선택한 표적시장에 집중적으로 자원과 마케팅 노력을 투입하여, 해당 소비자들의 욕구를 효과적으로 충족시키고 시장 내에서 강력한 경쟁 우위를 확보할 수 있게 된다.

15. [프롬프트] 포지셔닝에 대해 자세히 알려줘.

포지셔닝이란 기업이 소비자의 마음속에 자사의 브랜드나 제품을 특별하고 매력적인 이미지로 자리 잡도록 만드는 마케팅 활동을 말한다. 쉽게 말하면, 소비자가 수많은 브랜드나 제품 중에서 특정 제품을 떠올렸을 때, 어떤 이미지나 특징을 가장 먼저 연상하도록 만드는 것이다. 포지셔닝을 효과적으로 하기 위해서는 몇 가지를 명확히 정해야 한다.

첫째, 경쟁사와의 차별화이다. 시장에서 이미 경쟁하고 있는 다른 브랜드와 어떻게 다르고 어떤 특별한 가치를 제공하는지 명확히 제시해야 한다. 예를 들어, 저렴한 가격, 뛰어난 품질, 빠른 배송, 프리미엄 이미지 등 경쟁사보다 특별한 점을 강조하여 소비자에게 전달한다.

둘째, 소비자에게 전달하고 싶은 핵심 가치이다. 소비자에게 기억될 가장 중요한 특징이나 장점을 분명히 정하고 이를 지속적으로 강조하는 것이 필요하다. 예컨대 나이키는 "운동선수 같은 역동적인 이미지", 애플은 "혁신적이고 세련된 이미지"를 소비자에게 전달하고 있다.

셋째, 명확하고 일관된 메시지이다. 포지셔닝은 소비자에게 오랜 시간 꾸준히 전달되어야 하기 때문에 일관된 메시지와 이미지가 중요하다. 기업이 매번 다른 메시지를 전달하면 소비자들은 브랜드에 대한 명확한 이미지를 갖지 못하게 된다.

결국 포지셔닝은 소비자의 머릿속에 기업이나 브랜드가 원하는 이미지를 명확히 각인시켜, 소비자들이 제품을 떠올렸을 때 가장 먼저 생각나는 브랜드로 만드는 전략적 활동이라 할 수 있다. 기업은 효과적인 포지셔닝을 통해 경쟁사와 차별화하고, 소비자의 충성도를 높이며, 장기적으로 시장에서 강력한 위치를 차지하게 된다.

심화학습 [프롬프트]

01. [프롬프트] 생산 콘셉트와 마케팅 콘셉트는 소비자 접근 방식에서 어떤 차이를 보이는지, 각각의 장점과 한계를 비교하고 실제 적용 기업의 사례를 들어 설명해줘.

02. [프롬프트] 사회적 마케팅 콘셉트를 잘 활용한 기업 사례를 조사해 설명하고, 이 콘셉트가 기업의 브랜드 이미지나 매출에 어떤 영향을 주었는지 분석해줘.

03. [프롬프트] '무인 주문 시스템이 도입된 카페'를 예시로 들어 니즈, 원츠, 수요의 개념을 구체적으로 구분하고, 그 세 가지가 어떻게 연결되는지 설명해줘.

04. [프롬프트] 고관여 제품과 저관여 제품에 대해 각각 마케팅 전략을 어떻게 다르게 수립해야 하는지 비교 설명해줘. 예시는 자동차와 생수로 들어줘.

05. [프롬프트] 소비자의 구매 결정 과정을 5단계로 나누고, 각 단계에서 기업이 활용할 수 있는 마케팅 전략을 실제 브랜드 사례를 들어 설명해줘.

06. [프롬프트] 로열티가 높은 브랜드의 고객은 어떤 심리적·행동적 특성을 보이는지 설명하고, 이를 기반으로 브랜드 로열티를 높이기 위한 구체적인 전략을 제안해줘.

07. [프롬프트] 고객생애가치(CLV)가 높은 고객군을 식별하는 방법과, 이들을 중심으로 한 장기적 고객관리 전략을 제시해줘. 예시는 구독형 서비스 기반 기업으로 해줘.

08. [프롬프트] 스타벅스 또는 나이키를 예시로 삼아, 해당 브랜드가 어떻게 시장을 세분화(S), 표적시장 선정(T), 포지셔닝(P)했는지 구체적으로 분석해줘.

09. [프롬프트] 소비자의 행동 기준(구매 빈도, 브랜드 충성도 등)에 따른 시장 세분화 전략을 실제 마케팅 사례와 함께 설명해줘. 예시는 온라인 쇼핑몰로 해줘.

10. [프롬프트] 포지셔닝에 실패한 브랜드 사례를 하나 소개하고, 어떤 점에서 실패했는지를 분석한 뒤, 이를 극복할 수 있는 재포지셔닝 전략을 제안해줘.

예제

1. 다음 중 마케팅의 정의로 가장 적절한 것은?

① 제품의 가격을 결정하고 생산량을 조절하는 과정
② 소비자의 요구를 무시하고 기업 중심으로 판매하는 과정
③ 소비자의 필요와 욕구를 파악하여 그에 맞는 제품을 제공하고 알리는 일련의 활동
④ 유통업체와의 계약을 통해 재고를 관리하는 일

【해설】
마케팅은 소비자의 니즈를 파악하고 그에 맞는 제품과 가치를 창출·전달하는 전반적 활동이다.

정답 | ③

2. 다음 중 소비자의 결핍 상태로서 본능적이고 보편적인 욕구를 의미하는 개념은?

① 수요(Demands) ② 니즈(Needs)
③ 원츠(Wants) ④ 브랜드 충성도

【해설】
니즈는 생리적·심리적으로 인간이 기본적으로 느끼는 결핍 상태로, 모든 마케팅의 출발점이다.

정답 | ②

3. 마케팅 관리 콘셉트 중 "소비자의 요구를 우선 파악하고 이를 충족시키는 것이 핵심이다"라는 생각에 해당하는 것은?

① 생산 콘셉트 ② 제품 콘셉트
③ 마케팅 콘셉트 ④ 판매 콘셉트

【해설】
마케팅 콘셉트는 소비자 중심 철학으로, 기업의 모든 활동은 소비자 욕구 파악과 충족에 초점을 맞춘다.

정답 | ③

4. 다음 중 구매 결정에 영향을 미치는 요인으로 볼 수 없는 것은?

① 문화적 요인　　　　　　　　② 사회적 요인
③ 기후 변화 요인　　　　　　　④ 심리적 요인

> 【해설】
> 기후는 지리적 세분화 기준에는 포함될 수 있지만, 직접적인 구매 결정 영향 요인으로는 보기 어렵다.
> 정답 | ③

5. STP 전략의 세 단계에 해당하지 않는 것은?

① Segmentation　　　　　　　② Testing
③ Targeting　　　　　　　　　④ Positioning

> 【해설】
> STP는 Segmentation, Targeting, Positioning으로 구성되며, Testing은 포함되지 않는다.
> 정답 | ②

6. 다음 중 시장세분화 기준에 해당하는 항목으로 가장 적절한 것은?

① 판매 채널별 배송 시간
② 제품 가격 정책
③ 소비자의 연령, 성별, 소득 등 인구통계적 특성
④ 브랜드 충성도에 따른 광고 문구

> 【해설】
> 연령, 성별, 소득 등은 인구통계적 기준으로 대표적인 시장세분화 요소이다.
> 정답 | ③

7. 포지셔닝 전략에서 가장 중요한 요소는 무엇인가?

① 고정된 유통 구조
② 가격 경쟁을 피하는 마케팅 기법
③ 소비자의 마음속에 차별화된 이미지를 구축하는 것
④ 제품의 외형 디자인을 전적으로 변경하는 것

【해설】
포지셔닝의 핵심은 소비자의 인식 속에 차별화된 가치를 심는 것이다.

정답 | ③

8. 고객생애가치(CLV)를 높이기 위한 전략으로 적절하지 않은 것은?

① 고객 만족도 향상
② 반복구매 유도
③ 가격 인상만을 통한 단기 수익 확대
④ 맞춤형 마케팅 실행

【해설】
CLV는 장기적 수익 확보가 목적이므로 단기적 가격 인상만으로는 오히려 관계를 악화시킬 수 있다.

정답 | ③

9. 마케터가 생성형 AI를 활용하여 고객 피드백과 리뷰를 분석하고, 고객이 가장 많이 언급한 '불편한 점'을 파악해 개선 전략을 수립하고자 한다. 이 활동은 마케팅 과정 중 어느 단계에 가장 밀접하게 해당하는가?

① 제품 생산
② 니즈 파악
③ 유통 채널 확보
④ 광고 캠페인 실행

【해설】
생성형 AI는 소비자의 리뷰 등에서 반복적으로 나타나는 문제나 욕구를 분석해 니즈(Needs)를 파악하는 데 효과적으로 활용될 수 있다.

정답 | ②

10. 기업이 생성형 AI를 활용해 고객을 나이, 구매 패턴, 리뷰 성향 등으로 자동 분류하고, 맞춤형 콘텐츠를 제공했다. 이 활동은 마케팅 전략 중 어떤 과정에 해당하는가?

① 시장세분화(Segmentation) ② 표적시장 선정(Targeting)
③ 브랜드 자산 관리 ④ 포지셔닝 전략

【해설】
AI가 데이터를 기반으로 고객을 분류하는 행위는 시장세분화의 핵심 활동이다.

정답 | ①

11. 생성형 AI가 특정 타깃 소비자의 언어 스타일을 분석해, 타깃층의 말투로 이메일 마케팅 문구를 작성했다. 이 전략은 STP 전략 중 어디에 가장 가깝게 해당하는가?

① Segmentation ② Positioning
③ Demand Management ④ Channel Design

【해설】
소비자의 인식 속에 브랜드 이미지를 각인시키는 활동은 포지셔닝(Positioning)에 해당하며, AI는 문장 톤이나 스타일 생성에 유용하다.

정답 | ②

12. 한 음료 브랜드가 생성형 AI를 활용하여 SNS 데이터를 분석하고 "20대 여성은 탄산보다 과일 맛 음료에 긍정적"이라는 인사이트를 도출했다. 이때 AI는 무엇을 도운 것인가?

① 제품 콘셉트 수립 ② 마케팅 콘셉트 결정
③ 소비자 행동 예측 ④ 표적시장 탐색

【해설】
AI가 타깃 고객군의 선호도 데이터를 분석하여 특정 표적시장을 탐색·선정하는 데 활용된 예이다.

정답 | ④

13. 생성형 AI를 이용해 다양한 고객 그룹에게 맞춤형 제품 설명을 자동 생성하는 기능은 마케팅 전략 중 무엇에 활용될 수 있는가?

① 유통 전략
② 고관여도 제품 설계
③ 고객 맞춤 포지셔닝
④ 저관여 제품 가격 전략

【해설】
AI가 각 고객군에 맞는 문구를 생성하여 맞춤형 인식을 유도하는 포지셔닝 전략에 기여한다.

정답 | ③

14. 기업이 AI를 통해 고객별 평생 구매 이력을 분석하고, 각 고객의 고객생애가치(CLV)를 산출했다. 이 데이터를 가장 효과적으로 활용할 수 있는 마케팅 전략은?

① 잠재 고객 식별 전략
② VIP 고객 대상 집중 마케팅 전략
③ 경쟁사 벤치마킹 전략
④ 문화적 요인 분석

【해설】
CLV는 고객 가치를 수치화한 자료로, 우수 고객 중심의 마케팅 전략 설계에 효과적이다.

정답 | ②

15. 생성형 AI가 고객 후기와 별점 데이터를 분석해 '자주 재구매하며 긍정적 평가를 반복적으로 남긴 고객'을 선별했다. 이 고객은 어떤 로열티 유형에 해당하는가?

① 감성적 로열티
② 행동적 로열티
③ 비인지 로열티
④ 조건부 충성

【해설】
반복적 구매 및 긍정적 행동은 행동적 로열티의 핵심 특성이며, AI는 이를 텍스트 분석으로 추출할 수 있다.

정답 | ②

16. AI를 통해 구매자의 검색 기록, 이전 구매 패턴, 관심 브랜드 등을 종합 분석한 후 구매 직전에 자동으로 쿠폰을 발행하는 시스템은 어떤 마케팅 개념과 가장 밀접한가?

① Needs 탐색
② Wants 형성
③ Demand 전환
④ 경쟁 우위 분석

【해설】
Wants(원츠)가 실제 수요(Demands)로 이어지도록 유도하는 것이며, AI는 구매 타이밍을 분석하여 수요 창출을 지원할 수 있다.

정답 | ③

17. AI가 고객 설문과 구매 로그 데이터를 분석한 결과 '중장년 남성은 심플한 디자인과 신뢰성 강조 광고에 긍정 반응'이라는 결과를 도출했다. 이 결과는 무엇에 활용될 수 있는가?

① 시장 철수 전략
② 세분화 마케팅 메시지 설계
③ 고관여도 제품 가격 전략
④ 다각화 전략

【해설】
고객 특성에 따라 맞춤형 광고 메시지를 개발하는 것은 세분화된 마케팅 전략에 해당하며, AI는 데이터 분석을 통한 정교한 타깃팅에 기여한다.

정답 | ②

18. 다음 중 생성형 AI를 활용한 마케팅 전략의 장점으로 가장 적절한 것은?

① 제품 생산 원가를 자동 산정할 수 있다.
② 소비자의 내면 심리를 AI가 완벽히 판단할 수 있다.
③ 대량의 고객 데이터를 분석하여 개인화된 메시지를 자동 생성할 수 있다.
④ 제품 기능에 오류가 발생했을 때 자동 수리 서비스를 제공할 수 있다.

【해설】
생성형 AI는 고객 데이터를 기반으로 개인화된 콘텐츠나 메시지 자동 생성에 매우 효과적으로 활용된다.

정답 | ③

[19~22] 아래 설명을 바탕으로 다음 물음에 답하시오.

> "C사, 고객 로열티 강화를 위한 전략 발표"
>
> 소비자의 특정 브랜드에 대한 충성도, 즉 로열티(Loyalty)는 장기적인 매출 안정성과 직결된다. 로열티가 높은 소비자는 한 번의 만족에 그치지 않고 지속적으로 브랜드를 지지하며 반복 구매를 이어간다. 예를 들어, 어떤 고객이 매번 스마트폰을 살 때마다 같은 브랜드를 고집하거나, 매일 커피를 마실 때 특정 카페만 찾는다면 이는 높은 로열티를 보여주는 사례다. 로열티에는 크게 두 가지 유형이 있다. 행동적 로열티는 소비자가 특정 브랜드를 반복적으로 실제 구매하는 행동을 의미하며, 매출 증대에 직접적인 영향을 미친다. 반면 태도적 로열티는 브랜드에 대한 심리적 애착이나 신뢰를 뜻하며, 구매 행동을 넘어서 자발적인 추천이나 긍정적 구전을 유도한다. 기업은 이 두 가지 로열티를 모두 높이기 위해 품질 개선, 서비스 향상, 멤버십 프로그램 운영 등 다양한 전략을 병행한다.

19. 다음 중 행동적 로열티에 해당하는 사례로 가장 적절한 것은?

① 특정 브랜드를 좋아해 SNS에 자주 언급한다.
② 매일 아침 같은 카페에서 커피를 마신다.
③ 신제품이 나오면 친구에게 추천한다.
④ 브랜드의 가치관에 깊이 공감한다.

【해설】
행동적 로열티는 말 그대로 소비자가 특정 브랜드를 반복적으로 실제 구매하는 행동을 뜻한다. 매일 같은 카페에서 커피를 마시는 사례는 구체적인 반복 구매 행동이므로 행동적 로열티에 해당한다. ①, ③, ④는 브랜드에 대한 감정적·심리적 측면이 강하므로 태도적 로열티 사례에 해당한다.

정답 | ②

20. 태도적 로열티의 특징으로 옳지 않은 것은?

① 브랜드에 대한 심리적 신뢰와 애착이 크다.
② 다른 사람에게 브랜드를 자발적으로 추천한다.
③ 반복 구매라는 행동으로만 측정된다.
④ 긍정적인 구전 활동을 한다.

【해설】
태도적 로열티는 심리적 애착, 신뢰, 긍정적 구전, 자발적 추천 등이 특징이다. 반복 구매로만 측정된다는 설명 행동적 로열티의 정의이므로 옳지 않다.

정답 | ③

21. 기사 속 내용에서 행동적 로열티와 태도적 로열티를 함께 높이기 위해 기업이 사용하는 전략으로 적절한 것은?

① 품질 개선, 서비스 향상, 멤버십 프로그램 운영
② 가격 할인 행사만 반복 실시
③ 광고 노출 빈도만 높이기
④ 소비자 불만 접수를 최소화하기 위해 응대 중단

【해설】
행동적·태도적 로열티를 모두 높이려면 제품 품질과 서비스 질을 개선하고, 멤버십 프로그램처럼 장기적 관계를 강화하는 전략이 필요하다. 이는 구매 행동(행동적 로열티)과 심리적 애착(태도적 로열티)을 동시에 자극한다. 가격 할인만 반복하거나, 광고 노출만 늘리거나, 불만 접수를 중단하는 방식은 장기 충성도 형성에 부정적 영향을 준다.

정답 | ①

22. 로열티 분석 과정에서 AI를 활용하는 방법으로 가장 부적절한 것은?

① AI로 구매 데이터 패턴을 분석해 충성 고객군을 식별한다.
② AI를 이용해 고객 후기의 감성 분석을 수행한다.
③ AI가 생성한 가상의 만족도 점수를 검증 없이 경영 보고서에 반영한다.
④ AI로 경쟁사의 로열티 프로그램을 분석해 차별화 전략을 도출한다.

【해설】
AI는 대량의 고객 데이터를 분석해 충성 고객을 식별하거나, 후기 텍스트의 감성 분석을 수행하며, 경쟁사의 프로그램을 비교·분석하는 데 유용하다. 그러나 AI가 생성한 가상의 만족도 점수를 검증 없이 공식 보고서에 반영하면 데이터 신뢰성과 경영 판단의 정확성에 심각한 문제가 발생한다. 따라서 ③은 부적절한 활용 사례이다.

정답 | ③

[23~26] 아래 사례를 바탕으로 다음 물음에 답하시오.

> 마케팅팀 신입 사원인 민수는 팀장으로부터 "우리 카페의 단골 고객들이 장기적으로 얼마나 가치를 만들어내는지 조사하라"는 과제를 받았다. 팀장은 ChatGPT 같은 생성형 AI를 활용해 고객생애가치(CLV) 개념을 먼저 이해하고, 이를 높이는 전략까지 함께 제안하라고 지시했다.
>
> 민수는 AI에 다음과 같이 물어봤다.
>
> "고객생애가치(CLV)가 무엇인지, 그리고 CLV를 높이는 방법을 구체적으로 알려줘."
>
> AI는 CLV를 '한 고객이 기업과 관계를 유지하는 동안 발생시키는 총 수익'으로 정의하고, 예시로 특정 커피숍에서 평생 동안 지출하는 금액을 들었다. 또, CLV를 높이는 방법으로 고객 만족도 향상, 로열티 프로그램 운영, 개인 맞춤형 마케팅, 교차 판매·상향 판매, 지속적 커뮤니케이션 유지 등을 제시했다.
>
> 민수는 이 내용을 토대로 보고서에 CLV의 정의, 중요성, 구체적 향상 전략, 그리고 카페 운영에 적용할 수 있는 실행 계획을 정리했다.

23. 고객생애가치(CLV)에 대한 설명으로 옳은 것은?

① 고객이 한 번 구매한 금액을 의미한다.
② 고객이 평생 동안 기업과 거래하며 발생시키는 총 수익이다.
③ 고객이 특정 시점에 가진 자산 규모를 뜻한다.
④ 고객 충성도의 심리적 측면을 측정한 지표이다.

【해설】
고객생애가치(CLV, Customer Lifetime Value)는 한 고객이 기업과 거래를 시작한 시점부터 관계가 끝날 때까지 기업에 기여하는 총 누적 수익을 의미한다. 단순히 한 번의 거래에서 발생한 매출이 아니라, 장기간에 걸쳐 반복 구매·추가 구매 등을 포함한 모든 거래 가치의 합이다. 이 개념은 고객 유지 전략과 직접 연결되며, CLV가 높을수록 장기적인 매출 안정성과 이익 극대화 가능성이 커진다. 따라서 '고객이 평생 동안 기업과 거래하며 발생시키는 총 수익'이 가장 정확한 정의다. 반면, ①은 단일 거래 금액에 불과하고, ③은 고객이 보유한 개인 자산 규모로 CLV와 무관하며, ④는 브랜드 충성도의 심리적 측정에 해당하므로 모두 오답이다.

정답 | ②

24. 다음 중 CLV를 높이는 방법으로 옳지 않은 것은?

① 고객 만족도 향상
② 포인트 적립 및 멤버십 할인
③ 고객 구매 이력 기반의 개인 맞춤형 추천
④ 불필요한 마케팅 비용 절감을 위해 고객 접촉 최소화

【해설】
CLV를 높이기 위해서는 고객과의 관계를 강화하고 반복 구매를 유도하는 다양한 마케팅 전략이 필요하다. 예를 들어, 제품 품질 개선과 신속한 서비스 대응을 통해 고객 만족도를 높이는 것, 포인트 적립·멤버십 할인·이벤트 제공 등 로열티 프로그램 운영, 고객의 구매 이력과 선호도를 분석한 개인 맞춤형 마케팅 등이 대표적이다. 이러한 방법들은 모두 고객이 기업과의 거래를 장기적으로 유지하게 만들어 CLV를 증가시킨다. 반면, '고객 접촉을 최소화'하는 접근은 관계 형성 기회를 줄여 충성도 하락과 이탈 가능성을 높이므로 CLV를 낮출 우려가 크다.

정답 | ④

25. 교차 판매(Cross-selling)의 사례로 가장 적절한 것은?

① 커피를 주문한 고객에게 케이크를 추천한다.
② 고객이 주문한 커피를 라지 사이즈로 권유한다.
③ 시즌 한정 커피 메뉴를 홍보한다.
④ 기존 고객에게 감사 메시지를 보낸다.

【해설】
교차 판매(Cross-selling)는 고객이 이미 구매하려는 제품과 관련 있는 다른 제품을 추가로 제안하여 구매를 확대하는 전략이다. 예를 들어, 커피를 주문한 고객에게 케이크를 권하는 경우가 이에 해당한다. 이는 고객의 1회 구매 금액을 높이고, 제품군 간 시너지 효과를 창출하는 방법이다. 반면, 고객이 주문한 제품의 상위 버전이나 더 비싼 옵션을 권유하는 것은 상향 판매(Up-selling)에 해당한다. 시즌 한정 메뉴 홍보와 감사 메시지 발송은 고객과의 관계 유지나 브랜드 인지도 제고에는 도움이 되지만, '동시에 관련 제품을 함께 판매'하는 교차 판매와는 개념적으로 다르다.

정답 | ①

26. 민수가 AI의 CLV 관련 응답을 검증하는 가장 적절한 방법은?

① AI 응답을 그대로 마케팅 전략에 반영한다.
② 관련 마케팅 교재, 업계 보고서, 실제 매출 데이터와 비교 검토한다.
③ 같은 질문을 여러 번 반복한다.
④ 다른 부서 직원에게 구두로 물어본다.

【해설】
AI가 제공한 CLV 관련 응답은 학습과 아이디어 도출에 유용하지만, 그 정확성과 시의성을 보장하기 위해서는 반드시 공신력 있는 자료와의 비교·검증 과정이 필요하다. 마케팅 교재, 학술 논문, 업계 보고서, 기업 내부 매출 데이터, 통계 기관 자료 등은 신뢰도가 높은 검증 수단이다. 이를 통해 AI 응답의 핵심 내용이 이론과 실제 데이터 모두에서 타당한지 확인할 수 있다. 단순히 동일한 질문을 여러 번 반복하거나, 사내 구두 문의, 무검증 복사·붙여넣기는 정보의 신뢰성을 확보하기 어렵다.

정답 | ②

[27~29] 아래 사례를 바탕으로 다음 물음에 답하시오.

마케팅을 전공하는 2학년 유진은 '브랜드 포지셔닝 전략' 과제를 위해 ChatGPT에 질문했다.

"포지셔닝이 무엇인지, 그리고 효과적으로 하기 위해 필요한 요소는 무엇인가요?"
AI는 다음과 같이 설명했다.

- 포지셔닝은 소비자의 마음속에 브랜드나 제품이 특별한 이미지로 자리 잡도록 만드는 활동이다.
- 효과적인 포지셔닝을 위해서는 경쟁사와의 차별화, 소비자에게 전달할 핵심 가치, 그리고 일관된 메시지가 필요하다.
- 포지셔닝의 핵심은 소비자가 브랜드를 떠올렸을 때 '저렴한 가격'과 '다양한 품질'을 동시에 제공하는 이미지를 주는 것이다.
- 나이키는 운동선수 같은 역동적 이미지, 애플은 혁신적이고 세련된 이미지를 대표 포지셔닝으로 유지하고 있다.

유진은 내용을 읽고, 일부 설명이 실제 마케팅 개념과 어긋난다는 점을 발견했다.

27. 위 사례에서 AI가 제공한 설명 중 올바르지 않은 것은?

① 포지셔닝은 소비자의 마음속에 브랜드를 각인시키는 활동이다.
② 효과적 포지셔닝에는 차별화·핵심 가치·일관성 요소가 필요하다.
③ 포지셔닝은 저렴한 가격과 다양한 품질을 동시에 제공하는 이미지를 주는 것이 핵심이다.
④ 나이키와 애플은 각각 고유한 브랜드 이미지를 구축해왔다.

【해설】
포지셔닝은 특정 가격정책이나 품질 다양성 제공 그 자체가 핵심이 아니다. 핵심은 소비자 머릿속에 원하는 이미지를 명확히 심는 것이며, 그 이미지가 '저렴한 가격과 다양한 품질의 동시 제공'일 수도 있지만, 모든 브랜드에 해당하는 보편적인 핵심은 아니다. 따라서 '포지셔닝의 핵심은 저렴한 가격과 다양한 품질 제공'이라는 설명은 틀렸다.

정답 | ③

28. 다음 중 포지셔닝의 핵심 요소에 해당하지 않는 것은?

① 경쟁사와의 차별화
② 소비자에게 전달할 핵심 가치
③ 명확하고 일관된 메시지
④ 제품 가격 할인율의 주기적 변경

【해설】
포지셔닝의 핵심 요소는 경쟁사와의 차별화, 소비자에게 전달할 핵심 가치, 명확하고 일관된 메시지이다. 제품 가격 할인율의 주기적 변경은 마케팅 믹스의 '가격전략'(Price Strategy)에 해당하며, 포지셔닝 자체의 필수 요소가 아니다.

정답 | ④

29. 다음 중 포지셔닝의 효과를 가장 잘 설명한 것은?

① 소비자가 브랜드를 떠올렸을 때 특정 이미지나 특징을 먼저 연상하게 만든다.
② 제품의 원가를 낮춰 시장 점유율을 확대한다.
③ 기업의 모든 제품에 동일한 가격을 부여한다.
④ 소비자의 구매 빈도를 단기적으로 증가시킨다.

【해설】
포지셔닝의 궁극적 목적은 소비자가 수많은 브랜드 중에서 특정 브랜드를 떠올렸을 때, 의도된 이미지나 특징을 즉각적으로 연상하도록 만드는 것이다. 이는 장기적으로 브랜드 충성도를 높이고 경쟁우위를 확보하는 기반이 된다.

정답 | ①

4장 | 재무·회계 분석

1. 재무관리와 회계의 의의

01. [프롬프트] 재무관리가 무엇인지 설명해줘.

재무관리란 기업이 경영 활동을 하는 데 필요한 자금을 어떻게 조달하고, 효율적으로 사용하며, 그 결과 얻은 수익을 어떻게 관리할지를 계획하고 실행하는 활동을 말한다. 쉽게 말해서, 기업이 사업을 운영하려면 돈이 필요한데, 이 돈을 어디서 얼마나 빌리거나 투자받을지 결정하는 게 자금 조달이고, 이렇게 모은 돈을 어디에 어떻게 써야 가장 큰 이익을 얻을 수 있는지를 결정하는 게 자금 운용이다. 또한, 기업이 벌어들인 이익을 재투자할지, 배당금으로 나눠줄지 같은 결정까지 포함해서 기업의 돈과 관련된 모든 의사결정을 관리하는 것이다.

재무관리가 중요한 이유는 기업이 돈을 제대로 관리하지 못하면 사업을 지속할 수 없고, 장기적으로 성장하기도 어렵기 때문이다. 따라서 기업은 재무관리를 통해 위험을 최소화하고 수익을 극대화하여 안정적으로 기업을 운영할 수 있도록 한다.

02. [프롬프트] 회계가 무엇인지 설명해줘.

회계란 기업이 돈을 얼마나 벌었는지, 어디에 얼마를 썼는지 등과 같이 기업의 모든 경제 활동을 숫자로 기록하고, 이를 체계적으로 정리하여 그 결과를 이해하기 쉽게 보고하는 과정이다. 좀 더 쉽게 말하면, 회계는 기업의 모든 돈의 흐름을 꼼꼼히 기록하고 정리해서, 기업이 실제로 이익을 냈는지, 손해를 봤는지, 현재 재정 상태가 어떤지를 정확하게 보여주는 일이다.

예컨대 회사가 제품을 팔아 돈을 벌었으면 그것을 매출로 기록하고, 직원 월급이나 재료를 사는데 쓴 돈은 비용으로 기록한다. 이렇게 기록된 내용을 체계적으로 정리하면 회사가 일정 기간 동안 얼마의 이익을 얻었는지(손익계산서), 또 현재 회사가 가진 자산과 부채는 얼마나 되는지(재무상태표)를 알 수 있게 된다.

결국 회계는 기업이 재무적으로 건강한 상태인지를 점검하고, 기업 내부의 경영진뿐만 아니라 투자자나 은행, 세무서 등 외부 사람들에게도 회사의 상태를 정확히 전달해주는 중요한 역할을 한다.

2. 재무제표의 이해

03. [프롬프트] 재무제표가 무엇인지 설명해줘.

재무제표란 기업의 재무 상태와 경영 성과를 일정 기간 동안의 숫자로 정리해서 보여주는 문서이다. 기업이 사업을 하면서 얼마나 벌었고, 얼마나 썼으며, 지금 기업의 재정 상태는 어떤지를 알기 쉽게 정리해 놓은 보고서라고 할 수 있다. 재무제표는 보통 크게 네 가지로 나눈다.

첫째는 재무상태표이다. 일정 시점(예를 들어 12월 31일)에 기업이 가지고 있는 재산(자산)과 빚(부채), 그리고 실제 주인의 몫(자본)이 얼마인지를 알려준다. 한마디로 기업이 가진 돈과 빚이 얼마나 있는지 보여주는 문서이다.
둘째는 손익계산서이다. 일정 기간(예를 들어 1년 또는 3개월) 동안 기업이 제품이나 서비스를 팔아 얼마나 돈을 벌었고(수익), 얼마의 비용을 썼으며, 결국 이익이 얼마인지를 보여준다. 회사가 실제로 돈을 잘 벌고 있는지를 알 수 있다.
셋째는 현금흐름표이다. 실제 현금이 회사에 얼마나 들어왔고, 얼마나 나갔는지를 기록한 문서이다. 손익계산서상으로 이익이 나더라도 현금이 부족하면 기업이 어려워질 수 있기 때문에, 현금 흐름을 정확히 파악하는 것이 매우 중요하다.
마지막으로 자본변동표가 있다. 이는 일정 기간 동안 기업의 자본이 어떻게 변했는지를 나타낸다. 회사가 이익을 얼마나 내서 자본이 늘었는지, 혹은 주주들에게 배당을 해서 자본이 줄었는지 등을 알 수 있다.

이러한 재무제표는 기업의 경영진뿐 아니라, 투자자, 은행, 세무서 등 기업 외부의 다양한 이해관계자들에게도 기업의 경영상태를 알려주는 매우 중요한 자료로 활용된다.

04. [프롬프트] 재무상태표에 대해 자세히 설명해줘.

재무상태표란 일정한 시점(보통 연말이나 분기말 등)에 기업이 갖고 있는 재산과 빚, 그리고 실제 주인의 몫이 얼마나 되는지를 숫자로 정리해서 보여주는 문서이다. 흔히 '대차대조표'라고도 부르며, 기업의 재정 상태를 가장 명확히 알 수 있는 문서라고 할 수 있다.

재무상태표는 크게 자산(Assets), 부채(Liabilities), 자본(Equity) 이렇게 세 가지로 구성되어 있다.

첫째, 자산은 기업이 가진 재산을 말하는데, 회사가 갖고 있는 현금, 은행 예금, 상품이나 제품 재고, 토지, 건물, 기계설비 등 금전적 가치가 있는 모든 것을 포함한다. 자산은 다시 현금이나 1년 내에 현금으로 바꿀 수 있는 '유동자산'과 토지나 건물처럼 장기적으로 보유하는 '비유동자산'으로 나눌 수 있다.

둘째, 부채는 회사가 다른 사람이나 기업으로부터 빌린 돈, 즉 나중에 갚아야 할 의무를 말한다. 은행에서 빌린 돈, 외상으로 구입한 물건의 대금, 아직 지급하지 않은 직원의 급여 등이 여기에 포함된다. 부채도 마찬가지로 1년 내에 갚아야 할 돈은 '유동부채', 1년 넘게 천천히 갚아도 되는 돈은 '비유동부채'로 나눠서 표시한다.

마지막으로, 자본은 자산에서 부채를 뺀 나머지로, 순수하게 기업 주인(주주)의 몫을 뜻한다. 쉽게 말해, 회사가 가진 전체 재산에서 빌린 돈(부채)을 빼면 진짜 자기 돈(자본)이 되는 것이다.

재무상태표는 항상 '자산 = 부채 + 자본'이라는 원칙이 성립해야 한다. 다시 말해, 회사가 가진 자산은 '빌린 돈(부채)'과 '자기 돈(자본)'으로 마련되었기 때문에 이 둘의 합계와 반드시 일치하게 된다.

결국 재무상태표는 기업이 어떤 상태에 있는지를 한눈에 보여주는 중요한 문서로, 투자자나 금융기관, 경영자들이 회사의 건전성, 안정성 등을 판단할 때 자주 참고하는 중요한 자료이다.

05. [프롬프트] 손익계산서에 대해 자세히 설명해줘.

손익계산서란 기업이 일정 기간(보통 1년이나 1분기 등) 동안 얼마나 수익을 내고, 얼마의 비용을 지출했으며, 결과적으로 이익이나 손실이 얼마나 발생했는지를 보여주는 재무제표이다. 즉, 회사가 실제로 돈을 잘 벌고 있는지 아니면 손해를 보고 있는지를 알기 쉽게 나타내 주는 문서이다. 손익계산서는 크게 세 가지 구성요소로 나뉜다.

첫째, 수익(매출액)이다. 수익은 회사가 제품을 팔거나 서비스를 제공해서 벌어들인 돈을 말한다. 예를 들어, 식당이라면 음식을 팔아서 받은 돈이 수익(매출액)이 되는 것이다.
둘째, 비용이다. 비용은 수익을 얻기 위해 회사가 지출한 모든 돈을 뜻한다. 제품을 만들기 위해 쓴 재료비나, 직원들의 급여, 전기요금, 광고비, 임대료 등 영업을 하면서 발생한 지출이 여기에 포함된다.
셋째, 이익 또는 손실이다. 수익에서 비용을 빼면 남는 돈이 이익이고, 반대로 비용이 수익보다 더 많으면 손실이 발생한다. 손익계산서에서 이익이 발생했다면 회사가 영업을 잘해서 돈을 벌었다는 의미이고, 손실이 발생했다면 회사가 그 기간 동안 영업활동에서 돈을 잃었다는 뜻이다.

손익계산서를 통해 회사가 얼마나 효과적으로 영업을 하고 있는지, 어떤 부분에서 비용을 줄여야 할지, 어떤 분야에서 수익을 늘릴 수 있을지 등을 명확히 판단할 수 있다. 따라서 손익계산서는 경영자뿐만 아니라, 투자자나 은행 등 외부에서도 회사가 돈을 제대로 벌고 있는지를 판단할 때 반드시 살펴보는 중요한 재무제표이다.

06. [프롬프트] 현금흐름표에 대해 자세히 설명해줘.

현금흐름표란 회사에 실제로 현금이 얼마나 들어오고 나갔는지, 즉 현금의 흐름을 일정 기간 동안 정리하여 보여주는 재무제표이다. 간단히 말하면, 손익계산서가 회사가 번 돈과 쓴 돈을 숫자로 보여주는 것이라면, 현금흐름표는 실제로 회사에 들어오고 나간 '현금'만을 정리해 보여준다. 현금흐름표는 보통 세 가지 활동으로 구분하여 작성된다.

첫째, 영업활동으로 인한 현금흐름이다. 기업이 주된 영업을 하면서 실제로 벌어들인 현금과 사용한 현금을 기록하는 부분이다. 예를 들어, 제품을 판매하여 실제로 받은 현금이나, 제품을 만들기 위해 지불한 원재료비, 직원 급여, 임차료, 세금 등 영업과 관련된 현금 흐름이 여기에 속한다. 영업활동 현금흐름이 플러스(+)라면 본업을 통해 현금을 안정적으로 벌고 있다는 뜻이고, 마이너스(-)라면 본업에서 현금이 부족하다는 뜻이다.

둘째, 투자활동으로 인한 현금흐름이다. 기업이 장기적으로 수익을 얻기 위해 자산을 구입하거나 처분할 때 발생하는 현금의 흐름이다. 예를 들어 회사가 새로운 공장을 짓기 위해 토지나 건물을 사거나, 보유하고 있던 토지나 설비를 팔아서 현금을 확보하는 경우 등이 여기에 해당한다. 투자활동 현금흐름이 마이너스(-)라면 회사가 적극적으로 투자를 하고 있다는 뜻이며, 플러스(+)라면 기존 자산을 팔아 현금을 확보하고 있다는 뜻이다.

셋째, 재무활동으로 인한 현금흐름이다. 회사가 자금을 조달하거나 갚을 때 발생하는 현금 흐름이다. 즉, 은행에서 돈을 빌리거나 갚는 행위, 주식을 발행해 자금을 조달하거나, 배당금을 지급하는 등의 활동에서 나타나는 현금의 유입과 유출이 여기에 포함된다. 재무활동 현금흐름이 플러스(+)라면 외부에서 자금을 조달했다는 의미이고, 마이너스(-)라면 빌린 돈을 갚거나 주주에게 배당금을 지급했다는 의미이다.

현금흐름표는 기업의 실제 현금 상태를 정확하게 파악하는 데 필수적이다. 왜냐하면 회사가 손익계산서상으로는 이익을 보고 있더라도 현금흐름이 좋지 않으면 운영이 어려워질 수 있기 때문이다. 따라서 기업의 안정성을 평가할 때 투자자, 은행, 경영진 등이 현금흐름표를 매우 중요하게 살펴보게 된다.

07. [프롬프트] 자본변동표에 대해 자세히 설명해줘.

자본변동표란 기업의 자본이 일정 기간 동안 어떻게 변했는지를 정리하여 보여주는 재무제표이다. 기업이 일정한 기간(예를 들어 1년) 동안 사업을 통해 얻은 이익이나 손실이 자본에 어떤 영향을 주었는지, 또 주주들이 추가로 돈을 투자하거나 반대로 회사가 주주에게 배당금을 지급했을 때 자본이 어떻게 달라졌는지를 알려주는 문서이다. 자본변동표는 보통 다음과 같은 내용을 담고 있다.

첫째, 자본금의 변동이다. 자본금은 주주들이 기업에 투자한 금액을 의미하는데, 회사가 추가로 주식을 발행하거나 기존의 주식을 줄이면 자본금은 늘어나거나 줄어든다. 예컨대, 회사가 새로운 주식을 발행해 주주들이 추가로 투자하면 자본금이 증가한다.

둘째, 이익잉여금의 변동이다. 이익잉여금은 회사가 벌어들인 이익 중 배당금으로 지급하지 않고 회사 내부에 계속 쌓아둔 이익을 뜻한다. 회사가 수익을 내면 이익잉여금은 증가하고, 반대로 손실이 발생하거나 배당금을 지급하면 이익잉여금은 줄어든다.

셋째, 기타자본항목의 변동이다. 기타자본항목에는 자본잉여금이나 기타포괄손익누계액 등 주로 회사 운영 과정에서 생긴 자본의 변화를 나타내는 항목이 들어간다. 예를 들면 자산의 가치가 증가하거나 감소하면서 나타나는 평가이익이나 평가손실 등이 여기에 포함된다.

자본변동표를 통해 회사는 자본이 왜 증가했는지 또는 왜 감소했는지를 명확히 알 수 있다. 이를 통해 주주나 투자자들은 회사가 어떻게 이익을 관리하고 있는지, 배당정책은 어떻게 이루어지고 있는지를 쉽게 파악할 수 있다. 결과적으로 자본변동표는 회사의 자본 관리가 얼마나 안정적이고 효율적으로 이루어지고 있는지 보여주는 중요한 재무제표 중 하나이다.

3. 재무관리의 주요 원리

08. [프롬프트] 화폐의 시간가치에 대해 설명해줘.

화폐의 시간가치란, 쉽게 말해서 지금 가지고 있는 돈이 나중에 받을 똑같은 금액보다 더 가치가 있다는 뜻이다. 예를 들어 오늘 받는 100만 원과 1년 뒤에 받는 100만 원 중에서 어떤 게 더 좋으냐고 물으면, 당연히 지금 받는 100만 원이 더 가치 있다. 왜냐하면 지금 100만 원을 받으면 그 돈을 은행에 넣어서 이자를 받을 수도 있고, 다른 곳에 투자해서 더 큰 돈으로 만들 수 있는 기회가 생기기 때문이다. 반대로 나중에 받을 돈은 그동안 이자나 수익을 얻을 수 있는 기회를 놓치게 되므로, 시간이 흐를수록 그 가치는 점점 줄어들게 된다.

이처럼 돈은 시간이 지남에 따라 같은 금액이라도 그 가치가 변하게 되고, 이것을 '화폐의 시간가치'라고 부른다. 그래서 기업이나 개인이 투자를 할 때는 항상 현재의 돈과 미래의 돈을 비교해서 결정해야 한다. 이때 사용하는 개념이 바로 '현재가치'와 '미래가치'라는 것인데, 간단히 말해 미래에 받을 돈을 오늘의 가치로 환산한 것이 현재가치이고, 지금 가진 돈이 나중에 얼마로 늘어날지 계산한 게 미래가치이다.

09. [프롬프트] 화폐의 미래가치에 대해 자세히 설명해줘.

화폐의 미래가치란 쉽게 말하면, 지금 가지고 있는 일정 금액의 돈이 시간이 흐른 후에 얼마로 늘어날지를 계산한 금액이다. 다시 말해서, 지금 가진 돈을 은행에 넣거나 투자했을 때 미래에 받을 수 있는 금액이 바로 그 돈의 미래가치이다.

예를 들어 지금 100만 원을 가지고 있다고 생각해 보자. 이 돈을 은행에 맡기면 이자가 붙는다. 만약 이자율이 연 5%라면, 1년 후에는 105만 원이 된다. 이때의 105만 원이 바로 100만 원의 1년 후 미래가치이다.

미래가치를 계산하는 이유는 간단하다. 지금 가진 돈을 투자하거나 저축할 때, 시간이 흐름에 따라 그 돈이 얼마나 증가할지 미리 알고 싶기 때문이다. 이를 통해 우리는 투자의 수익성을 평가하고, 여러 가지 투자 방법을 비교해서 가장 좋은 선택을 할 수 있게 된다.

미래가치를 계산하는 기본적인 공식은 다음과 같다.

- 미래가치 = 현재가치 × $(1 + 이자율)^n$
- (n은 투자하거나 저축한 기간을 뜻함)

예를 들어, 지금 200만 원을 연 10%의 이자로 3년간 투자하면,
미래가치 = 200만 원 × $(1 + 0.1)^3$ = 200만 원 × 1.331 = 약 266만 2,000원이 되는 것이다.
결국, 미래가치를 잘 이해하면 돈을 언제, 어떻게 투자하고 저축할지 더 현명한 결정을 내릴 수 있다.

10. [프롬프트] 화폐의 현재가치에 대해 자세히 설명해줘.

화폐의 현재가치란 미래에 받을 일정 금액의 돈이 지금 시점에서는 얼마의 가치가 있는지를 계산한 것이다. 즉, 앞으로 받게 될 돈을 오늘의 가치로 바꾸어 표현한 금액이라고 보면 된다.

예를 들어, 누군가가 "1년 뒤에 100만 원을 주겠다"고 제안했다면, 그 100만 원은 지금 당장 받는 100만 원보다는 가치가 작다. 왜냐하면 만약 지금 돈을 받았다면 그 돈을 투자하거나 저축해서 이자를 얻을 수 있기 때문이다. 그래서 나중에 받을 돈은 현재 시점에서 보면 이자나 수익을 얻을 기회를 잃어버린 만큼 가치가 줄어든다.

현재가치를 계산하는 이유는 투자나 금융 결정을 할 때 미래에 받을 돈을 지금의 시점에서 정확히 평가할 필요가 있기 때문이다. 예를 들어, 앞으로 받을 돈을 가지고 지금 투자할지 말지, 다른 기회를 찾을지 결정할 때 현재가치를 계산하여 비교할 수 있다.

현재가치를 구하는 공식은 다음과 같다.

- 현재가치 = 미래가치 ÷ $(1 + 이자율)^n$
- (n은 돈을 받을 때까지 걸리는 기간)

구체적인 예를 들면, 1년 뒤에 받을 110만 원의 돈이 있다고 하자. 만약 이자율이 연 10%라면, 이 돈의 현재가치는

현재가치 = 110만 원 ÷ $(1 + 0.1)^1$ = 110만 원 ÷ 1.1 = 100만 원이 된다.

즉, 1년 뒤 110만 원을 받는다는 것은, 오늘의 시점에서 보면 약 100만 원과 같은 가치라는 것이다.

결국, 현재가치를 이해하면, 미래의 돈을 오늘의 관점에서 명확하게 평가할 수 있고, 투자나 금융 의사결정을 보다 합리적으로 내릴 수 있게 된다.

4. 투자론

11. [프롬프트] 금융자산의 가격 결정 방법에 대해 설명해줘.

금융자산의 가격 결정이란 주식이나 채권과 같은 금융상품이 얼마의 가치를 가지고 거래될지 정하는 방법을 의미한다. 다시 말해, 금융자산을 사고팔 때 어떤 기준으로 가격을 매길지를 결정하는 것이다.

금융자산 가격을 결정하는 기본적인 방법은 바로 미래에 발생할 수익을 현재가치로 계산하는 방식이다. 쉽게 설명하면, 금융자산을 보유함으로써 앞으로 받게 될 돈(배당금이나 이자 같은 수익)을 미리 예상한 뒤, 그 돈의 현재가치를 계산해서 가격을 정하는 것이다.

예를 들어 채권을 생각해 보자. 채권은 정해진 기간 동안 정기적으로 이자를 지급하고 만기에는 원금을 돌려준다. 이때 채권의 가격은 채권에서 발생하는 미래의 모든 현금흐름, 즉 이자와 만기 원금을 현재가치로 환산하여 계산한다.

마찬가지로 주식도 비슷한 원리로 가격이 결정된다. 주식을 보유하면 배당금이나 기업의 이익 성장에 따른 가치 증가를 기대할 수 있는데, 이러한 미래 수익을 예상하여 현재가치로 계산한 후 주식의 적정 가격을 판단한다.

이렇게 미래에 기대되는 현금 흐름을 현재가치로 계산하는 방식을 '할인 현금흐름법(Discounted Cash Flow, DCF)'이라고 한다. 이 방법은 금융자산의 본질적인 가치(내재가치)를 평가하는 가장 일반적인 방식이다.
결국 금융자산의 가격은 미래에 발생할 돈의 흐름을 얼마나 정확히 예측하고, 그 가치를 얼마나 정확히 현재가치로 환산하느냐에 따라 결정된다고 할 수 있다.

12. [프롬프트] 채권의 가격 결정에 대해 자세히 설명해줘.

채권의 가격 결정이란 채권에서 앞으로 받을 이자와 원금을 지금 시점에서 얼마로 평가할 것인지 계산하는 것이다. 채권은 기본적으로 일정 기간마다 정해진 이자를 지급하고, 만기가 되면 원금을 돌려주는 금융상품이다. 따라서 채권의 가격을 결정할 때는 미래에 받을 이자와 원금을 현재가치로 환산하여 합산하는 방식을 사용한다.

조금 더 구체적으로 설명하면, 채권의 가격은 크게 두 가지 현금흐름을 현재가치로 환산해서 더한 값으로 결정된다.

첫째, 정기적으로 지급받는 이자(쿠폰)의 현재가치이다. 채권을 사면 일정 기간마다 이자를 받게 되는데, 이 미래의 이자 지급액들을 현재가치로 바꾸어서 계산한다.
둘째, 만기 시 돌려받는 원금의 현재가치이다. 만기일이 되면 채권의 액면금액(원금)을 돌려받게 되는데, 이것 역시 미래에 받는 돈이므로 현재가치로 계산해야 한다.

이렇게 이자와 원금을 현재가치로 할인할 때 쓰는 이자율을 '할인율(시장 이자율)'이라고 부른다. 시장 이자율이 오르면 채권의 가격은 떨어지고, 반대로 시장 이자율이 낮아지면 채권의 가격은 올라가는 특징이 있다.

예를 들어 쉽게 말해보면, 어떤 채권이 있다고 가정하자. 이 채권은 액면금액이 100만 원이고, 연 5%의 이자(쿠폰)를 지급하며, 만기가 3년이라고 하면,

1년 후 이자: 5만 원
2년 후 이자: 5만 원
3년 후 이자 + 원금: 105만 원

이 세 가지 현금흐름을 현재가치로 바꿔 모두 합산한 금액이 바로 채권의 현재 가격이 된다.

결국 채권의 가격은 미래에 받을 돈을 현재 시점에서 얼마나 가치 있게 평가하느냐에 따라 결정되며, 시장의 금리 수준에 따라 지속적으로 변동하는 특징을 가지고 있다.

13. [프롬프트] 주식의 가격 결정에 대해 자세히 설명해줘.

주식의 가격 결정이란 주식이 시장에서 얼마에 거래되어야 하는지를 결정하는 과정이다. 쉽게 말해, 어떤 회사의 주식이 실제 가치보다 싸다면 투자자들은 주식을 사려고 하고, 반대로 주식 가격이 비싸다고 생각하면 팔려고 할 것이다. 이렇게 주식 가격은 기업의 실제 가치에 대한 시장의 판단과 기대에 따라 결정된다.

주식 가격을 결정하는 가장 기본적인 방법은 미래에 기대되는 배당금이나 회사 이익을 현재가치로 계산하는 방식이다. 주식이란 본질적으로 기업의 소유권을 의미하기 때문에, 회사가 미래에 벌어들일 이익이나 지급할 배당금을 예측하여, 이를 현재의 가치로 환산해서 주식 가격을 평가하는 것이다. 이때 주식의 가격 결정에 영향을 주는 요인은 크게 다음 세 가지가 있다.

첫째, 미래의 예상 수익이나 배당금이다. 기업이 앞으로 얼마만큼의 이익을 낼 수 있는지가 매우 중요하다. 예를 들어, 한 기업이 앞으로 지속적으로 높은 이익을 낼 것으로 예상된다면 그 기업의 주식 가격은 올라가고, 반대로 이익이 줄어들 것으로 예상되면 주식 가격은 내려가게 된다.

둘째, 성장성이다. 미래에 회사가 얼마나 빠르게 성장할 수 있는지가 주식 가격을 결정하는 핵심 요인이다. 시장은 성장 가능성이 높은 기업의 주식에 더 높은 가치를 부여한다. 그래서 IT기업이나 신기술 회사 같은 성장성 높은 회사의 주가는 상대적으로 높게 책정되는 편이다.

셋째, 시장 이자율(금리)이다. 금리는 주식 가격 결정에 아주 큰 영향을 미친다. 시장 금리가 올라가면, 주식의 미래 수익을 현재가치로 환산할 때 사용되는 할인율도 올라가기 때문에 주식 가격은 일반적으로 내려가고, 금리가 내려가면 주식 가격은 올라가는 경향이 있다.

결국, 주식의 가격은 기업의 미래 수익과 성장성에 대한 투자자들의 기대, 그리고 시장에서 형성된 금리 수준을 바탕으로 끊임없이 변동한다. 따라서 주식 투자를 할 때는 이런 요인들을 종합적으로 고려해서 합리적인 판단을 해야 한다.

14. [프롬프트] 포트폴리오 이론에 대해 설명해줘.

포트폴리오 이론이란, 쉽게 말해 투자할 때 하나의 자산에만 돈을 모두 넣는 것이 아니라 여러 가지 다양한 자산에 나누어 투자해서 위험을 줄이고 수익을 최대화하는 방법을 연구한 이론이다.

조금 더 구체적으로 설명하면, 포트폴리오는 주식, 채권, 부동산 등 다양한 자산의 조합을 뜻하는데, 각 자산마다 수익과 위험이 다르기 때문에, 여러 자산을 함께 묶어서 투자하면 한 자산에서 손해가 나더라도 다른 자산의 이익으로 손실을 만회할 수 있다는 원리이다.

이 이론의 핵심은 '분산투자'이다. 분산투자는 "달걀을 한 바구니에 담지 말라"는 유명한 말처럼, 투자금을 여러 자산에 골고루 나눠서 한 가지 투자에 문제가 생기더라도 전체적인 위험을 줄일 수 있도록 하는 방법이다.

포트폴리오 이론은 '해리 마코위츠'라는 경제학자가 처음 제시했는데, 그는 위험을 최소화하고 기대 수익을 최대화하는 최적의 자산 조합을 찾아내는 수학적 방법을 제시했다. 즉, 어떤 자산들을 얼마만큼씩 섞어서 투자하면 가장 낮은 위험으로 가장 높은 수익을 얻을 수 있을지를 연구한 것이다.

결국 포트폴리오 이론은 투자할 때 수익과 위험을 동시에 고려해서 합리적인 투자 결정을 내릴 수 있도록 돕는 매우 유용한 방법이다. 투자자들은 이 이론을 바탕으로 코다 안전하면서도 높은 수익을 얻기 위한 최적의 투자 전략을 세우게 된다.

15. [프롬프트] 위험과 기대수익률에 대해 자세히 설명해줘.

투자에서 말하는 위험과 기대수익률은 서로 매우 밀접한 관계를 가지고 있다. 간단히 말하면, 위험이란 투자한 돈을 잃을 가능성이나 기대했던 수익을 얻지 못할 가능성을 뜻하고, 기대수익률은 특정 투자로 얻을 수 있을 거라고 예상되는 평균적인 수익률을 말한다.

먼저, 위험(Risk)을 조금 더 구체적으로 설명하면, 위험은 투자한 자산의 가치가 크게 오르내리는 변동성으로 나타난다. 예를 들어, 주식은 매일 가격이 오르락내리락 변동 폭이 크기 때문에 위험이 높다고 하고, 반대로 은행 예금이나 국채는 가격 변동이 거의 없어서 상대적으로 위험이 낮다고 말한다.

다음으로, 기대수익(Expected Return)률이란 투자를 할 때 앞으로 받을 수 있을 것으로 기대하는 평균적인 수익률이다. 예를 들어 어떤 주식이 앞으로 연평균 10% 정도 수익을 낼 것으로 예상된다면, 그 주식의 기대수익률은 10%가 되는 것이다. 물론 이것은 확정된 숫자가 아니라 어디까지나 예상되는 평균값이다.

중요한 것은, 일반적으로 위험과 기대수익률은 서로 비례한다는 점이다. 다시 말해, 위험이 높은 투자를 할수록 기대수익률도 높아지고, 반대로 위험이 낮은 투자를 선택하면 기대수익률도 낮아지는 게 일반적이다.

예를 들어 주식은 위험이 높지만 장기적으로 높은 수익을 기대할 수 있고, 은행의 정기 예금은 위험이 낮지만 기대수익률도 상대적으로 낮다. 따라서 투자자들은 자신이 감당할 수 있는 위험 수준과 원하는 수익률을 고려해서 투자 대상을 결정하게 된다.

결국 투자할 때 중요한 것은 본인이 감수할 수 있는 위험이 어느 정도인지를 잘 판단하고, 그에 맞는 기대수익률을 고려해 균형 잡힌 투자를 하는 것이다. 이것이 바로 투자에서 위험과 기대수익률을 이해하고 활용하는 핵심 원리이다.

16. [프롬프트] 위험의 종류에 대해 설명해줘.

투자할 때 발생할 수 있는 위험은 크게 두 가지로 나눌 수 있는데, 바로 체계적 위험과 비체계적 위험이다.

첫 번째로, 체계적 위험이란 전체 시장에 영향을 미치는 위험을 말한다. 쉽게 말해서 주식시장이나 경제 전체가 흔들릴 때 모든 투자자산에 전반적으로 영향을 미치는 위험이다. 예를 들면, 금리가 급격히 오르거나, 환율이 변하거나, 경제가 침체에 빠지거나 하는 경우를 말한다. 이러한 위험은 특정 투자자산에만 발생하는 것이 아니라 모든 투자에 공통적으로 영향을 주기 때문에, 분산투자를 하더라도 완전히 피할 수는 없다.
두 번째로, 비체계적 위험은 특정 기업이나 특정 산업에만 국한된 위험을 말한다. 다시 말해서, 회사의 내부적인 문제나 특정 산업의 이슈로 인해 개별적으로 나타나는 위험이다. 예를 들어 특정 회사의 경영진이 문제를 일으키거나, 특정 산업에만 규제가 강화되거나, 개별 기업이 만든 신제품이 잘 팔리지 않는 등의 문제가 생길 때 발생한다.

중요한 점은, 비체계적 위험은 분산투자를 통해서 어느 정도 줄일 수 있다는 것이다. 여러 기업이나 산업에 골고루 나눠서 투자하면 한 기업이나 산업의 문제가 생기더라도 다른 곳에서 발생한 이익으로 손실을 줄일 수 있기 때문이다.

결국 투자자들은 이 두 가지 위험을 잘 이해하고, 전체 시장에 대한 위험(체계적 위험)은 수용하면서도, 개별 기업이나 산업의 위험(비체계적 위험)은 분산투자를 통해 최소화하는 것이 합리적인 투자 방법이라 할 수 있다.

심화학습 [프롬프트]

01. [프롬프트] 재무관리와 회계의 차이점을 기업 경영 과정 속에서 비교해 설명해줘. 예를 들어 의사결정, 리스크 관리, 보고 관점에서 어떤 차이가 있는지 알려줘.

02. [프롬프트] 재무상태표, 손익계산서, 현금흐름표가 어떻게 서로 연결되어 있는지를 구체적인 예시를 들어 설명해줘. 예를 들어 '매출 증가'가 각 제표에 어떤 영향을 미치는지 알려줘.

03. [프롬프트] 손익계산서상으로는 이익을 냈지만 현금흐름표상으로는 영업활동 현금흐름이 마이너스인 기업의 재무 상태를 분석하고, 어떤 위험이 있을 수 있는지 설명해줘.

04. [프롬프트] 자본변동표를 통해 기업이 어떤 배당 전략을 취하고 있는지 분석하는 방법을 설명하고, 실제 사례를 통해 주주 친화적인 기업의 특징을 설명해줘.

05. [프롬프트] 화폐의 현재가치(PV)와 미래가치(FV)를 비교할 수 있는 투자 사례를 제시하고, 어떤 선택이 더 합리적인지를 설명해줘.

06. [프롬프트] DCF 방법을 활용해 간단한 기업의 가치를 추정해줘. 가상의 현금흐름, 할인율, 성장률을 설정하고, 그 기업의 적정 가치가 얼마인지 계산해줘.

07. [프롬프트] 주식과 채권의 가격 결정 방식을 수익구조, 할인 방법, 시장 이자율의 영향 관점에서 비교해 설명해줘.

08. [프롬프트] 1000만 원을 투자할 때, 고위험 고수익 자산과 저위험 저수익 자산을 혼합하여 포트폴리오를 구성하는 전략을 설명해줘. 리스크 분산 효과도 함께 설명해줘.

09. [프롬프트] 투자자의 성향에 따라 어떤 자산을 선택할지 제시하고, 기대수익률과 위험 간의 균형을 고려한 투자 선택지를 설명해줘.

10. [프롬프트] 체계적 위험과 비체계적 위험을 구분하고, 각각에 어떻게 대응할 수 있는지 마케팅 불황이나 글로벌 위기 상황을 예로 들어 설명해줘.

1. 다음 중 재무관리의 핵심 역할로 가장 적절한 것은?

① 제품 디자인을 기획하고 생산 일정을 관리하는 일
② 자금을 조달하고 운용하며 수익을 관리하는 일
③ 소비자 만족도 조사를 통해 마케팅 전략을 수립하는 일
④ 회계자료를 토대로 세금 신고서를 작성하는 일

【해설】
재무관리는 자금을 조달하고, 효율적으로 운용하며, 이익의 분배까지 포함하는 기업의 자금 관련 총괄 활동이다.

정답 | ②

2. 다음 중 회계의 정의로 가장 올바른 설명은?

① 기업의 판매 전략을 수립하는 과정
② 기업의 활동을 숫자로 기록하고 이를 정리·보고하는 과정
③ 기업의 마케팅 예산을 조정하는 과정
④ 기업의 공장 운영을 감독하는 활동

【해설】
회계는 기업의 모든 경제 활동을 숫자로 기록하고, 이를 체계적으로 정리하여 재무 상태와 성과를 보고하는 과정이다.

정답 | ②

3. 재무제표 중 일정 시점의 자산, 부채, 자본 현황을 나타내는 문서는?

① 손익계산서   ② 자본변동표
③ 재무상태표   ④ 현금흐름표

【해설】
재무상태표는 일정 시점 기준으로 기업의 자산, 부채, 자본의 상태를 나타내는 문서이며, 대차대조표라고도 불린다.

정답 | ③

4. 손익계산서에서 알 수 있는 정보로 가장 적절한 것은?

① 기업의 투자 수익률 ② 일정 기간의 수익, 비용, 이익
③ 미래 투자 수요 ④ 특정 자산의 시장 가치

【해설】
손익계산서는 일정 기간 동안의 수익과 비용을 비교해 이익 또는 손실을 산출하는 보고서이다.

정답 | ②

5. 기업이 실제로 벌어들인 현금과 지출한 현금을 구체적으로 보여주는 재무제표는?

① 손익계산서 ② 현금흐름표
③ 자본변동표 ④ 재무상태표

【해설】
현금흐름표는 일정 기간 동안 기업에 유입되고 유출된 현금의 흐름을 보여준다.

정답 | ②

6. 화폐의 시간가치 개념을 가장 잘 설명한 것은?

① 미래의 돈은 현재의 돈보다 가치가 크다.
② 현재의 돈과 미래의 돈은 동일한 가치이다.
③ 현재의 돈이 미래보다 더 큰 가치를 가진다.
④ 시간이 지날수록 돈의 구매력이 증가한다.

【해설】
현재의 돈은 이자나 투자 기회를 통해 가치가 더 커질 수 있기 때문에 시간가치가 더 크다고 본다.

정답 | ③

7. 채권 가격을 결정하는 두 가지 주요 요소는 무엇인가?

① 기업의 규모와 배당금
② 이자 지급액과 만기 원금의 현재가치
③ 유동자산과 비유동자산
④ 주가 상승률과 성장률

【해설】
채권 가격은 미래 이자 수익과 만기 원금의 현재가치를 합산해 산출된다.

정답 | ②

8. 포트폴리오 이론의 핵심 개념으로 가장 적절한 것은?

① 높은 수익을 위해 한 자산에 집중 투자
② 위험 회피를 위해 현금만 보유
③ 다양한 자산에 나누어 투자하여 위험 분산
④ 비체계적 위험을 모두 제거할 수 있음

【해설】
포트폴리오 이론은 자산을 분산하여 투자함으로써 위험을 줄이고 수익을 극대화하는 방법을 제시한다.

정답 | ③

9. 다음 중 체계적 위험에 해당하는 사례는?

① 특정 기업의 내부 분식회계
② 한 기업의 제품 리콜 사태
③ 전 세계 금리 인상으로 인한 주식시장 하락
④ 특정 브랜드의 불매운동

【해설】
체계적 위험은 전체 경제나 시장에 영향을 미치는 요인으로, 금리 인상은 모든 자산에 광범위하게 영향을 준다.

정답 | ③

10. 고객이 은행에서 매년 5% 이자를 받고 3년간 100만 원을 예금했다면, 미래가치는 얼가인가?

① 110만 원
② 115만 원
③ 115만 7625원
④ 120만 5000원

【해설】
미래가치 = 100만 × (1 + 0.05)³ = 100만 × 1.157625 = 115만 7625원이다.

정답 | ③

11. 재무담당자가 생성형 AI에게 "지난 분기 손익계산서를 바탕으로 순이익 변화 요인 분석 보고서 초안을 작성해 달라"고 지시했다. 이 AI의 활용은 어떤 회계 목적에 해당하는가?

① 자본구조 개선
② 내부 보고용 의사결정 지원
③ 외부 투자자 마케팅용 문서 작성
④ 세무회계 자동 신고

【해설】
손익계산서 기반의 요인 분석 보고서는 내부 경영 판단을 돕는 자료이며, 생성형 AI는 이를 텍스트 형태로 자동 작성 가능하다.

정답 | ②

12. 생성형 AI가 현금흐름표 데이터를 분석하여 "영업활동으로 인한 현금흐름은 플러스, 투자활동은 마이너스"라는 결과를 도출했다. 이 기업의 상태를 가장 올바르게 해석한 것은?

① 본업이 불안정하며 자산 매각으로 현금 확보 중이다.
② 본업이 안정적이며 신규 투자도 활발히 이루어지고 있다.
③ 투자 수익이 주 수입원이므로 생산을 줄이고 있다.
④ 배당 중심 경영으로 자본이 지속적으로 감소 중이다.

【해설】
영업활동 현금흐름이 플러스이면 본업이 안정적이며, 투자활동 마이너스는 자산 취득을 의미하므로 성장을 위한 투자 중이다.

정답 | ②

13. 재무 분석가가 생성형 AI를 활용해 다양한 투자자 대상 맞춤형 주식 소개 문구를 자동 생성하려 한다. 이 작업은 주식의 어떤 요인을 강조하는 데 가장 효과적인가?

① 유동자산 비율
② 자산의 감가상각
③ 미래 성장성과 기대 수익률
④ 단기 부채 변동

【해설】
AI는 주식의 미래 수익성을 중심으로 스토리텔링(포지셔닝)을 생성할 수 있으므로 기대 수익률과 성장성을 강조하는 데 적합하다.

정답 | ③

14. 생성형 AI가 자본변동표 데이터를 분석해 "이익잉여금 감소 → 높은 배당금 지급"이라는 해석을 도출했다. 이 기업의 재무전략은?

① 이익을 모두 재투자하는 성장 중심 전략
② 자산을 매각해 부채를 줄이는 안정화 전략
③ 주주 친화적 배당 중심 전략
④ 감가상각을 활용한 절세 전략

【해설】
이익잉여금 감소와 배당금 지급은 기업이 현금 유보보다는 주주에게 환원하는 배당 중심 전략을 취했음을 의미한다.

정답 | ③

15. 생성형 AI를 활용해 3개 투자 대안의 현금흐름을 분석하고, 각각의 현재가치를 비교했다. 이 기능은 어떤 재무 원리를 기반으로 작동한 것인가?

① 복리이자 계산
② 무위험 수익률 평가
③ 화폐의 시간가치
④ 자산 유동화 기법

【해설】
현재가치는 화폐의 시간가치 원리를 기반으로 하며, AI는 이 개념을 수치 기반으로 요약해 비교 제안할 수 있다.

정답 | ③

16. 생성형 AI가 세무 회계 데이터를 바탕으로, "당기 비용 증가로 인해 영업이익 감소"라는 분석 결과를 도출했다. 이 때 AI가 주로 분석한 재무제표는?

① 자본변동표
② 손익계산서
③ 현금흐름표
④ 재무상태표

【해설】
영업이익은 수익과 비용의 차이를 나타내며, 이는 손익계산서에서 확인 가능한 핵심 정보이다.

정답 | ②

17. 생성형 AI가 기업 A의 재무상태표를 요약하면서 "자산 대비 부채 비율이 과도하게 높음"이라고 경고했다. 이 기업의 재무 위험은 어떤 성격인가?

① 수익성 위험
② 유동성 위험
③ 구조적 부채 위험
④ 세금 이연 손실

【해설】
부채가 자산보다 과도하면 재무구조가 불안정하다는 의미로, 이는 장기적 상환 위험 또는 구조적 부채 리스크에 해당한다.

정답 | ③

18. 다음 중 생성형 AI가 재무제표 요약과 재무 리스크 설명 모두에 유용하게 활용될 수 있는 사례로 가장 적절한 것은?

① 전자세금계산서 자동 등록
② 고정비 배분표 수기 작성
③ IR(투자자 대상) 보고서 초안 생성
④ 회계감사인 지정 신청서 작성

【해설】
IR 보고서는 투자자에게 재무 요약과 리스크를 텍스트 기반으로 전달해야 하며, 생성형 AI는 이를 신속히 자동화할 수 있다.

정답 | ③

[19~22] 아래 설명을 바탕으로 다음 물음에 답하시오.

> "B사, 연말 재무상태표 공개… 자산 120억 원, 부채 50억 원"
>
> 중견 제조업체 B사는 2025년 12월 31일 기준 재무상태표를 공시했다. 보고서에 따르면, B사의 총자산은 120억 원이며, 총부채는 50억 원이다. 자산 중 1년 내 현금화가 가능한 유동자산은 70억 원, 장기 보유하는 비유동자산은 50억 원이다. 부채는 유동부채 30억 원과 비유동부채 20억 원으로 구성되어 있다. 이를 바탕으로 계산한 자본은 70억 원으로, 회사의 순자산이 전년 대비 10% 증가했다. 재무담당자는 "올해 재무구조가 개선된 주요 이유는 현금성 자산 증가와 부채 상환"이라고 밝혔다.

19. 무상태표의 구성 요소로 옳게 짝지어진 것은?

① 자산·이익·비용
② 자산·부채·자본
③ 현금·부채·매출
④ 유동자산·고정자산·매출원가

【해설】
재무상태표는 특정 시점의 기업 재정 상태를 보여주는 문서로, 자산, 부채, 자본 세 가지로 구성된다. 이는 회계의 기본 등식인 '자산 = 부채 + 자본' 관계로 설명된다. 자산은 기업이 보유한 경제적 가치가 있는 모든 자원이고, 부채는 외부로부터 조달하여 갚아야 하는 금액. 자본은 자산에서 부채를 뺀 주주의 순자산이다. 반면 '이익·비용', '매출', '매출원가'는 재무상태표가 아니라 손익계산서에서 다루는 항목이다.

정답 | ②

20. 기사 내용을 바탕으로 B사의 자본을 계산한 결과와 같은 것은?

① 50억 원
② 60억 원
③ 70억 원
④ 120억 원

【해설】
자본은 자산에서 부채를 차감한 값으로 계산한다. 기사에서 자산은 120억 원, 부채는 50억 원이므로, 120억 − 50억 = 70억이 되어 자본은 70억 원이다. 이 수치는 회사의 순자산, 즉 주주 몫의 자기자본을 의미하며, 재무 건전성을 판단하는 핵심 지표 중 하나다. 전년 대비 자본이 10% 증가했다는 것은 기업이 이익을 쌓거나 부채를 줄였음을 시사한다.

정답 | ③

21. 기사에 제시된 재무상태표 항목 중 '유동자산'에 해당하는 예시로 가장 적절한 것은?

① 5년 후 상환하는 회사채
② 판매용 제품 재고
③ 본사 건물
④ 특허권

> 【해설】
> 유동자산은 보통 1년 이내에 현금화할 수 있는 자산을 말한다. 판매용 제품 재고는 몇 개월 내에 판매되어 현금 또는 매출채권으로 전환되므로 대표적인 유동자산이다. 반면 ①의 '5년 후 상환 회사채'는 장기성 금융상품으로 비유동자산에 해당하며, 본사 건물과 특허권도 장기간 보유·활용하는 비유동자산이므로 유동자산이 아니다.
>
> 정답 | ②

22. 재무담당자가 AI를 활용해 재무상태표를 분석하는 방법으로 가장 부적절한 것은?

① AI로 자산·부채·자본 변동 추이를 시각화하여 경영진 보고서에 활용
② AI에게 과거 5년치 재무상태표를 입력해 재무 건전성 지수를 산출하도록 함
③ AI가 생성한 예측 수치를 검증 없이 그대로 외부 공시에 사용
④ AI로 경쟁사 재무구조를 비교 분석하여 투자 판단에 참고

> 【해설】
> AI는 대량의 재무 데이터를 신속하게 분석·시각화하고, 과거 자료를 기반으로 다양한 지표를 산출하거나 경쟁사와 비교하는 데 유용하다. 그러나 AI가 생성한 예측 수치는 데이터의 품질, 알고리즘 한계, 가정 설정에 따라 오차가 클 수 있다. 따라서 이를 검증 없이 그대로 외부 공시에 사용하면 신뢰성과 법적 책임 문제를 야기할 수 있다. 반면 내부 보고·분석이나 참고 자료로 활용하는 것은 효과적이다.
>
> 정답 | ③

[23~25] 아래 사례를 바탕으로 다음 물음에 답하시오.

> 경제학과 3학년인 준혁은 '투자론' 수업에서 '위험과 기대수익률의 관계'에 대해 조사하는 과제를 받았다.
>
> 준혁은 ChatGPT에 다음과 같이 물어보았다.
>
> "투자에서 위험과 기대수익률의 의미와 관계를 쉽게 설명해줘."
>
> AI는 다음과 같은 내용을 제공했다.
>
> - 위험(Risk)은 투자한 자산 가치가 변동하거나 손실이 발생할 가능성을 뜻하며, 변동성이 높을수록 위험이 크다.
> - 기대수익률(Expected Return)은 투자에서 앞으로 얻을 것으로 예상되는 평균적인 수익률을 의미한다.
> - 위험이 높은 투자일수록 기대수익률은 일반적으로 낮아진다.
> - 투자자는 자신이 감당할 수 있는 위험 수준과 원하는 수익률을 고려해 투자 대상을 결정한다.
>
> 준혁은 AI의 설명을 읽다가, 일부 내용이 실제 이론과 맞지 않다는 점을 발견했다.

23. 위 사례에서 AI가 제공한 설명 중 올바르지 않은 것은?

① 위험은 투자 자산의 가치 변동 가능성과 손실 가능성을 의미한다.
② 기대수익률은 앞으로 예상되는 평균 수익률이다.
③ 위험이 높을수록 기대수익률은 일반적으로 낮아진다.
④ 투자자는 위험 감수 수준과 목표 수익률을 함께 고려해야 한다.

> 【해설】
> "위험이 높은 투자일수록 기대수익률은 일반적으로 낮아진다"는 설명은 잘못되었다. 투자 이론에서는 위험이 높을수록 일반적으로 더 높은 기대수익률을 요구하는 것이 합리적이며, 위험이 낮으면 기대수익률도 낮아지는 경향이 있다.
>
> 정답 | ③

24. 다음 중 위험이 낮은 투자에 해당하는 사례로 가장 적절한 것은?

① 신기술 스타트업에 대한 초기 단계 투자
② 대형 안정 기업의 장기 채권 투자
③ 변동성이 큰 신흥국 주식 투자
④ 암호화폐 단기 매매

【해설】
위험이 낮은 투자는 변동성과 손실 가능성이 작은 자산을 의미한다. 대형 안정 기업의 장기 채권은 시장 변동에 비교적 덜 민감하며 원리금 상환 가능성이 높아 위험이 낮은 편이다. 반면 스타트업, 신흥국 주식, 암호화폐 단기 매매는 높은 변동성과 불확실성으로 인해 위험이 크다.

정답 | ②

25. 위험과 기대수익률의 관계를 가장 올바르게 설명한 것은?

① 위험이 높으면 기대수익률도 높아지는 경향이 있다.
② 위험이 높으면 기대수익률은 반드시 낮아진다.
③ 위험과 기대수익률은 서로 무관하다.
④ 기대수익률은 위험이 낮을수록 무조건 높다.

【해설】
위험과 기대수익률은 일반적으로 정(+)의 관계를 가진다. 즉, 더 높은 위험을 감수하는 투자자는 그에 상응하는 더 높은 수익률을 기대하게 된다. 이는 금융시장에서 '위험 프리미엄' 개념으로 설명되며, 장기적으로 위험이 낮은 자산보다 위험이 높은 자산이 더 높은 평균 수익을 제공하는 경향이 있다.

정답 | ①

[26~29] 아래 사례를 바탕으로 다음 물음에 답하시오.

> 대학교 3학년인 수연은 금융투자론 수업에서 "주식 가격이 어떻게 결정되는지 조사하고, 실제 사례를 들어 설명하라"는 과제를 받았다. 교수님은 단순한 개념 정리에서 그치지 말고, "실제 시장 데이터와 결합해 설명하고, 금리·성장성·배당정책이 주가에 미치는 영향을 사례로 보여줄 것"을 요구했다.
>
> 수연은 먼저 ChatGPT에 다음과 같이 물어봤다.
>
> "주식의 가격 결정에 대해 자세히 설명해줘."
>
> AI는 주식 가격이 기업의 미래 수익과 배당금, 성장성, 시장 금리 등 세 가지 핵심 요인에 따라 변동한다고 답했다. 특히, 예상 이익과 배당금이 높을수록 주가가 상승하고, 성장성이 클수록 시장은 더 높은 가치를 부여하며, 금리가 오르면 할인율이 높아져 주가는 하락하는 경향이 있다고 설명했다.
>
> 수연은 이를 실제 사례에 적용하기 위해, IT 업종과 전통 제조업의 주가 흐름을 비교 분석했다. 예를 들어, A반도체 기업은 차세대 AI 칩 시장의 성장 전망 덕분에 3년간 주가가 꾸준히 상승했는데, 이는 높은 성장성에 대한 기대가 반영된 것이었다. 반면, B제조 기업은 안정적인 배당금을 유지했지만 금리가 급등하자 주가가 하락했는데, 이는 미래 배당금의 현재가치가 낮아졌기 때문이다. 또한, 2024년 하반기 금리 인상기에 일부 성장주는 주가가 조정을 받았으나, 같은 시기 금리 인하 기대감이 커진 업종은 빠르게 반등했다. 수연은 이를 통해 금리와 성장성, 배당이 어떻게 상호작용하며 주식 가격을 결정하는지를 구체적으로 설명할 수 있었다.

26. 주식 가격 결정의 기본 원리에 대한 설명으로 옳은 것은?

① 현재 시점의 주가 변동은 과거 이익 실적에만 의존한다.
② 주식 가격은 미래 수익과 배당금을 현재가치로 환산해 평가한다.
③ 금리가 오르면 주식 가격은 반드시 오른다.
④ 성장성이 낮아도 시장은 항상 높은 가치를 부여한다.

> 【해설】
> 주식의 본질은 기업의 미래 현금흐름과 배당금을 현재 가치로 환산한 것이다. 즉, 미래 수익과 배당금 예측이 핵심이며, 이를 할인율로 나눠 현재 시점의 가치를 평가한다. ①은 과거 실적만 반영하는 오해이며, ③은 금리와 주가의 반대 방향 관계를 무시한 잘못된 설명이다. ④는 성장성이 낮을 경우 오히려 가치가 하락할 수 있다는 점을 간과했다.
>
> 정답 | ②

27. 다음 중 주식 가격에 영향을 주는 요인으로 적절하지 않은 것은?

① 기업의 성장 가능성 ② 예상 배당금 규모
③ 시장 이자율 ④ 과거 10년 전의 주가 수준

【해설】
주식 가격은 기업의 미래 수익성, 성장 가능성, 배당 정책, 시장 이자율, 경기 전망 등 다양한 요인에 영향을 받는다. 그러나 과거 10년 전의 주가 수준은 현재 주가 평가에서 직접적인 영향 요인이 아니며, 참고 자료로 활용될 수는 있지만 가격 결정의 핵심 변수로 보긴 어렵다.

정답 | ④

28. 시장 금리가 상승할 경우 주식 가격이 하락하는 이유로 옳은 것은?

① 금리가 오르면 주식 수요가 증가하기 때문이다.
② 금리가 오르면 주식의 미래 수익을 할인할 때 적용하는 할인율이 높아지기 때문이다.
③ 금리가 오르면 기업의 성장성이 자동으로 하락하기 때문이다.
④ 금리가 오르면 과거 배당금이 줄어들기 때문이다.

【해설】
금리가 상승하면 주식의 미래 수익을 현재가치로 환산할 때 사용하는 할인율이 높아진다. 할인율이 높아지면 현재가치는 작아지고, 이에 따라 주식 가격이 하락하는 경향이 있다. 이는 채권과 주식의 상대적 매력도 변화와도 관련이 있다.

정답 | ②

29. AI 응답을 실제 투자 전략에 반영하려 할 때, 가장 올바른 접근은?

① AI 설명만 참고하여 매수·매도 시점을 결정한다.
② 한국거래소·금융감독원 자료와 기업 재무제표를 함께 분석한다.
③ 주변 지인의 투자 경험담을 우선 반영한다.
④ 금리 변동과 무관하게 매수 전략만 고수한다.

【해설】
AI의 설명은 개념 이해와 아이디어 발굴에 도움을 주지만, 실제 투자에서는 반드시 신뢰할 수 있는 공식 데이터와 기업 재무제표 분석, 시장 조사 등을 병행해야 한다. 이를 통해 금리, 배당, 성장성, 업종 동향 등을 종합적으로 검토하는 것이 바람직하다.

정답 | ②

AI BUSINESS TEST

제4과목

금융 및 경제

1장 | 경제 지표의 이해

1. 실업

01. [프롬프트] 실업의 정의를 줄글로 쉽게 설명해줘.

실업이란 일을 하고 싶은 의사와 일을 할 수 있는 능력을 가지고 있지만, 일자리를 구하지 못해 일을 하지 못하는 상태를 말한다. 예를 들어, 졸업한 대학생이 취업을 위해 여러 회사에 이력서를 내고 있지만, 아직 채용되지 않은 경우, 그는 실업 상태에 있는 것이다. 단, 아예 일할 생각이 없거나, 군 복무 중이거나, 학생처럼 일을 하지 않아도 되는 상황은 실업으로 보지 않는다. 따라서 실업은 단순히 일을 하지 않는 상태가 아니라, 일하고 싶고 일할 수 있음에도 불구하고 일을 못 하고 있는 상태를 뜻한다.

02. [프롬프트] 최근 10년간 한국의 실업률 변동추이를 알려줘.

연도	실업률(%)	비고	연도	실업률(%)	비고
2015년말	3.55	평균치수준	2020년말	3.93	COVID-1 충격, 3.9%까지 상승
2016년말	3.65	전년 대비 다소 상승	2021년말	3.64	부진한 회복, 3.6% 수준
2017년말	3.65	거의 변화 없음	2022년말	2.86	코로나 충격 완화, 2.9%대로 하락
2018년말	3.82	소폭 상승	2023년말	2.68	지속 하락
2019년말	3.75		2024년말	2.60	역대 최저 수준 접근

최근 10년간(2015년부터 2024년까지) 한국의 실업률은 전반적으로 완만한 변동 속에 비교적 안정적인 흐름을 보였다. 2015년부터 2019년까지는 실업률이 대체로 3.5%에서 3.8% 사이에서 움직이며 박스권을 형성했다. 그러나 2020년에는 코로나19 팬데믹

의 영향으로 실업률이 3.93%까지 상승하며 일시적으로 고점을 기록했다. 이후 2021년에는 3.6% 수준으로 다소 완화되었고, 2022년부터는 본격적인 경기 회복과 함께 실업률이 빠르게 하락하였다. 특히 2022년 말에는 2.86%, 2023년 말에는 2.68%를 기록했고, 2024년 말에는 2.60%로 최근 10년 사이 최저치를 기록했다. 이는 코로나 충격에서 회복된 고용 시장과 서비스업 중심의 회복세가 반영된 결과이다. 2025년 상반기에도 실업률은 2.7% 수준에서 안정적으로 유지되고 있어, 전반적으로 한국의 고용 시장은 회복세를 지속하고 있는 것으로 평가된다.

03. [프롬프트] 실업률을 산출하는 과정을 알려줘.

실업률은 한 나라의 고용 시장 상황을 파악하는 데 가장 널리 사용되는 지표 중 하나로, 경제활동인구 중 실업자가 차지하는 비율을 나타낸다. 한국의 경우 통계청이 「경제활동인구조사」를 통해 매월 발표하고 있으며, 산출 방식은 다음과 같다.

■ 실업률 산출 공식

$$\text{실업률(\%)} = \left(\frac{\text{실업자 수}}{\text{경제활동인구}}\right) \times 100$$

구분	설명
경제활동인구	일할 능력과 의사가 있는 사람들 = 취업자 + 실업자
비경제활동인구	구직 의사가 없는 사람들 (예 학생, 전업주부, 은퇴자 등)
취업자	일정 기간 동안 수입을 목적으로 일을 한 사람
실업자	일할 능력과 의사가 있으나 일정 기간 동안 일자리를 구했지만 일을 하지 못한 사람

■ 실업률 산출 예시

구분	인원
전체 인구 (15세 이상)	5,000만 명
경제활동인구	2,800만 명
취업자 수	2,720만 명
실업자 수	80만 명

> - 실업률 = $\left(\dfrac{80}{2,800}\right) \times 100 = 2.86\%$

■ **실업자 판별 기준은 다음 세 가지 조건을 모두 만족해야 함.**
만 15세 이상,
현재 일자리가 없음,
최근 4주 이내 적극적으로 구직 활동을 한 사람

04. [프롬프트] 정부가 발표하는 실업률과 체감하는 실업률이 차이가 나는 이유는?

정부가 발표하는 실업률과 국민이 실제로 체감하는 실업률 사이에는 차이가 있다. 이는 공식 실업률의 산정 방식이 현실의 다양한 고용 문제를 충분히 반영하지 못하기 때문이다. 통계청이 발표하는 실업률은 일정한 기준에 따라 산출된다. 구체적으로는 만 15세 이상 인구 중 최근 4주 이내에 적극적으로 구직 활동을 했지만 일자리를 얻지 못한 사람만을 실업자로 본다. 따라서 일할 의사와 능력은 있지만 구직 활동을 하지 않은 사람, 예를 들어 반복된 취업 실패로 구직을 포기한 '구직 단념자'는 실업자에 포함되지 않는다. 또한 일주일에 단 1시간만 일을 해도 '취업자'로 간주되기 때문에, 생계를 유지하기에는 턱없이 부족한 단기·단시간 일자리도 통계상으로는 고용으로 집계된다. 이러한 기준은 노동시장의 질적인 측면, 즉 고용의 안정성과 일자리 만족도를 반영하지 못한다. 특히 청년층의 경우, 전체 실업률은 낮아 보이지만 체감 실업은 매우 심각하다고 느끼는 경향이 크다. 실제로 전체 실업률이 2~3%대일 때에도 청년층 실업률은 6~7%를 넘는 경우가 많다. 게다가 아르바이트나 비정규직처럼 원하지 않는 불완전 고용 상태에 있는 사람들도 통계상으로는 모두 취업자로 분류된다. 정부는 이러한 문제를 보완하기 위해 '고용보조지표3'이라는 체감 실업률 지표도 함께 발표한다. 이 지표에는 구직 단념자, 시간제 비자발적 근로자, 잠재 구직자 등이 포함되며, 특히 청년층의 경우 20%를 넘는 수준으로 공식 실업률보다 훨씬 높다. 결국 국민이 느끼는 체감 실업률은 단순히 일자리가 있느냐 없느냐를 넘어, 일자리의 질, 고용 안정성, 미래 전망 등 종합적인 요소에 기반하고 있다. 따라서 실업률을 해석할 때는 단일 수치에만 의존하기보다는 체감 지표와 함께 폭넓게 살펴보는 것이 중요하다.

05. [프롬프트] 실업자에 해당하지 않는 사례를 알려줘.

첫째, 구직을 포기한 '구직 단념자'는 실업자로 분류되지 않는다. 예를 들어, 20대 후반의 A씨는 몇 달 동안 취업을 준비했지만 반복된 실패로 인해 의욕을 잃고 더 이상 이력서를 제출하지 않고 있다. 그는 일하고 싶은 마음은 있을 수 있지만, 최근 4주 이내에 구직 활동을 하지 않았기 때문에 실업자가 아닌 비경제활동인구로 분류된다. (구직 활동을 중단한 '구직 단념자')

둘째, 전업 대학생 역시 실업자가 아니다. 예를 들어, 22세의 B씨는 대학교에 재학 중이며 전일제 수업을 듣느라 현재 취업할 계획이 없다. 그는 노동시장에 참여하지 않는 상태이므로 경제활동인구에 포함되지 않고, 당연히 실업자도 아니다. (전업 대학생)

셋째, 전업주부도 실업자로 간주되지 않는다. 30대 중반의 C씨는 육아와 가사에 전념하고 있으며, 현재로서는 일자리를 구할 계획이 없다. 일할 수 있는 능력이 있더라도 일할 의사나 구직 활동이 없다면 실업자가 아니라 비경제활동인구에 속한다. (전업주부)

넷째, 군 복무 중인 사람도 실업자로 보지 않는다. 20세의 D씨는 병역의무를 이행 중으로, 일자리를 구하거나 일할 수 있는 상황이 아니다. 따라서 그는 경제활동인구에서 제외된다. (군 복무 중인 사람)

06. [프롬프트] 실업의 종류를 자세히 설명해줘.

실업은 발생하는 원인과 상황에 따라 여러 유형으로 나뉘며, 이를 구분해서 이해하는 것은 경제학적으로 매우 중요하다. 대표적인 실업의 유형으로는 마찰적 실업, 구조적 실업, 경기적 실업, 계절적 실업이 있다.

먼저 마찰적 실업은 노동자가 일자리를 옮기거나 새로 찾는 과정에서 일시적으로 발생하는 실업이다. 예를 들어, 대학을 졸업한 뒤 첫 직장을 구하는 청년이나, 더 나은 근무 조건을 찾아 자발적으로 이직한 사람이 새로운 일자리를 구하는 동안 잠시 실업 상태에 놓일 수 있다. 이 실업은 정보의 부족이나 구직과정의 시간 차이로 인해 발생하며, 경제가 정상적으로 작동하더라도 항상 존재하는 실업이라는 점에서 자연스러운 현상으로 여겨진다.

구조적 실업은 노동자의 기술이나 능력이 노동시장의 수요와 맞지 않아 발생하는 실업이다. 산업 구조가 급격히 바뀌거나 기술이 발전하면서 기존의 일자리가 사라질 때 주로 나타난다. 예를 들어, 자동화와 인공지능 도입으로 인해 단순 반복 업무가 줄어들거나, 한 지역의 주요 산업이 쇠퇴해 많은 사람이 일자리를 잃는 경우가 이에 해당한다. 구조적 실업은 일자리 자체는 존재하더라도 구직자의 능력이나 조건이 맞지 않아 장기화될 수 있으며, 재교육과 직업 전환이 필요하다.

다음으로 경기적 실업은 경기가 불황일 때 총수요가 줄어들면서 발생하는 실업이다. 기업의 매출이 줄어들면 생산을 줄이고 인력을 감축하게 되며, 이로 인해 실직자가 늘어난다. 예를 들어, 경제 전반이 침체에 빠진 시기에 기업들이 고용을 줄이고 신규 채용을 중단하면서 실업률이 높아지는 것이 대표적인 사례다. 경기적 실업은 경기 회복과 함께 자연스럽게 해소될 수 있으며, 정부의 재정정책이나 중앙은행의 통화정책을 통해 완화가 가능하다.

마지막으로 계절적 실업은 노동 수요가 계절에 따라 달라질 때 발생한다. 농업, 관광업, 건설업처럼 특정 계절에만 일자리가 몰리는 산업에서 흔히 나타난다. 예를 들어, 여름 성수기에는 리조트와 해수욕장 등에서 많은 인력을 필요로 하지만, 비수기에는 이들이 일자리를 잃게 된다. 이 실업은 반복적으로 발생하며, 비교적 단기적인 특성을 가진다.

이처럼 실업은 그 발생 원인과 지속 기간에 따라 다양한 형태로 나타나며, 각각의 유형에 따라 정책 대응 방식도 달라진다. 실업의 유형을 정확히 이해하는 것은 노동시장 문제를 분석하고 해결책을 마련하는 데 중요한 기반이 된다.

실업 유형	원인	특징	예시
마찰적 실업	이직·졸업 등 일시적 전환	단기적, 자연스러운 실업	대졸 취준생, 이직 중 구직자
구조적 실업	산업 구조 변화, 기술 불일치	장기화 가능, 재교육 필요	AI로 대체된 직종
경기적 실업	총수요 감소(불황)	경기회복 시 해소 가능	경기침체로 인한 대량 해고
계절적 실업	계절성 노동 수요 변화	주기적, 예측 가능	농번기·관광 성수기 일용

07. [프롬프트] 실업보험, 최저임금제, 효율적 임금에 대해서 자세히 설명해줘.

실업과 관련된 중요한 제도 및 이론으로는 실업보험, 최저임금제, 그리고 효율적 임금 이론이 있다. 이들은 노동시장에 직접적인 영향을 미치며, 고용 안정과 생산성, 소득 분배를 조정하는 수단으로 작용한다.

먼저, 실업보험은 근로자가 비자발적으로 실직했을 경우 일정 기간 동안 소득을 보전해주는 사회보장 제도이다. 실업보험의 목적은 실직자의 생계를 안정시키고, 그들이 구직활동을 이어갈 수 있도록 돕는 데 있다. 또한, 경기가 나쁠 때 정부 지출을 자동으로 늘려주는 '경기 자동 안정화 장치' 역할도 한다. 예를 들어, 한국의 고용보험 제도는 일정 기간 동안 보험료를 납부한 근로자가 실직할 경우 일정 금액을 실업 급여로 지급하고 있다. 이러한 제도는 실직자의 생활 안정에는 효과적이지만, 실업 급여 수준이 지나치게 높을 경우 구직 의욕을 낮출 수 있다는 우려도 존재한다.

다음으로, 최저임금제는 국가가 법으로 정한 시간당 최소 임금 수준 이하로 근로자에게 임금을 지급하지 못하도록 강제하는 제도이다. 이는 저임금 노동자의 생계를 보호하고, 노동시장에서의 임금 격차를 완화하는 데 목적이 있다. 최저임금은 매년 정부 주도로 결정되며, 일정 수준 이상의 생활을 보장하기 위한 기준선 역할을 한다. 최저임금 인상은 저소득층의 소득 향상과 소비 진작 효과를 기대할 수 있지만, 동시에 인건비 부담이 커진 기업들이 고용을 줄이거나 비정규직을 확대할 수 있다는 부작용도 존재한다. 특히 숙련도가 낮은 청년층이나 고령 근로자의 일자리가 줄어들 수 있다는 점에서 사회적 논쟁이 많다.

마지막으로, 효율적 임금 이론은 기업이 시장균형 임금보다 더 높은 임금을 근로자에게 지급하는 것이 오히려 이득이 될 수 있다는 경제학 이론이다. 이 이론에 따르면 높은 임금은 근로자의 충성도와 생산성을 높이고, 이직률을 낮추며, 감시비용을 줄이는 효과가 있다. 예를 들어, 좋은 조건을 제공받은 근로자는 쉽게 회사를 떠나지 않고 성실히 일하려는 동기를 가지게 되며, 이는 기업의 인력 운영 효율성을 높이는 결과로 이어진다. 그러나 기업이 높은 임금만 제공하고 고용을 제한할 경우, 일하고 싶은 사람이 존재함에도 일자리를 얻지 못해 실업이 발생할 수 있다.

개념	유형	목적	경제적 효과
실업보험	사회보장제도	실직자 생계 안정	소비 유지, 구직 유도
최저임금제	임금 규제 제도	저임금자 보호	임금 상승, 고용 감소 우려
효율적 임금	임금이론	생산성 극대화	고임금 → 생산성 증가

08. [프롬프트] 실업률 외에 다른 고용 지표들을 설명해줘.

고용지표는 노동시장의 상태를 종합적으로 파악하기 위한 중요한 도구이며, 실업률 하나만으로는 현실을 충분히 설명하기 어렵기 때문에 다양한 지표들이 함께 사용된다. 그중에서도 고용률, 경제활동참가율, 그리고 체감실업률(고용보조지표3)은 노동시장의 구조적 특성과 고용의 질을 이해하는 데 매우 유용한 핵심 지표들이다.

■ 고용률(Employment Rate)

고용률은 15세 이상 인구 중 실제로 일을 하고 있는 사람의 비율을 나타낸다. 실업률과는 달리 전체 인구 대비 취업자의 비율을 보기 때문에 노동시장의 실질적인 참여 정도를 보여준다.

$$\text{고용률} = \left(\frac{\text{취업자 수}}{\text{15세 이상 인구}}\right) \times 100$$

고용률은 전체 15세 이상 인구 중 실제로 일을 하고 있는 사람, 즉 '취업자'가 차지하는 비율을 의미한다. 고용률은 단순히 실업자 비율을 보는 실업률과는 달리, 경제활동 여부와 관계없이 전체 인구 중 얼마나 많은 사람이 실제 노동에 참여하고 있는지를 보여주는 지표다. 예를 들어 실업률이 낮다고 해도, 일 자체를 구하려 하지 않는 사람이 많다면 실제 고용률은 낮을 수 있다. 따라서 고용률은 국가의 노동력 활용 정도를 보다 직관적으로 파악할 수 있게 해주는 지표라고 할 수 있다. 특히 청년, 여성, 고령층 등 특정 계층의 고용률 변화는 사회 구조와 경제정책의 영향을 민감하게 반영하므로 중요한 정책 평가 지표로도 쓰인다.

■ **경제활동참가율(Labor Force Participation Rate)**

경제활동참가율은 15세 이상 인구 중 경제활동(취업+구직)에 참여하고 있는 사람의 비율이다. 즉, 일을 하거나 일할 의사가 있는 사람의 비중을 의미한다.

$$\text{경제활동참가율} = \left(\frac{\text{경제활동 인구}}{\text{15세 이상 인구}}\right) \times 100$$

경제활동참가율은 15세 이상 인구 중에서 '경제활동인구(취업자 + 실업자)'가 차지하는 비율이다. 다시 말해, 일을 하거나 구직활동을 하고 있는 사람들의 비율을 보여준다. 경제활동참가율은 노동시장에 얼마나 많은 사람이 참여하고 있는가를 측정하는 지표로, 노동 공급 측면에서의 활력을 보여준다. 이 수치가 높다는 것은 일하고자 하는 사람이 많다는 의미이며, 반대로 낮다면 학생, 주부, 은퇴자, 구직 단념자 등 비경제활동인구가 많다는 것을 뜻한다. 예를 들어 고령화가 심화되거나 청년층이 취업을 포기하게 되면 경제활동참가율은 하락하게 된다. 이처럼 경제활동참가율은 단순한 고용의 수준을 넘어 사회 전체의 노동 참여 의지를 파악할 수 있게 해준다.

■ **체감 실업률 (고용보조지표 3, 확장실업률)**

체감실업률, 혹은 '고용보조지표 3'은 공식 실업률이 포착하지 못하는 노동시장의 그림자 부분을 보여주는 보완 지표다. 공식 실업률은 최근 4주 이내에 구직활동을 한 사람만을 실업자로 보기 때문에, 일자리를 구하고 싶지만 여러 이유로 구직을 포기한 구직 단념자나, 주당 몇 시간밖에 일하지 못한 시간제 비자발적 근로자, 구직 의사는 있지만 당장 활동하지 않는 잠재 구직자 등은 통계에 잡히지 않는다. 이들을 포함해 측정한 지표가 체감실업률이며, 특히 청년층에서는 이 수치가 20%를 넘는 경우도 있을 만큼 현실과의 괴리가 크다. 체감실업률은 고용의 양뿐 아니라 질까지 반영하기 때문에, 정책 수립 시 매우 중요한 참고자료로 활용된다.

2. 물가

09. [프롬프트] 거시지표에서 물가에 대해서 설명해줘.

거시경제에서 물가(price level)는 한 나라 경제 전체의 재화와 서비스 가격 수준을 종합적으로 나타내는 지표로, 국민의 생활비와 화폐 가치, 경제정책에 큰 영향을 미친다. 물가는 일반적으로 시간이 지남에 따라 변동하는데, 이러한 변화를 물가상승률 또는 인플레이션율로 측정한다. 물가는 소비자와 기업, 정부 등 모든 경제 주체의 경제활동 방향과 의사결정에 직접적인 영향을 주는 거시지표이다. 물가가 오르면 같은 돈으로 살 수 있는 물건의 양이 줄어들기 때문에 실질소득이 감소하고, 반대로 물가가 내리면 구매력이 증가하지만 기업의 수익성과 고용에 악영향을 줄 수 있다. 거시경제에서 물가 수준을 측정하기 위해 사용되는 대표적인 지표로는 소비자물가지수(CPI), 생산자물가지수(PPI), 그리고 GDP 디플레이터(GDP Deflator)가 있다. 이 세 가지 지표는 물가의 변동을 각기 다른 시점과 관점에서 측정하며, 경제 분석과 정책 결정에 중요한 역할을 한다.

10. [프롬프트] 소비자물가지수와 GDP 디플레이터를 산출하는 과정을 설명해줘.

▶ **소비자물가지수(CPI) 산출 과정**

소비자물가지수(CPI)는 가계가 구입하는 재화와 서비스의 가격 변동을 측정하는 지표로, 국민이 체감하는 생활물가를 대표한다.

» **대표 품목 선정**: 통계청은 전국 가계조사를 통해 국민이 자주 소비하는 재화와 서비스(예 식료품, 주거비, 의류, 교통비 등)를 약 400개 정도 선정한다. 이를 '물가 바구니'라고 부른다.
» **가중치 설정**: 각 품목이 전체 소비지출에서 차지하는 비중을 기준으로 가중치를 부여한다. 주거비처럼 지출 비중이 큰 항목은 높은 가중치를 가진다.
» **가격조사**: 매월 전국의 시장, 마트, 병원, 학교 등에서 품목별 가격을 조사한다.
» **기준연도 설정**: 특정 연도를 기준(지수 100)으로 삼고, 기준연도 대비 현재 가격이 얼마나 변했는지를 계산한다.

» **지수 산출**: 여기서 P_t는 조사 시점의 가격, P_0는 기준연도 가격, Q_0는 기준연도의 소비량

$$\text{CPI} = \left(\frac{\Sigma(P_t \times Q_0)}{\Sigma(P_0 \times Q_0)} \right) \times 100$$

▶ **GDP 디플레이터(GDP Deflator)의 산출 과정**

GDP 디플레이터는 한 나라 안에서 생산된 모든 최종 재화와 서비스의 가격 변동을 측정하는 총체적인 물가 지표이다. 소비뿐 아니라 투자, 정부 지출, 수출입까지 포함된 GDP 전체의 물가 수준을 반영한다.

» **명목 GDP 계산**: 해당 연도에 생산된 재화와 서비스의 현재 시장 가격을 기준으로 GDP를 계산한다. 이 가격은 인플레이션이 반영된 값이다.
» **실질 GDP 계산**: 동일한 재화와 서비스를 기준연도의 가격으로 환산해 계산한다. 이는 인플레이션이 제거된 순수한 생산량 기준의 GDP이다.
» **디플레이터 계산**: 명목 GDP를 실질 GDP로 나눈 뒤 100을 곱해 지수를 산출한다. 기준연도에는 명목과 실질 GDP가 같기 때문에 디플레이터는 100이 된다.

11. [프롬프트] 5가지 품목만 각각 소비된다는 가정하에 소비자 물가지수 산정을 사례를 설명해줘.

품목	기준연도 가격(원)	조사연도 가격(원)	소비량
쌀	1,000	1,200	10
우유	2,000	2,200	5
교통비	3,000	3,300	2
전기요금	500	600	8
휴대폰요금	10,000	10,500	1

▶ 1단계: 기준연도의 총지출 계산

$(1,000 \times 10) + (2,000 \times 5) + (3,000 \times 2) + (500 \times 8) + (10,000 \times 1)$

$= 10,000 + 10,000 + 6,000 + 4,000 + 10,000$

$= 40,000$원

▶ 2단계: 조사연도의 총지출 계산

$(1,200 \times 10) + (2,200 \times 5) + (3,300 \times 2) + (600 \times 8) + (10,500 \times)$

$= 12,000 + 11,000 + 6,600 + 4,800 + 10,500$

$= 44,900$원

▶ 3단계: 소비자물가지수(CPI) 계산

$\text{CPI} = \dfrac{44,900}{40,000} \times 100 = 112.25$

▶ 해석

소비자물가지수(CPI) = 112.25. 이는 기준연도(2020년) 대비 조사연도(2024년)에 소비자 물가가 약 12.25% 상승했음을 의미한다.

12. [프롬프트] 5가지 품목만 각각 생산된다는 가정하에 GDP 디플레이터 산정을 사례를 설명해줘.

(단위: 원)

품목	기준연도 가격	기준연도 생산량	조사연도 가격	조사연도 생산량
쌀	1,000	10	1,200	12
우유	2,000	5	2,200	5
자동차	20,000	1	21,000	2
컴퓨터	10,000	2	9,000	3
커피	3,000	6	3,500	8

▶ 1단계: 명목 GDP (조사연도 가격 × 조사연도 생산량)

$(1,200 \times 12) + (2,200 \times 5) + (21,000 \times 2) + (9,000 \times 3) + (3,500 \times 8)$

$= 14,400 + 11,000 + 42,000 + 27,000 + 28,000$

$= 122,400$원

▶ 2단계: 실질 GDP (기준연도 가격 × 조사연도 생산량)

$(1,000 \times 12) + (2,000 \times 5) + (20,000 \times 2) + (10,000 \times 3) + (3,000 \times 8)$

$= 12,000 + 10,000 + 40,000 + 30,000 + 24,000$

$= 116,000$원

▶ 3단계: GDP 디플레이터

GDP 디플레이터 $= \dfrac{\text{명목 GDP}}{\text{실질 GDP}} \times 100 = \dfrac{122,400}{116,000} \times 100 ≒ 105.52$

▶ 해석

GDP 디플레이터 = 105.52. 이는 기준연도(2020년)에 비해 조사연도(2024년)의 전체 생산물 가격 수준이 약 5.52% 상승했음을 의미한다. CPI와 달리 GDP 디플레이터는 수입 상품을 제외하고, 국내에서 생산된 전체 재화와 서비스를 기준으로 가격 변화를 측정한다.

13. [프롬프트] 지난 10년간 한국의 소비자 물가 변화 추이를 보여줘.

· (단위: %)

연도	소비자물가 상승률	주요 특징 또는 원인
2015	0.70%	저물가 지속, 에너지 가격 하락 영향
2016	약 1.0%	경기 부진 속 완만한 회복
2017	약 1.5%	유가 상승과 소비 회복 반영
2018	1.50%	생활물가 완만한 상승
2019	0.40%	식료품·석유류 가격 하락, 낮은 물가 상승
2020	-0.7%	코로나19로 인한 디플레이션 위험
2021	2.50%	수요 회복과 공급 병목 현상
2022	5.10%	에너지·식료품 가격 급등, 글로벌 인플레이션 충격
2023	3.60%	긴축정책 영향, 물가 상승세 둔화
2024	2.30%	물가 안정화, 목표 수준 회복

14. [프롬프트] 체감하는 물가상승율과 정부가 발표하는 물가상승률의 차이가 발생하는 이유는 무엇인가?

체감 물가상승률과 정부가 발표하는 공식 물가상승률(소비자물가 상승률, CPI) 사이에 차이가 나는 이유와 같이 측정 방식, 소비 구조, 심리적 요인 등 다양한 원인이 복합적으로 작용하기 때문이다.

○ 지수 산정 방식의 차이

정부가 발표하는 소비자물가지수(CPI)는 정해진 '대표 품목 바구니'의 평균 가격 변동을 기준으로 산정된다. 이 바구니는 식료품, 주거, 교통, 교육 등 수백 개 품목의 가격을 가중평균한 것이며, 전체 가구 평균 소비 패턴에 맞춰 설계된다. 그러나 실제 개개인은 이 바구니와 다른 소비 구조를 가지고 있어, 자신이 자주 구입하는 품목의 가격이 오르면 물가 상승을 더 크게 느낀다. 예를 들어, 외식을 자주 하는 사람은 식당 물가가 오르면 CPI 수치보다 훨씬 높게 체감할 수 있다.

○ 자주 접하는 가격일수록 민감하게 반응.

사람들은 자주 구매하거나 눈에 잘 띄는 가격에 더 민감하게 반응한다. 특히 식료품, 외식비, 기름값, 대중교통 요금은 매일 접하므로 조금만 올라가도 크게 느껴진다. 반면 가전제품이나 자동차처럼 드물게 구매하는 품목은 가격이 변해도 체감도가 낮다. 정부의 CPI는 고가품·저빈도 품목도 포함된 평균치이기 때문에, 일상에서 자주 체감하는 가격과는 온도차가 생긴다.

○ 주관적 심리 요인

심리적으로도 '가격이 오를 때는 기억에 오래 남고, 내릴 때는 금방 잊는 경향'이 있다. 예를 들어 같은 5% 변동이라도 상승은 크게, 하락은 작게 인식하는 경향이 있다. 또한, 뉴스에서 "고물가", "장바구니 물가 급등" 같은 자극적인 표현을 반복하면 체감 물가에 대한 불안감이 심리적으로 과장될 수 있다.

○ 소득 계층·세대별 소비 차이

저소득층, 고령층, 1인 가구 등은 고정지출 비중이 높고 소비 다양성이 낮아 일부 품목의 가격 상승에 더 민감하다. 예 저소득 가구에서 쌀, 라면, 도시가스 요금이 오르면 전체 지출에 미치는 영향이 커 실제보다 훨씬 더 큰 물가 상승을 체감하게 된다.

15. [프롬프트] 인플레이션을 종류를 설명해줘.

인플레이션(Inflation)은 일반적인 물가 수준이 지속적으로 상승하는 현상이며, 원인과 양상에 따라 여러 가지 종류로 분류된다. 인플레이션의 유형을 구분하면 물가 상승의 원인을 더 정확히 파악하고, 그에 맞는 경제 정책을 설계할 수 있다. 아래는 대표적인 인플레이션의 종류들이다. 인플레이션은 다양한 원인으로 발생할 수 있으며, 특히 경제학에서는 그 원인에 따라 인플레이션을 몇 가지 유형으로 구분한다. 이 중 대표적인 세 가지는 수요견인 인플레이션, 비용 인상 인플레이션, 그리고 통화 인플레이션이다. 각각은 인플레이션의 발생 메커니즘이 다르기 때문에, 원인을 정확히 이해하는 것이 정책 대응의 핵심이 된다.

○ **수요견인 인플레이션(Demand-Pull Inflation)**

총수요가 총공급보다 빠르게 증가할 때 발생한다. 즉, 소비자, 기업, 정부 등 경제 주체들이 상품과 서비스를 많이 구매하려는 반면, 시장에 나와 있는 재화나 서비스가 그것을 충족시키기에는 부족한 상황에서 가격이 오르게 되는 것이다. 보통 경기 호황기나 정부의 재정 지출 확대, 금리 인하 등으로 소비와 투자가 활발해질 때 발생한다. 예를 들어, 정부가 대규모 경기부양책을 시행하거나, 중앙은행이 기준금리를 낮춰 소비자들의 대출과 지출이 급증하면, 수요가 공급을 초과하게 되고 이는 가격 상승으로 이어진다. 이처럼 수요가 경제의 생산 능력을 넘어서면서 발생하는 물가 상승은 일반적으로 경제가 과열 국면에 진입했음을 시사하기도 한다.

○ **비용 인상 인플레이션(Cost-Push Inflation)**

총공급 측면에서 발생하는 인플레이션이다. 이는 원자재 가격 상승, 임금 인상, 환율 변동 등으로 인해 기업의 생산비용이 증가하면서, 그 부담이 소비자 가격에 전가되는 형태로 나타난다. 수요가 증가하지 않아도, 공급 측 충격만으로도 물가가 오를 수 있는 것이다. 예를 들어 국제 유가가 급등하면, 이를 사용하는 운송비, 전기료, 원재료비 등이 함께 오르게 되고, 이는 상품과 서비스의 가격 전반에 파급된다. 또한 인건비가 급격히 상승할 경우에도 기업은 가격 인상을 통해 비용을 보전하려 하므로 물가가 오르게 된다. 비용 인상 인플레이션은 공급망 문제, 글로벌 충격, 노동시장 구조 등 다양한 외생적 요인과 연관되어 있어, 단기간 내에 해결이 어려운 경우가 많다.

○ 통화 인플레이션(Monetary Inflation)

중앙은행이 지나치게 많은 화폐를 시장에 공급함으로써 발생한다. 통화주의 경제학에서는 "인플레이션은 언제 어디서나 화폐적 현상"이라는 관점을 강조하며, 통화량 증가율이 물가상승률을 결정한다고 본다. 화폐가 과도하게 공급되면, 사람들의 손에 돌아다니는 돈이 증가해 상대적으로 화폐의 가치가 떨어지고, 그 결과 상품과 서비스의 가격이 전반적으로 상승한다. 예를 들어 정부가 재정 적자를 메우기 위해 중앙은행에 화폐를 찍어내게 하면, 화폐 공급이 급증하고 인플레이션이 발생한다. 특히 이런 과정이 지속되면 하이퍼인플레이션으로 이어질 수 있으며, 역사적으로는 독일 바이마르 공화국이나 짐바브웨, 베네수엘라 등에서 극단적인 사례가 나타난 바 있다. 통화 인플레이션은 정부의 재정·통화 운영 신뢰성과 직결되는 문제이기도 하다.

16. [프롬프트] 인플레이션은 실물경제에 어떤 영향을 미치나?

인플레이션은 단순히 가격이 오르는 현상 이상으로, 실물경제 전반에 광범위한 영향을 미치는 거시경제 변수이다. 물가 상승이 일정 수준일 경우 경제에 긍정적인 신호로 작용할 수도 있지만, 과도하거나 불안정한 인플레이션은 생산, 소비, 투자, 분배 등 여러 영역에 부정적인 파급 효과를 미친다. 아래는 인플레이션이 실물경제에 미치는 주요 영향이다.

○ 구매력 약화와 실질소득 감소

인플레이션이 발생하면 같은 금액으로 구매할 수 있는 재화와 서비스의 양이 줄어들어, 화폐의 실질 구매력이 하락한다. 고정된 명목소득을 받는 사람일수록 피해가 크다. 예를 들어 월급이 그대로인데 생활비가 오르면 가계의 실질소득은 감소한다. 이는 저소득층이나 고정소득층(연금생활자 등)에게 특히 불리하며, 소득 불평등을 심화시키는 요인으로 작용한다.

○ 소비와 저축의 왜곡

물가가 계속 오를 것으로 예상되면, 사람들은 미래의 구매비용이 더 높아질 것이라고 생각하여 현재 소비를 앞당기게 된다. 이러한 소비는 일시적으로 증가하지만, 이는 장기적 소비 왜곡을 초래할 수 있다. 한편, 실질이자율(명목이자율 − 물가상승률)이 하락하면 은행 예금의 실질가치가 줄어들어 저축 유인이 약화된다. 결국 인플레이션은 소비 증가와 저축 감소의 방향으로 자금 흐름을 왜곡할 수 있다.

○ **투자와 기업경영의 불확실성 증가**

인플레이션이 불안정하거나 예측이 어려울 경우, 기업은 미래의 원가, 판매가격, 실질 수익성 등을 예측하기 어려워져 투자 결정을 유보하게 된다. 특히 비용 인상 인플레이션이 발생하면 생산비가 불안정해지고, 기업은 수익성을 방어하기 위해 가격을 올리게 되어 가격 전가 악순환이 발생한다. 또한, 고정금리로 대출을 받은 기업은 실질 채무 부담이 줄어들어 이득을 보기도 하지만, 전반적으로는 불확실성 증가로 인해 설비 투자나 고용 확대에 소극적이 되기 쉽다.

○ **소득과 자산의 불균형 심화**

인플레이션은 명목 소득이 아니라 실질 소득 기준에서의 분배 왜곡을 초래한다. 물가 상승 속도에 따라 임금 인상이 지체되면 노동자의 실질 임금은 감소하게 된다. 반면, 부동산·주식·금과 같은 실물자산을 보유한 계층은 자산 가치 상승을 통해 오히려 인플레이션의 수혜를 입는다. 결과적으로 자산 보유 계층과 비보유 계층 간의 격차가 확대되고, 사회적 갈등 요인이 될 수 있다.

챗GTP를 활용한 연습문제

01. 실업률 문항 예시

프롬프트

※ 이 자료를 바탕으로 다음 질문에 답하시오.

A시의 15세 이상 인구는 총 1,000명이다. 다음은 A시의 노동시장에 대한 통계 자료이다.
- 취업자 수: 720명
- 실업자 수: 80명
- 비경제활동인구: 200명

1. A시의 실업률은 얼마인가?
2. A시의 경제활동참가율은 얼마인가?
3. A시의 고용률은 얼마인가?

응답결과

: 기본 개념 정리
- 경제활동인구 = 취업자 + 실업자 = 720 + 80 = 800명
- 15세 이상 인구 = 경제활동인구 + 비경제활동인구 = 800 + 200 = 1,000명

1. 실업률 = (실업자 / 경제활동인구) × 100

$$= \left(\frac{80}{800}\right) \times 100 = \boxed{10\%}$$

2. 경제활동참가율 = (경제활동인구 / 15세 이상 인구) × 100

$$= \left(\frac{800}{1,000}\right) \times 100 = \boxed{80\%}$$

3. 고용률 = (취업자 / 15세 이상 인구) × 100

$$= \left(\frac{720}{1,000}\right) \times 100 = \boxed{72\%}$$

02. 소비자물가지수(CPI) 문항 예시

프롬프트

※ 이 자료를 바탕으로 다음 질문에 답하시오.

한 가정은 기준연도와 조사연도에 다음 3가지 품목을 다음과 같이 소비하였다.

품목	기준연도 가격(원)	조사연도 가격(원)	소비량(고정)
쌀	1,000	1,100	10
우유	2,000	2,200	5
전기요금	4,000	4,600	5

1. 기준연도의 총지출액은 얼마인가?
2. 조사연도의 총지출액은 얼마인가?
3. 소비자물가지수(CPI)는 얼마인가? (기준연도 CPI = 100 기준)
4. 물가 상승률은 몇 퍼센트인가?

응답결과

- **1단계: 기준연도 총지출 계산**

  $(1,000 \times 10) + (2,000 \times 5) + (4,000 \times 5) = 10,000 + 10,000 + 20,000 = 40,000$원

- **2단계: 조사연도 총지출 계산**

  $(1,100 \times 10) + (2,200 \times 5) + (4,600 \times 5) = 11,000 + 11,000 + 23,000 = 45,000$원

- **3단계: 소비자물가지수(CPI) 계산**

  $$CPI = \left(\frac{45,000}{40,000}\right) \times 100 = 1.125 \times 100 = 112.5$$

- **4단계: 물가 상승률 계산**

  물가 상승률 = CPI − 100 = 112.5 − 100 = 12.5%

03. GDP 디플레이터 문항 예시

프롬프트

※ 이 자료를 바탕으로 다음 질문에 답하시오.

한 나라에서 기준연도와 조사연도에 다음과 같은 생산 활동이 이루어졌다.

품목	기준연도 가격(원)	조사연도 가격(원)	조사연도 생산량
자동차	20,000	24,000	3
스마트폰	10,000	12,000	4
쌀	2,000	2,400	5

1. 조사연도의 명목 GDP는 얼마인가?
2. 조사연도의 실질 GDP는 얼마인가? (기준연도 가격 기준)
3. GDP 디플레이터는 얼마인가? (기준연도 = 100 기준)
4. 물가 상승률은 몇 퍼센트인가?

응답결과

1. 명목 GDP = (24,000 × 3) + (12,000 × 4) + (2,400 × 5)
   = 72,000 + 48,000 + 12,000 = 132,000원

2. 실질 GDP = (20,000 × 3) + (10,000 × 4) + (2,000 × 5)
   = 60,000 + 40,000 + 10,000 = 110,000원

3. GDP 디플레이터 = (132,000 ÷ 110,000) × 100 = 120

4. 물가 상승률 = 120 − 100 = 20%

심화학습 [프롬프트]

01. [프롬프트] 인플레이션과 디플레이션은 각각 경제에 어떤 영향을 미치는가?

02. [프롬프트] 자연실업률이란 무엇이며, 왜 항상 0이 될 수 없는가?

03. [프롬프트] 구조적 실업과 마찰적 실업의 차이는 무엇인가?

04. [프롬프트] 실업률이 낮으면 항상 좋은 경제 상황이라고 할 수 있는가?

05. [프롬프트] 인플레이션은 항상 나쁜가, 때로는 경제에 도움이 될 수도 있는가?

06. [프롬프트] 실업이 사회 전체에 미치는 경제적·심리적 비용은 무엇인가?

07. [프롬프트] 중앙은행이 기준금리를 인상하면 실업률에 어떤 영향을 미치는가?

08. [프롬프트] 스태그플레이션이 발생했던 대표적인 역사적 사례는 무엇이며, 그 원인은?

09. [프롬프트] 2020년대 초반 코로나19 팬데믹 당시 실업과 물가에 어떤 변화가 있었나?

10. [프롬프트] 남미 국가들(예 아르헨티나, 베네수엘라)의 하이퍼인플레이션 사례를 통해 무엇을 배울 수 있을까?

11. [프롬프트] 최저임금 인상이 실업률에 미치는 영향에 대한 논쟁은 왜 발생하는가?

12. [프롬프트] 자동화와 기술 혁신은 앞으로의 실업 구조에 어떤 영향을 줄 것인가?

13. [프롬프트] 실업률이 낮은데도 체감 경기가 나쁘다고 느껴지는 이유는?

14. [프롬프트] 실업 통계가 실제 실업 상황을 과소평가할 수 있는 이유는?

[1~4] 아래 사례를 바탕으로 다음 물음에 답하시오.

대학생 유진은 '실업과 물가' 수업에서 실업률 변화의 원인과 유형에 대해 공부하고 있다. 최근 한국의 실업률 통계를 보고, 코로나19 이후 실업률이 급등했다가 완만하게 하락한 흐름에 주목하게 되었다. 교수님은 실업률의 수치 변화뿐 아니라 실업의 원인에 따라 실업의 성격이 다르다는 점을 강조했고, 유진은 이를 ChatGPT를 통해 더 자세히 분석하고 있다.

연도	실업률(%)	주요 특징
2015	3.55	평균치 수준
2020	3.93	COVID-19 충격으로 상승
2022	2.86	회복 국면
2024	2.60	역대 최저 수준 접근

1. 2020년 실업률이 급등한 가장 주된 실업 유형은 무엇으로 분류되는가?

① 마찰적 실업 ② 구조적 실업
③ 경기적 실업 ④ 계절적 실업

【해설】
2020년은 COVID-19 팬데믹으로 인해 전 세계적으로 경제 활동이 급격히 위축되던 시기이다. 한국도 마찬가지로 소비, 생산, 수출 등 모든 부문에서 충격을 받았고 이에 따라 고용 시장 역시 큰 타격을 입었다. 이처럼 전체적인 경기 침체로 인해 기업들이 인력 감축에 나서고, 일자리를 찾는 사람은 많지만 고용 수요가 줄어드는 상황에서 발생하는 실업을 경기적 실업이라고 한다. 마찰적 실업은 노동시장 내에서 직장을 옮기거나 졸업 후 구직 과정 중 일시적으로 발생하는 실업이며, 구조적 실업은 산업구조 변화로 인한 장기 실업, 계절적 실업은 농업이나 관광 등 계절에 따라 수요가 달라지는 분야에서 발생하는 실업이다. 따라서 COVID-19와 같은 외생적 충격으로 인한 일시적 실업 증가는 경기적 실업으로 분류된다.

정답 | ③

2. 2024년 실업률이 역대 최저치를 기록한 주된 원인으로 보기 어려운 것은?

① 경제 회복에 따른 고용 증가
② 서비스업의 고용 확대
③ 정부의 고용 촉진 정책
④ 마찰적 실업의 증가

【해설】
2024년의 실업률이 2.60%로 역대 최저 수준까지 하락했다는 점은 전반적인 고용 환경이 개선되었음을 의미한다. 이런 실업률 하락의 주요 원인으로는 경기 회복, 서비스업 중심의 일자리 창출 증가, 정부의 고용 정책 등이 일반적으로 거론된다. 마찰적 실업은 구직자들이 일자리를 찾는 과정에서 일시적으로 실업 상태에 머무는 것으로, 고용 시장이 활발할수록 증가하는 경향이 있다. 다시 말해 노동 시장이 유연하게 작동하고 있다면 마찰적 실업은 일정 수준 존재하게 마련이며, 오히려 고용이 활발할수록 단기적인 이직과 이동이 늘어날 수도 있다. 하지만 문항에서는 "실업률이 역대 최저 수준"이라고 했으므로 마찰적 실업의 증가는 오히려 실업률을 높이는 요인이기 때문에 실업률 하락의 원인으로 판단하기 어렵다.

정답 | ④

3. 실업률 수치만으로는 체감 실업 상황을 정확히 파악하기 어려운 이유는?

① 실업률은 실제 일자리를 가진 사람만 조사한다.
② 실업률은 정부가 조작할 수 있는 수치이다.
③ 구직 단념자나 시간제 근로자는 실업자에서 제외되기 때문이다.
④ 실업률은 전체 인구가 아니라 외국인만 조사한다.

【해설】
실업률은 일반적으로 경제활동인구 중 실업자의 비율로 계산된다. 여기서 실업자란 일정 기간동안 일자리를 찾기 위해 적극적으로 구직활동을 했으나 취업하지 못한 사람을 의미한다. 문제는 구직을 포기한 사람(구직 단념자)이나 원치 않게 단시간만 일하는 근로자(불완전 취업자)는 실업자로 분류되지 않는다는 점이다. 이들은 실업률 통계에서는 빠져 있지만, 실제로는 '일을 못 하거나 부족하게 하는' 상태이므로 체감 실업률은 공식 수치보다 훨씬 높게 느껴질 수 있다. 실업률은 고용 여부를 기준으로 하며 정부가 조작할 수 있는 지표가 아니고, 외국인만 대상으로 조사하지도 않는다.

정답 | ③

4. 실업률이 낮아지는 동시에 경제활동참가율도 낮아졌다면 이에 대한 가장 적절한 해석은?

① 고용 시장이 활기를 띠고 있다.
② 구직자 수가 많아졌다.
③ 구직을 포기한 사람들이 늘어났다.
④ 청년층 실업률이 개선되었다.

【해설】
실업률이 낮아지는 것은 일반적으로 긍정적인 신호처럼 보이지만, 동시에 경제활동참가율이 함께 낮아졌다면 이 현상은 '고용이 좋아졌다'는 뜻이 아닐 수 있다. 경제활동참가율은 전체 인구 중에서 노동시장에 참여한 비율을 의미한다. 이 수치가 떨어졌다는 것은 곧 노동시장에 참여하지 않는 사람들이 늘었다는 뜻이다. 즉, 구직 의지를 포기한 구직 단념자가 증가했을 가능성이 크다. 이러한 상황에서는 실업률 계산의 분모(경제활동인구)가 줄어들기 때문에, 실업률은 낮게 나오더라도 실질적인 고용 여건은 개선되지 않았을 수 있다. 따라서 고용 시장을 정확히 진단하려면 실업률뿐 아니라 경제활동참가율, 고용률, 체감실업률 등 다양한 지표를 함께 봐야 한다.

정답 | ③

[5~7] 아래 사례를 바탕으로 다음 물음에 답하시오.

민호는 ChatGPT를 통해 실업률에 대해 조사하던 중 아래와 같은 설명을 받았다.

- 실업률은 경제활동인구 중에서 일할 의사와 능력이 있지만 일자리를 갖지 못한 사람의 비율이다.
- 주당 1시간 이상이라도 수입을 목적으로 일한 경우에는 취업자로 분류되기 때문에, 단시간 근로자도 실업자에 해당하지 않는다.
- 구직 단념자도 실업자에 포함되어 실업률에 반영된다는 주장이 있었고, 아르바이트처럼 잠깐만 일하는 경우는 실업자로 간주된다.
- 실업률만으로는 고용 시장의 전반적인 상황을 설명하기 어렵기 때문에, 체감 실업률이나 고용률 같은 보조 지표와 함께 살펴보는 것이 바람직하다.

민호는 수업 시간에 배운 내용을 떠올리며, 이 가운데 일부 설명이 통계청의 공식 기준과 맞지 않는다는 점을 확인하고, AI가 제공하는 정보라도 비판적으로 검토하는 태도가 중요하다는 사실을 다시 한 번 깨달았다.

5. 위의 사례에서 AI가 민호에게 제공한 올바르지 않은 설명은?

① 실업률은 경제활동인구 중 일할 의사와 능력이 있으나 일자리를 갖지 못한 사람의 비율이다.
② 주당 1시간 이상만 일해도 취업자로 분류되기 때문에 실업자에 해당하지 않는다.
③ 실업률만으로는 고용 상황을 충분히 설명할 수 없기 때문에, 고용률 같은 지표도 함께 고려해야 한다.
④ 아르바이트처럼 잠깐 일을 하는 경우에는 실업자로 간주된다.

【해설】
아르바이트도 유급으로 일을 하는 노동자임으로 취업자로 분류된다. 공식적인 고용 통계에서는 고용의 질보다는 유급 여부과 시간이 판단기준이다. 따라서 단기, 임시 근로 역시 실업자가 아니라 취업자로 분류된다.

정답 | ④

6. 다음 중 '실업자'의 공식 정의에 해당하지 않는 사람은?

① 26세 구직 중 청년
② 반복된 탈락으로 구직을 포기한 사람
③ 최근 3주간 이력서를 낸 대졸 취업 준비생
④ 퇴사 후 일자리 탐색 중인 근로자

【해설】
통계청과 국제노동기구(ILO)의 기준에 따르면, 실업자는 다음 3가지 요건을 모두 충족해야 한다. 일할 의사가 있어야 하며, 일할 능력이 있어야 하고, 최근 일정 기간(한국은 4주 이내)에 적극적으로 구직 활동을 했음이 입증되어야 한다. 반복된 탈락 등으로 인해 구직을 포기하고 더 이상 적극적인 구직활동을 하지 않는 '구직 단념자'이다. 이들은 통계상으로는 비경제활동인구로 분류되어 실업자에 해당하지 않는다. 구직 의사와 능력이 있는 청년, 이력서 제출이 확인된 취준생. 퇴사 후 일자리 탐색 중인 사람들은 실업자에 해당한다.

정답 | ②

7. 다음 중 체감실업률보다 공식적인 실업률이 일반적으로 낮은 요인으로 가장 적절한 것은?

① 통계청이 매월 조사하기 때문이다.
② 실업률이 기준연도에 따라 달라지기 때문이다.
③ 실업률은 임의 추출 방식으로 산출된다.
④ 주 1시간만 일해도 취업자로 분류되기 때문이다.

【해설】
공식 실업률 통계에서는 주당 단 1시간만 일해도 '취업자'로 분류된다. 이는 국제 기준에 부합하지만, 불완전 고용 상태의 사람들 즉 원하지 않는 단기·시간제 근로자까지도 취업자로 포함되기 때문에 실제 고용시장 체감과는 괴리가 발생한다. 또한, 구직 단념자는 실업률 계산에서 빠지고, 비자발적 비정규직, 초단기 계약직 등도 실업자로 간주되지 않기 때문에 실질 체감 실업 상황은 공식 실업률보다 나쁘게 인식되는 경향이 있다. 조사의 빈도는 체감 실업률과 직접적인 관련 없고 기준연도는 실업률 산정에 큰 영향을 주지 않는다. 또한 임의 추출은 표본오차에 영향은 주지만 체계적인 낮은 수치를 유발하지 않는다. 따라서 공식 실업률이 체감 실업률보다 낮게 나타나는 주된 이유는 주 1시간만 일해도 취업자로 보기 때문이다.

정답 | ④

[8~11] 아래 사례를 바탕으로 다음 물음에 답하시오.

> 대학교 2학년생 지후는 '거시경제의 이해' 수업 시간에 "실업률과 체감 실업률의 차이를 AI를 활용해 조사하라"는 과제를 받았다. 교수님은 ChatGPT 등의 생성형 AI를 활용해 자료를 찾되, "프롬프트 설계 → AI 응답 수집 → 비판적 검토"의 단계를 거치며 사고 과정을 명확히 기록하라고 주문했다.
>
> 지후는 아래와 같은 과정을 밟아 조사하였다.
>
> - [프롬프트]
> - "실업률이 낮은데도 청년들이 체감하는 실업률이 높다고 해요. 왜 그런지 쉽게 설명해줘."
>
> - [응답결과]
> - 공식 실업률은 최근 4주 동안 구직 활동을 한 사람만 실업자로 간주해요. 하지만 구직 단념자, 잠재 구직자, 단시간 근로자 등은 실업자로 포함되지 않아요. 이런 사람들까지 포함하면 체감 실업률은 더 높게 느껴질 수 있어요. 특히 청년층은 아르바이트 같은 불완전 고용 상태가 많기 때문에 더 심각하게 느낄 수 있어요.

8. 지후가 작성한 프롬프트의 장점으로 가장 적절한 것은?

① 수치 기반의 구체적인 비교를 요청했다.
② 비교 대상을 명확히 제시했다.
③ 질문이 광범위해 AI의 창의성을 높인다.
④ 맥락이 명확하고 쉽게 설명을 요청했다.

【해설】
지후가 처음 작성한 프롬프트는 "실업률이 낮은데도 청년들이 체감하는 실업률이 높다고 해요. 왜 그런지 쉽게 설명해줘."라는 문장이다. 이 프롬프트는 청년층이라는 특정 집단을 대상으로 한 사회 현상을 언급하며, 그 이유에 대한 설명을 요청하고 있다. 특히 "쉽게 설명해줘"라는 표현을 통해 ChatGPT가 어려운 경제 개념을 학습자 수준에 맞춰 풀이할 수 있도록 유도하고 있다는 점에서 장점이 있다. 질문 자체도 상황 맥락이 포함되어 있어 AI가 보다 적절한 응답을 생성할 가능성이 높아진다. 따라서 이 프롬프트의 가장 큰 장점은 맥락이 명확하고, 설명 방식에 대한 요구가 구체적이라는 점이다.

정답 | ④

9. 위의 ChatGPT 응답과 다른 실업 관련 설명은?

① 공식 실업률은 구직 활동 여부를 기준으로 한다.
② 구직 단념자는 실업률 계산에 포함된다.
③ 단시간 근로자는 실업자로 간주되지 않는다.
④ 체감 실업률에는 통계상 실업자가 아닌 사람도 포함된다.

【해설】
ChatGPT의 응답 중 "구직 단념자도 실업자로 간주된다"는 설명은 사실과 다르다. 통계청과 국제노동기구(ILO)의 기준에 따르면, 실업자는 일할 의사와 능력이 있고, 최근 일정 기간(한국 기준으로는 4주 이내)에 적극적으로 구직 활동을 한 사람을 말한다. 반면, 구직 단념자는 구직을 원하지만 오랜 실직이나 반복된 실패로 구직 활동을 하지 않은 사람들로, '비경제활동인구'에 속하며 실업자나 실업률 계산에서 제외된다. 따라서 이 설명은 실업자와 비경제활동인구의 경계를 혼동한 잘못된 진술이다.

정답 | ②

10. 지후가 더 정확한 비교와 수치를 요청하고 싶다면, 다음 중 가장 적절한 수정 프롬프트는?

① "청년 체감 실업률이 왜 높은지 다시 설명해줘."
② "실업률이 낮은데 청년들은 왜 취업이 어렵다고 느껴요?"
③ "2023년 청년 실업률과 고용보조지표3을 비교해줘. 각각 수치를 알려줘."
④ "실업률이랑 고용률은 같은 거야?"

【해설】
지후가 수치를 비교하고 정확한 정보를 얻고자 한다면 프롬프트에는 몇 가지 요소가 명확히 포함되어야 한다. 먼저 비교 대상이 되는 지표가 명시되어야 하며, 시점과 비교 방식이 구체적으로 표현되어야 한다. 이 조건을 충족하는 문장은 "2023년 청년 실업률과 고용보조지표3을 비교해줘. 각각 수치를 알려줘."이다. 이 프롬프트는 지표 명칭, 연도, 비교 요청, 수치 요구를 모두 포함하고 있어 AI가 정확하고 유용한 응답을 제공할 수 있도록 유도한다. 반면 다른 보기들은 개념적 설명에 그치거나 질문 자체가 모호해 통계 기반 비교에 적절하지 않다.

정답 | ③

11. 지후가 AI 응답을 교차 검토하고자 할 때, 가장 효과적인 방법은?

① AI 응답을 그대로 과제에 복사해 붙인다.
② 추가로 다른 프롬프트를 여러 번 반복해본다.
③ 학교 수업 자료나 통계청 자료를 함께 참고한다.
④ AI 응답을 블로그에 올려 친구들과 공유한다.

【해설】
AI의 응답은 일반적으로 다양한 자료와 패턴에 기반하여 생성되지만 모든 정보가 최신이거나 정확한 것은 아니다. 따라서 경제 지표나 통계와 같은 주제에서는 반드시 공신력 있는 공식 자료를 함께 참고해야 한다. 지후가 가장 효과적으로 교차 검토를 하는 방법은 학교 수업 자료나 통계청, KOSIS 같은 국가기관의 데이터를 활용하는 것이다. 이는 교수님이 과제 지침에서 강조한 "AI의 정보를 비판적으로 검토하라"는 요구와도 일치한다. 단순히 여러 번 AI에게 질문을 반복하거나, 친구들과 공유하는 것만으로는 정보의 정확성을 검증하는 데 한계가 있다.

정답 | ③

2장 | GDP와 경기 변동 분석

1. GDP

01. [프롬프트] GDP의 정의를 설명해줘.

나라의 경제 흐름을 살펴보는 데 있어 가장 중요한 변수를 하나로 단정할 수 없지만, 다음과 같은 몇 가지 핵심 경제 지표들이 복합적으로 살펴보면 경기흐름을 파악할 수 있다. 특히 그 나라의 경제 구조와 현재의 경제 상황(예 인플레이션 우려, 경기 침체 등)에 따라 주요한 변수는 달라질 수 있다. 대표적인 경제 지표는 국내총생산(GDP), 물가, 실업률, 금리, 환율 등이 있다.

이러한 주요 변수 가운데 국내총생산(GDP; Gross Domestic Product)은 한 나라 경제를 이해하는 데 있어 가장 핵심적인 거시경제 지표이다. GDP는 일정 기간 동안 한 나라 안에서 새롭게 생산된 모든 최종 재화와 서비스의 시장가치의 합을 뜻합니다. 이런 GDP는 나라 경제의 '크기'나 '소득 수준', '성장 속도'를 판단할 때 반드시 활용하는 대표적인 경제 지표이다.

앞서 살펴본 바와 같이 국내총생산(GDP)이란 "한 나라의 영토 내에서 일정 기간 동안 생산된 모든 최종 재화와 서비스의 총합(시장가치 기준)"을 의미한다. 따라서 아래 핵심 요소를 모두 충족하는 경제활동만이 GDP 산정에 포함될 수 있다.

핵심 요소	설명	사례
국내	국적이 아니라 '생산된 장소'가 기준	한국 내 외국 기업 생산은 한국 GDP에 포함
일정 기간	특정 시점이 아닌 분기 또는 연간 기준	2025년 GDP는 2025년 내 생산만 포함
최종 재화 서비스	소비·투자에 직접 쓰이는 생산물만 포함	케이크는 포함되지만 그 재료인 밀가루는 제외
시장가치	수량이 아니라 시장가격 기준으로 측정	자동차, 사과, 진료 서비스 등 모두 화폐로 환산하여 합산

위의 핵심 요소 가운데 "국내"란 GDP에서 "국내"란 국적이 아니라 지리적 경계, 즉 그 나라의 국토 안에서 생산된 모든 경제 활동을 의미한다. 예를 들어, 미국 기업 기업이 한국에서 완성품을 조립 생산하면 해당 생산활동은 한국의 GDP에 포함된다. 반대로 한국 기업인 삼성전자가 베트남 공장에서 스마트폰을 생산하면 그것은 베트남의 GDP에 포함되고, 한국 GDP에는 포함되지 않는다. 이처럼 생산이 이루어진 '장소'가 GDP의 포함 여부를 결정한다.

또한 GDP는 특정 시점이 아니라 일정 기간(분기 또는 1년) 동안 생산된 가치만 측정한다. 예를 들어 2025년 GDP는 2025년 1월 1일부터 12월 31일까지 생산된 모든 최종 재화와 서비스의 시장가치를 합한 것이다. 이전 해에 만들어졌던 제품을 그 해에 팔더라도 GDP 산출 기준이 생산 시점이므로 당해 GDP에는 포함되지 않으며, '재판매' 혹은 '중고제품' 판매 역시 당해 GDP에 포함되지 않는다. 그리고 '최종 소비 또는 투자에 사용되는 재화와 서비스'만 포함하며, 중간재는 이중 계산을 방지하기 위해 제외된다. 예를 들어 제과점에서 파는 케이크는 최종재이지만, 그 케이크를 만들기 위해 쓰인 밀가루, 계란, 설탕 등은 중간재이므로 GDP에 따로 계산되지 않는다. 다시 말해 자동차는 최종재이지만, 그 안에 들어가는 타이어나 유리는 이미 자동차 가격에 포함되어 있으므로 개별적으로 다시 합산하지 않는다.

끝으로 GDP는 다양한 재화와 서비스를 공통된 단위인 화폐(예 원화, 달러)로 환산하여 계산한다. 예를 들어 한 해 동안 생산된 자동차 1,000대와 사과 50만 개, 병원 진료 10만 건은 서로 단위와 성격이 달라 직접 비교할 수 없다. 그러나 각각을 시장가격으로 반영하면, 자동차(3,000만 원 × 1,000대 = 300억 원), 사과(1,000원 × 50만 개 = 5억 원), 병원 진료(3만 원 × 10만 건 = 30억 원)처럼 모두 '화폐가치'로 환산되어 합산할 수 있다. 이때 사용되는 가격은 해당 시점의 시장가격이며, 이는 소비자가 실제로 지불하는 금액이다.

02. [프롬프트] GDP의 세 가지 계산 방법(삼면등가의 법칙)을 설명해줘.

GDP는 아래와 같은 방법으로 계산할 수 있다.

방식	설명	예시
지출의 총합	사람들이 어디에 얼마를 썼는가	소비 + 투자 + 정부지출 + 순수출
생산량의 총합	산업별 생산 부가가치 총합	제조업, 농업, 서비스업 등 부가가치 합계
분배(소득)의 총합	생산 과정에서 발생한 소득 총합	임금 + 이자 + 지대 + 이윤

첫째, 지출 접근법은 국민이 무엇에 얼마를 지출했는지를 바탕으로 GDP를 계산한다. 이 방식은 다음과 같은 항목으로 구성된다.

$$GDP = C + I + G + (X - M)$$

GDP는 한 나라에서 일정 기간 동안 새롭게 생산된 재화와 서비스의 가치를 측정하는 대표적인 경제 지표이다. 이를 계산하는 방법 중 하나인 지출 접근법은 사람들이 어디에 돈을 썼는지를 기준으로 한다. 여기서 C는 민간 소비, I는 기업의 투자, G는 정부 지출, X는 수출, M은 수입을 뜻한다. 예를 들어 어떤 해에 가구가 쌀, 스마트폰, 외식 등에 지출한 금액은 민간 소비 C에 해당하며, 기업이 공장을 새로 짓기 위해 지출한 금액은 투자 I에 포함된다. 정부가 도로를 건설한 비용은 정부 지출 G이며, 해외로 수출한 반도체 판매 수입은 수출 X, 해외에서 수입한 원유의 지출은 수입 M으로 계산된다. 이처럼 GDP는 민간 소비, 기업 투자, 정부 지출, 순수출(즉 수출에서 수입을 뺀 값)을 모두 합산하여 계산된다.

생산 접근법은 최종 생산물의 가치에서 중간재의 가치를 뺀 부가가치를 기준으로 GDP를 산출하는 방식이다. 예를 들어 한 해 동안 한 제과업체가 2,000만 원어치의 빵을 생산했다고 가정하면, 이 업체는 밀가루를 중간재로 1,000만 원어치 사용하였다. 이 경우, 제과업체가 새롭게 창출한 가치는 2,000만 원에서 1,000만 원을 뺀 1,000만 원으로 계산된다. 그러나 GDP는 전체 경제에서 발생한 부가가치의 합이므로, 밀가루를 만든 생산 과정에서 발생한 부가가치도 함께 고려해야 한다. 만약 밀가루 생산업자가 곡물을 가공하여 창출한 부가가치가 1,000만 원이라면, 제과업체와 밀가루 업체에서 각각 1,000만 원씩 총 2,000만 원의 부가가치가 발생한 셈이 되고, 이것이 생산 측면에서의 GDP가 된다.

소득 접근법은 생산 활동을 통해 얻어진 소득의 합을 기준으로 GDP를 계산하는 방식이다. 여기에는 임금, 지대, 이자, 이윤 등의 요소 소득이 포함된다. 빵과 밀가루를 만드는 과정에서 근로자들에게 임금으로 1,000만 원을 지급하였다면 이는 임금 소득에 해당하고, 제과업체가 공장 건물을 빌려 사용하면서 임대료로 300만 원을 지급하였다면 이는 지대 소득으로 포함된다. 그리고 밀가루와 빵 생산자가 자금을 빌리고 이에 대한 대가로 이자를 총 200만 원을 지불하였다면 이는 이자 소득이 되며, 제과업체와 밀가루 생산업체가 벌어들인 순이익이 합쳐서 500만 원이라면 이는 이윤 소득으로 계산된다. 이렇게 임금 1,000만 원, 지대 300만 원, 이자 200만 원, 이윤 500만 원을 모두 더하면 총 2,000만 원이 되고, 이 금액이 바로 소득 측면에서 본 GDP가 된다.

03. [프롬프트] 명목 GDP와 실질 GDP를 설명해줘.

앞서 살펴본 바와 같이 명목 GDP는 생산량의 증가뿐 아니라 물가의 변화도 함께 반영되기 때문에, 그 나라의 경제 규모나 성장률을 정확히 파악하려면 명목 GDP(Nominal GDP)와 실질 GDP(Real GDP)를 구분해서 평가해야 한다. 명목 GDP는 해당 연도 실제 시장에서 거래된 가격(시장가격)을 기준으로 계산한 GDP이다. 즉, 물가 상승(인플레이션)이나 하락(디플레이션)의 영향을 포함한다. 예를 들어 쌀 한 포대가 작년에 2만 원이었고 올해 2만 5천 원으로 올랐다면, 생산량이 같아도 올해 명목 GDP는 더 증가한다. 이는 생산량 증가 때문이 아니라 단지 가격이 올랐기 때문이다. 반면 실질 GDP는 기준연도의 가격(고정가격)을 기준으로 계산한 것으로, 물가 변동의 영향을 제거한 순수한 생산량의 변화만 GDP 산정에 반영한다. 따라서 실질 GDP는 한 나라의 경제가 실제로 얼마나 성장했는지를 보여주는 지표로 활용된다.

▶ A국의 GDP 예시

항목	기준연도 (2020년)	조사 연도 (2025년)
자동차 생산량	1,000대	1,000대
자동차 가격	30,000,000원	36,000,000원

- 명목 GDP (2025) = 1,000대 × 36,000,000원 = 36억 원
- 실질 GDP (2025, 2020년 가격 기준) = 1,000대 × 30,000,000원 = 30억 원

- 위의 경우 5년 동안 생산량은 전혀 늘지 않았지만, 명목 GDP는 6억 원 증가했다. 이는 단지 자동차 가격이 20% 상승했기 때문이다. 따라서 이 나라의 실질 GDP는 0% 성장한 반면, 명목 GDP는 20% 증가한 것이다.

이처럼 단순히 명목 GDP만 보면 경제 규모가 커졌는지 작아졌는지를 표면적으로만 확인할 수 있지만, 그것이 실제로 생산이 늘어난 결과인지 아니면 물가만 오른 결과인지를 구분할 수는 없다. 반면, 실질 GDP는 물가 변동을 제거하고 순수한 생산량의 변화를 반영하기 때문에, 경제가 '얼마나 더 많은 가치를 실제로 만들어냈는가'를 파악하는 데 필수적인 지표이다. 예를 들어, 한 나라의 명목 GDP가 1년 사이에 10% 증가했다고 하자. 이 수치만 보면 경제가 크게 성장한 것처럼 보일 수 있다. 그러나 만약 같은 기간 동안 물가가 8% 상승했다면, 실제로 생산량은 2%밖에 늘지 않은 것이고, 이는 실질 GDP를 통해서만 확인할 수 있다. 이처럼 명목GDP와 실질 GDP의 차이는 특히 경제성장률을 평가하거나, 정책 효과를 분석할 때 매우 중요한 역할을 한다. 예를 들어 정부가 재정 지출을 늘리고 명목 GDP가 상승했다고 하더라도, 물가가 동시에 올라 실질 GDP가 거의 변하지 않았다면, 해당 정책은 실제 경제 성장에 기여하지 못한 것일 수 있다. 반대로 실질 GDP가 큰 폭으로 증가했다면, 이는 물가와 무관하게 실질적인 생산활동이 활발해졌음을 의미하므로 긍정적으로 평가된다.

구분	명목 GDP	실질 GDP
적용 물가	해당 연도의 실제 시장가격	기준연도의 고정 가격
물가 영향	포함됨	제거됨
활용 목적	현재 경제 규모 파악	경제성장률, 생산량 변화 분석

04. [프롬프트] GDP(국내총생산) 변화 추이를 알려줘.

아래는 20214년 이후 한국의 GDP를 나타낸 것이다. 실질 GDP를 산출하는데 활용한 기준연도는 2020년이다. 2014년부터 2024년까지의 11년 동안 한국 경제는 전반적으로 안정적인 성장 국면을 유지하면서도, 대외적 충격과 정상 성장으로의 복귀를 모두 경험하였다. 이 시기의 경기 흐름은 명목 GDP와 실질 GDP의 변화 양상을 통해 뚜렷하게 드러난다.

• (단위: 조원)

연도	명목 GDP	실질 GDP
2014	1638.5	1788.0
2015	1740.8	1840.2
2016	1833	1898.6
2017	1934.2	1963.7
2018	2007.0	2026.1
2019	2040.6	2073.0
2020	2058.5	2058.5
2021	2221.9	2153.4
2022	2323.8	2212.2
2023	2408.7	2247.2
2024	2,556.9	2,292.2

○ **2014~2019년: 안정적 성장기와 수출 호황의 지속**

2014년 실질 GDP는 1,788조 원에서 2019년 2,073조 원으로 증가하며 연평균 약 3%의 실질 성장률을 기록하였다. 이 시기는 수출 중심의 제조업 강세와 내수 소비의 회복세가 뚜렷한 시기로, 특히 반도체 산업이 호황을 누리면서 국가 경제를 견인했다. 명목 GDP도 1,638.5조 원(2014)에서 2,040.6조 원(2019)으로 상승하여 물가 상승과 함께 경제 규모가 꾸준히 확대되었다. 이 시기에는 글로벌 경기 회복, 중국 수요 확대, 국내 소비 개선이 함께 작용하였으며 경제 체질의 전환보다는 양적 성장이 두드러졌다.

○ **2020년 코로나19 팬데믹 충격**

2020년은 위의 실질GDP를 산정하는데 활용한 기준연도로, 명목 GDP와 실질 GDP가 동일하게 2,058.5조 원으로 나타난다. 2020년 성장률 자체는 정체되었다. 2019년까지 지속되던 실질 GDP의 증가세가 처음으로 멈추었으며, 이는 코로나19의 세계적 대유행이라는 초유의 사태 때문이었다. 감염 확산을 막기 위한 봉쇄 조치와 거리두기로 인해 소비, 투자, 수출이 일제히 위축되었다. 특히 서비스업과 자영업 부문의 타격이 컸다. 반면, 정부의 확장 재정 정책(긴급재난지원금, 고용유지지원금 등)과 통화 완화 정책으로 인해 명목 GDP는 감소하지 않았고, 물가 상승과 공공 지출로 유지되었다.

○ **2021~2023년 회복과 정상화의 전환기**

2021년부터는 코로나19로 인한 급락 이후 기저효과와 함께 경제 회복세가 본격화되기 시작했다. 실질 GDP는 2021년 2,153.4조 원으로 전년 대비 약 4.6% 증가하였고, 이후 2022년에는 2,212.2조 원, 2023년에는 2,247.2조 원으로 상승을 이어갔다. 명목 GDP도 2021년 2,221.9조 원, 2023년 2,408.7조 원으로 상승하며 인플레이션 효과가 명목 GDP 상승에 반영되었다. 이 시기의 경기 회복은 백신 보급 확대, 거리두기 완화, 수출 회복(특히 반도체·자동차) 등이 주도하였으며 동시에 국제 원자재 가격 상승과 환율 불안으로 인해 소비자물가도 상승 압력을 받았다. 2022년 이후 세계적인 인플레이션과 미 연준의 금리 인상, 글로벌 경기 둔화 등 외부 변수로 인해 성장세는 다소 둔화되었지만, 실질 GDP는 계속해서 상승 흐름을 유지하였다.

○ **2024년 정상 성장 국면의 복귀**

2024년의 실질 GDP는 2,292.2조 원으로 전년 대비 약 2.0% 증가하며, 중장기적 성장률에 수렴하는 안정적 성장세를 회복했다. 명목 GDP는 2,556.9조 원으로 전년보다 약 6.1% 증가하였으며, 이는 물가 상승과 생산 증가가 함께 이루어진 결과로 볼 수 있다. 코로나 이후 회복이 마무리되고, 경제 전반이 정상적인 순환 구조를 회복한 해로 평가된다.

05. [프롬프트] GDP의 경제적 의의와 한계를 설명해줘.

이처럼 GDP(국내총생산)는 한 국가의 경제 규모와 성장 속도를 측정하는 대표적인 지표로 정부의 경제정책, 중앙은행의 통화정책, 국제 비교, 기업의 투자 판단 등 거시경제 분석의 출발점이 된다. 예를 들어 A국의 명목 GDP가 2,000조 원이고 B국이 5,000조 원이라면, 단순한 경제 규모로는 B가 A국보다 약 2.5배 크다고 볼 수 있다. 물론 환율이나 물가 등도 함께 고려해야 하지만 이 수치만으로도 두 나라의 경제적 위상 차이를 가늠할 수 있다. 또한 GDP의 증가율(성장률)은 경기 상황을 판단하는 기준으로 활용된다. 일반적으로 GDP가 두 분기 연속 감소(−)할 경우, 해당 국가는 기술적으로 경기 침체(recession) 상태로 분류된다. 이때 정부는 경기 부양을 위해 재정지출 확대, 세금 감면, 기준금리 인하 등의 정책을 집행한다. 실제로 2020년 코로나19 확산 시기 세계 각국은 GDP 급락에 대응해 확정적 재정·통화정책을 동원하였다. 또한 1인당 GDP는 국민 개개인의 평균적인 생활 수준을 가늠하는 지표로 자주 활용된다. 예를 들어, A국의 1인당 GDP가 5만 달러, B국이 1만 달러라면, 평균적으로 A국 국민이 더 높은 소득과 소비 능력을 가지고 있다고 해석할 수 있다. 물론 1인당 GDP는 국민소득의 분배 상태를 반영하지 않기 때문에, 삶의 질을 판단할 때는 보조 지표와 함께 해석해야 한다.

이처럼 GDP는 매우 유용한 경제 지표지만, 모든 경제 여건을 GDP만으로 설명할 수는 없다. 특히 경제의 질적 측면이나 국민의 삶의 질을 파악하기에는 여러 한계가 존재한다. GDP는 환경 파괴나 자원 고갈을 오히려 경제 활동으로 간주해 긍정적으로 반영한다. 예를 들어 대형 산불이 발생해 숲이 불타고, 그 복구를 위해 대규모 공공사업이 진행되면 건설 관련 GDP는 증가하지만, 생태계 손실과 환경 피해는 GDP에 반영되지 않는다. 이로 인해 지속가능성과 환경 가치는 과소평가되기 쉽다. 그리고, GDP는 시장 거래가 발생하지 않는 활동 즉 비시장 활동을 포함하지 않는다. 예를 들어 부모가 자녀를 돌보는 가사노동, 자원봉사, 커뮤니티 돌봄 활동 등은 모두 사회에 중요한 가치가 있지만 금전 거래가 없다는 이유로 GDP에 포함되지 않는다. 반면 동일한 활동이 유료 보육이나 유급 봉사로 이루어지면 GDP에 포함된다. 이로 인해 특히 여성의 가사노동과 돌봄노동은 저평가되기 쉽다.

이러한 한계를 보완하기 위해 여러 보완 지표가 등장하였다. 대표적으로 1인당 실질 GDP는 물가 변동을 제거해 실질적인 소득 수준을 보여주며, 국민총소득(GNI)은 해외에서 벌어들인 소득까지 포함해 보다 포괄적인 소득 흐름을 반영한다. 또한 인간개발지수(HDI)는 소득뿐만 아니라 교육 수준과 평균 수명을 함께 고려하고, 행복지수(GNH)는 삶의 만족과 공동체의 질적 측면을 강조한다. 따라서 GDP는 여전히 중요한 기준이지만, 이를 절대적인 척도로만 볼 것이 아니라 보완 지표들과 함께 해석해야, 보다 정확하고 균형 잡힌 경제 진단이 가능하다.

2. 경기변동

06. [프롬프트] 경기변동을 정의해줘.

경기변동(business cycle)이란 경제 활동 수준이 시간에 따라 반복적으로 상승과 하강을 거듭하는 현상을 말한다. 이는 단기적인 GDP의 변화뿐 아니라 생산, 소비, 투자, 고용, 물가 등 주요 거시경제 지표들이 함께 영향을 받는 경제 전반의 흐름이다.

▶ 경기변동 단계별 거시지표 변화

경기 단계	실질 GDP	실업률	물가(인플레이션)
회복기	증가 시작	정점에서 하락	낮은 수준 또는 완만한 상승
호황기	빠르게 증가	낮은 수준 유지 또는 추가 하락	상승세 강화 (과열 가능성)
후퇴기	증가세 둔화 또는 감소	상승 시작	상승률 둔화 또는 안정
침체기	감소 지속 또는 정체	높은 수준 유지 또는 더 상승	낮은 수준 또는 하락

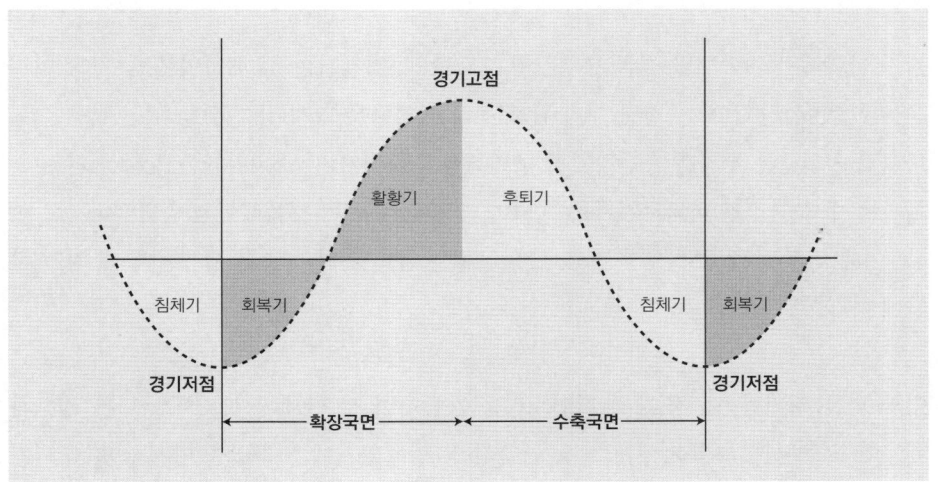

위의 그래프는 경기 변동 단계별 거시지표의 변화를 도식화한 것이다. 경기 변동 가운데 먼저 회복기는 경제가 침체의 바닥을 지나 서서히 살아나는 시기이다. 이때 실질 GDP는 점진적으로 증가하기 시작하고, 실업률은 여전히 높지만 고용이 서서히 개선된다. 기업들은 조금씩 투자를 재개하고, 소비자들의 지출도 늘어나며 경제에 활성화되기 시작한다. 물가는 전반적으로 낮거나 안정적인 수준에 머물며, 중앙은행은 금리 인하 기조를 유지하거나 통화량을 확대함으로써 회복을 지원한다.

이후 경제가 본격적으로 성장 궤도에 오르면 경기는 호황기에 진입한다. 호황기는 경기의 정점으로 생산과 소비, 투자 모두가 활발하게 이루어지는 시기다. 실질 GDP는 빠른 속도로 증가하고, 실업률은 매우 낮아지며 완전고용에 가까운 상태가 된다. 그러나 이 시기에는 수요가 과열되며 물가가 빠르게 오르는 경우가 많아 인플레이션 상승 압력이 커진다. 이에 따라 중앙은행은 금리를 인상하거나 정부는 재정 긴축 정책을 검토하는 등 경기 과열을 조절하려는 움직임이 나타난다.

하지만 경제가 지속적으로 고속 성장을 할 수만은 없다. 일정 시점이 지나면 성장세가 둔화되고 경제는 후퇴기에 들어선다. 후퇴기에는 생산과 소비가 줄어들고, 투자 심리가 위축되며 실업률이 점차 다시 상승하기 시작하는 시기다. GDP의 증가 속도는 느려지거나 심할 경우 감소세로 전환되기도 한다. 기업들은 비용 절감에 나서며 고용을 줄이고, 소비자들도 향후 경기에 대한 불안감으로 소비를 줄인다. 이 시기에는 물가 상승률이 둔화되거나 안정되는 경향이 나타난다.

경기 하락세가 지속되면 결국 침체기에 도달한다. 침체기는 경기 사이클 중 가장 어려운 시기로, 실질 GDP는 전년 대비 감소하고, 실업률은 크게 상승한다. 생산 활동은 위축되고 기업들은 투자를 중단하거나 구조조정에 들어가며, 소비자들은 지갑을 닫는다. 물가는 수요 감소로 하락하거나 정체되며, 일부 경우에는 디플레이션이 발생하기도 한다. 이때 정부는 대규모 재정 지출, 중앙은행은 금리 인하와 통화 확대를 통해 경기 부양에 나선다.

이와 같은 경기변동은 경제의 자연스러운 흐름이며 각 단계에서는 서로 다른 정책과 대응이 요구된다. 회복기에는 성장을 촉진하고, 호황기에는 과열을 방지하며, 후퇴기와 침체기에는 경기 하락을 막고 회복의 계기를 만들어야 한다.

07. [프롬프트] 경기변동 원인에 대해 알려줘.

경기변동은 단순히 시간의 흐름에 따라 임의로 발생하는 것이 아니라, 다양한 경제적 요인과 충격이 복합적으로 작용하여 나타난다. 이러한 요인들은 크게 수요측 요인, 공급측 요인, 금융 및 통화 요인, 심리적 요인, 그리고 정책적 요인 등으로 나누어 설명할 수 있다.

먼저, 수요 측면 즉 총수요의 변화는 가장 대표적인 경기변동의 원인이다. 총수요는 가계의 소비, 기업의 투자, 정부의 지출, 해외 수출로 구성되며, 이들 중 어느 하나라도 큰 폭으로 증가하거나 감소할 경우 GDP에 영향을 미친다. 예를 들어, 소비자들이 미래 경제에 대한 불안감으로 지출을 줄이면 소비 수요가 감소하고, 이는 곧 기업의 매출 감소와 생산 축소로 이어지며 경기 후퇴를 유발할 수 있다. 반대로 정부가 대규모로 재정을 투입하거나 기준금리를 낮추어 민간 수요를 자극하면 경기는 회복 국면에 들어설 수 있다.

총공급의 충격 역시 경기변동을 일으키는 중요한 요인이다. 이는 원자재 가격의 급등, 노동력 부족, 기후 재해, 전염병 등 생산 능력에 영향을 주는 외부 요인에서 비롯된다. 예를 들어, 국제 유가가 급등하면 원가 부담이 커져 기업의 생산이 위축되고, 이는 실질 GDP 감소와 동시에 물가 상승이라는 스태그플레이션 현상으로 이어질 수 있다. 2020년 코로나19 팬데믹도 대표적인 공급측 충격으로 전 세계의 생산 및 유통 시스템을 마비시켜 경기 하강을 초래했다.

금융과 통화 요인도 경기변동에 큰 영향을 미친다. 신용이 팽창되면 기업과 가계는 더 많은 자금을 빌려 소비하고 투자하며 경기를 부양할 수 있다. 그러나 이 과정에서 자산 버블이 형성되거나 부채가 과도하게 쌓이면 어느 순간 금융 시스템이 불안정해져 경기 침체를 유발할 수 있다. 예를 들어, 2008년 글로벌 금융위기는 과도한 주택담보대출(서브프라임 모기지)과 파생상품의 복잡한 금융 구조가 붕괴되며 세계적인 경기 급락을 초래했다. 중앙은행의 금리 조정이나 유동성 공급과 같은 통화정책은 이러한 금융 변동성을 조절하는 데 핵심적인 역할을 한다.

또한, 경제 주체들의 심리적 요인도 경기변동에 주요한 요인으로 작용한다. 소비자와 기업의 기대심리가 낙관적일 때는 소비와 투자가 활발히 이루어지고 경기가 좋아지지만, 비관적이 되면 위축되기 쉽다. 이른바 '자기실현적 예언(self-fulfilling prophecy)'처럼 경기 침체에 대한 우려가 실제로 침체를 만들어내는 경우도 있다. 이러한 심리적 요인은 금리나 물가처럼 수치로 정확히 측정되기 어려워서 정책 대응이 더욱 복잡해지는 요인이 된다.

마지막으로, 정부의 정책 요인 역시 경기변동의 원인이 될 수 있다. 예컨대, 갑작스러운 세금 인상, 규제 강화, 기준금리의 급격한 인상 등은 경제 주체들의 활동을 위축시켜 경기를 둔화시킬 수 있다. 반대로 재정지출 확대나 금리 인하 등의 조치가 과도하게 지속되면 인플레이션이나 자산 버블 같은 부작용을 낳을 수 있다. 따라서 정책의 속도와 강도, 그리고 시기의 적절성은 경기의 흐름에 매우 중요한 영향을 미친다.

08. [프롬프트] 경기변동에 대응하는 경제정책에 대해 알려줘.

경기변동에 대응하기 위해 정부는 다양한 경제정책을 종합적으로 활용한다. 이들 정책은 경제가 침체기에 접어들었을 때는 활력을 불어넣고, 과열 상태에 있을 때는 안정화시키는 데 목적이 있다. 주요 정책 수단으로는 재정정책, 통화정책, 그리고 자동 안정장치와 같은 제도적 장치 등이 있다. 이들 정책은 서로 보완적으로 작용하면서 거시경제의 안정과 성장이라는 궁극적인 목표를 지향한다.

○ **재정정책(Fiscal Policy)**

정부가 세금과 지출을 조절하여 경제 전체의 총수요에 직접 영향을 미치는 정책이다. 주체는 기획재정부를 중심으로 한 정부이며, 국회의 예산 심의와 입법 과정을 거쳐 실행된다. 정부지출은 대표적인 재정정책 수단이다. 가령 정부가 공공 인프라 건설, 복지 확대, 고용 창출 사업에 자금을 투입하면 그로 인해 발생한 소득이 다시 소비로 이어지고, 소비 증가가 생산과 고용 확대를 이끌어내는 파급 효과가 발생한다. 이러한 현상은 '승수효과(multiplier effect)'라고 한다. 정부의 지출 1원은 단순한 1원의 효과를 넘어서 연쇄적으로 경제 전반을 자극한다는 것이다. 또한 조세 정책도 재정정책의 중요한 축이다. 정부가 소득세나 법인세를 감면하면 가계는 더 많은 가처분소득을 갖게 되어 소비를 늘릴 수 있고, 기업은 세금 부담이 줄어 투자를 확대할 수 있다. 반대로 경기 과열 시기에는 세금을 인상하거나 지출을 줄이는 긴축적 재정정책이 시행되기도 한다. 이 경우 총수요가 억제되어 물가 상승을 완화하는 데 도움을 줄 수 있다. 2020년 코로나19 팬데믹 당시 한국 정부는 긴급재난지원금, 고용유지지원금, 소상공인 금융지원 등을 통해 확장적 재정정책을 적극적으로 시행함으로써 급격한 수요 위축을 막고 경기 하방을 방어했다.

○ **통화정책(Monetary Policy)**

통화정책은 중앙은행이 통화량과 금리를 조절함으로써 경제의 흐름을 관리하는 정책이다. 통화정책의 주체는 한국은행이며, 물가 안정과 금융시장 안정, 적정 경제성장률 유지가 그 주요 목표이다. 통화정책의 핵심 수단은 기준금리다. 기준금리는 중앙은행이 시중은행에 자금을 대여할 때 적용하는 이자율로, 시중금리의 기준이 된다. 기준금리를 인하하면 대출금리도 낮아져 기업과 가계가 더 쉽게 자금을 빌릴 수 있어 소비와 투자가 촉진되고, 이는 총수요 증가로 이어진다. 반대로 기준금리를 인상하면 자금 조달 비용이 올라 소비와 투자가 줄어들고, 물가 상승이 억제되는 효과가 있다.

또한 중앙은행은 '공개시장조정'이라는 수단을 통해 국채를 매입하거나 매각하여 시중의 유동성을 조절한다. 국채를 매입하면 시중에 돈이 풀리고, 국채를 매각하면 통화량이 흡수된다. 이 밖에도 은행이 고객 예금 중 일정 비율을 중앙은행에 예치해야 하는 '지급준비율(reserve ratio)'을 조정함으로써 대출 여력을 조절할 수도 있다. 다만 지급준비율은 최근 들어서는 덜 사용되는 수단이다. 통화정책도 확장적 또는 긴축적 형태로 구분된다. 확장적 통화정책은 경기침체기에 사용되며, 기준금리를 인하하고 국채를 매입하는 방식으로 유동성을 공급한다. 예를 들어 한국은행은 코로나19 이후 기준금리를 사상 최저 수준인 0.5%로 인하하고, 금융시장 안정을 위한 유동성 공급 조치를 시행했다. 반대로 경기 과열로 물가가 급등할 경우에는 긴축적 통화정책이 사용되며, 금리를 인상하고 시중 유동성을 줄여 인플레이션을 억제한다. 실제로 2022년 이후 전 세계적으로 나타난 급속한 금리 인상은 이런 맥락에서 이해할 수 있다.

통화정책은 재정정책에 비해 결정과 실행이 빠르다는 장점이 있다. 기준금리는 금융통화위원회 회의를 통해 신속하게 조정할 수 있기 때문에 정책 시차가 짧다. 또한 중앙은행은 정치적으로 독립된 기관이므로 정부의 단기 정치 논리에서 자유롭게 통화정책을 집행할 수 있다는 장점이 있다. 그러나 통화정책도 한계가 있다. 예를 들어 금리를 아무리 낮추어도 가계나 기업이 불확실성 때문에 소비와 투자를 꺼리는 경우에는 통화정책이 효과를 발휘하지 못하는데, 이를 '유동성 함정(liquidity trap)'이라고 한다. 또한 기준금리 인하가 실제로 시중 금리나 소비자 행동에 반영되기까지 시간이 걸리는 '금리 전이 지연'도 존재한다. 재정정책과 통화정책은 서로 다른 방식으로 작동하지만, 목적은 동일하게 총수요를 조절하고 경제를 안정시키는 것이다. 침체기에는 정부가 확장적 재정정책으로 직접 지출을 늘리고, 중앙은행이 통화정책을 통해 자금을 쉽게 공급함으로써 경제를 부양한다. 반대로 과열기에는 긴축적 조치를 병행하여 물가를 안정시키고, 자산 버블을 방지하려 한다.

구분	재정정책	통화정책
주체	행정부 (기획재정부 등)	중앙은행 (한국은행)
주요 수단	정부지출, 조세	기준금리, 통화량 조절
목적	총수요 확대 또는 억제	물가 안정, 경기 조절
예시	감세, 공공투자 확대	기준금리 인하, 국채 매입

○ **자동 안정장치(Automatic Stabilizers)**

경제 상황이 변화함에 따라 별도의 정부 개입 없이도 자동적으로 경기 조절 기능을 수행하는 제도적 장치다. 대표적인 예로는 누진세 구조와 실업급여, 기초생활보장제도 등을 들 수 있다. 경기가 과열되어 국민 소득이 늘어나면 세금 부담도 함께 늘어나 총수요가 억제되는 효과가 있고, 반대로 경기가 침체되어 소득이 줄어들면 세부 담이 자동으로 줄고 복지 지출은 증가하여 경제에 완충작용을 한다. 이처럼 자동 안정장치는 정책 집행에 소요되는 시간과 정치적 논쟁 없이도 경기 조절이 가능하다는 점에서 매우 중요한 기능을 한다.

> 챗GTP를 활용한 연습문제

01. 국내 총생산(GDP) 문항 예시

프롬프트

아래는 한 경제에서 1년 동안 이루어진 생산 활동 내역이다. 중간재와 최종재를 구분하여, 해당 연도의 국내총생산(GDP)을 계산하시오.

번호	항목 내용	거래 금액 (억 원)
①	제분업체가 밀가루를 빵 공장에 판매	300
②	빵 공장이 밀가루로 빵을 만들어 마트에 판매	600
③	마트가 빵을 소비자에게 판매	900
④	농장이 사료를 구매해 소를 사육	200
⑤	정육점이 농장에서 도축된 고기를 구매	500
⑥	소비자가 정육점에서 고기를 구매	800
⑦	철강회사가 강판을 자동차 회사에 판매	400
⑧	자동차 회사가 완성차를 소비자에게 판매	2,500

응답결과

GDP는 한 나라에서 일정 기간 동안 생산된 최종재와 서비스의 시장가치를 모두 합한 지표로, 경제 규모를 측정하는 데 사용된다. GDP 계산에는 오직 최종생산재만 포함해야 한다. 최종재란 소비자가 최종적으로 구입하여 소비하거나 사용하게 되는 재화를 말하며, 더 이상 다른 재화나 서비스의 생산에 사용되지 않는다. 반대로 중간재는 다른 재화나 서비스를 생산하기 위해 사용되는 재화로, 예를 들어 빵을 만들기 위해 사용되는 밀가루나 자동차를 제조할 때 들어가는 철강 같은 것들이 이에 해당한다. 중간재를 포함해 GDP를 계산하면 동일한 가치가 여러 번 더해지는 이중 계산(double counting)이 발생하게 되어, 실제 경제 규모보다 과대평가되는 오류가 생긴다. 따라서 GDP는 생산의 마지막 단계에서 완성된 소비자에게 직접 판매되는 재화와 서비스의 가치만을 합산해야 한다. 마트에서 판매되는 빵, 정육점에서 판매되는 고기, 소비자에게 직접 판매된 완성차는 모두 최종재에 해당하므로 GDP에 포함된다. 이를 수치로 계산하면 마트에서 소비자에게 판매된 빵의 가치 900억 원, 정육점에서 판매된 고기의 가치 800억 원, 완성차의 판매 금액 2,500억 원을 모두 더한 4,200억 원이 해당 연도의 GDP가 된다. 이처럼 GDP를 정확하게 산출하기 위해서는 각 재화가 중간재인지 최종재인지를 명확히 구분하는 것이 중요하다.

: 중간재에 해당하는 항목
  ① 밀가루 (→ 빵 생산의 중간재)
  ② 빵 (→ 최종 소비가 아님, 마트에 판매된 도매단계)
  ④ 사료 (→ 가축 생산을 위한 중간재)
  ⑤ 고기 (도매 단계 판매)
  ⑦ 강판 (→ 자동차 생산의 중간재)

중간재는 다른 재화나 서비스의 생산에 사용되는 재화이며, GDP 계산에서 중복 계산을 피하기 위해 포함하지 않음.

: 최종생산재에 해당하는 항목
  ③ 소비자에게 판매된 빵: 900억 원
  ⑥ 소비자에게 판매된 고기: 800억 원
  ⑧ 소비자에게 판매된 완성차: 2,500억 원

이 세 항목은 최종 소비자에게 직접 판매된 재화로, GDP에 포함된다.

02. 경기변동의 흐름 분석 예시

프롬프트

다음은 국가 A의 최근 1년간 분기별 주요 경제 지표이다. 각 분기의 실업률, 실질 GDP 증가율, 소비자물가 상승률(CPI)을 참고하여, 각 분기의 경기 상황을 판단하고, 경기변동의 흐름을 분석하시오.

(단위: %)

구분	1분기	2분기	3분기	4분기
실질 GDP 증가율	1.2	3	4.5	-0.8
소비자물가 상승률	1	2.3	3.7	2.9
실업률	5.2	4.1	3.2	4.5

응답결과

: 분기별 경기 국면 판단

- 1분기: 실업률 높고 성장률·물가가 낮은 → 침체기
- 2분기: 실업률 하락, 성장률·물가 모두 상승 → 회복기
- 3분기: 실업률 매우 낮고, 성장률·물가 모두 높음 → 호황기
- 4분기: 성장률 급락, 실업률 증가, 물가는 여전히 높음 → 후퇴기

국가 A는 1분기 침체기에서 출발하여 2분기 회복, 3분기 호황을 경험했으며, 4분기에는 성장률이 마이너스로 전환되고 실업률도 상승하면서 후퇴기에 접어들었다. 특히 4분기에 물가가 여전히 높은 수준을 유지하는 반면, 실질 GDP는 감소하고 실업률은 증가하고 있어 스태그플레이션 가능성도 있다.

심화학습 [프롬프트]

01. [프롬프트] 지출 접근법으로 GDP를 구성하는 항목(C + I + G + NX)을 쉽게 설명해줘.

02. [프롬프트] 생산 접근법과 소득 접근법의 원리는 어떻게 다른가?

03. [프롬프트] GDP와 GNI(국민총소득)는 무엇이 다르며 언제 어떤 지표를 쓰는가?

04. [프롬프트] GDP에 포함되는 활동과 포함되지 않는 활동의 기준은 무엇인가?

05. [프롬프트] GDP는 높지만 삶의 질이 낮을 수 있는 이유는?

06. [프롬프트] 명목 GDP가 증가했는데 실질 GDP는 감소할 수 있는가? 왜 그럴까?

07. [프롬프트] 경기변동의 4단계(회복, 호황, 후퇴, 침체)를 쉽게 설명해줘.

09. [프롬프트] 경기변동 단계별로 실업률과 물가는 어떻게 변하는가?

09. [프롬프트] 회복기와 호황기의 차이를 실물 지표로 설명해줘.

10. [프롬프트] 후퇴기에는 정부가 어떤 정책을 써야 하는가?

[1~4] 아래 기사를 바탕으로 다음 물음에 답하시오.

> "한국 2분기 GDP 성장률 0.6%… 디지털 소비 확대가 회복세 견인"
>
> 2025년 7월 한국은행이 발표한 2분기 국민계정 속보치에 따르면, 한국의 실질 국내총생산(GDP)은 전분기 대비 0.6% 성장했다. 이는 지난 1분기의 0.3% 성장률보다 높은 수치로, 민간 소비와 정부 지출의 회복세가 주요한 성장 요인으로 작용했다는 분석이다. 특히 민간 소비는 전기 대비 1.1% 증가하며 경제 성장을 견인했다. 소비자들이 오프라인 소비보다 온라인·모바일을 통한 디지털 소비 형태로 전환하면서, 음식 배달, 스트리밍, 전자상거래 등의 소비가 크게 늘어난 것으로 나타났다. 반면 수출은 글로벌 수요 둔화의 영향으로 감소세를 기록하며 성장률을 일부 제약했다. 다만 정부는 정책적 재정 집행 확대를 통해 이를 상쇄하려는 움직임을 보였다. 한편 제조업 부문은 여전히 부진한 흐름을 이어간 반면, 서비스업은 숙박·음식점업, 보건·사회복지 분야를 중심으로 증가세를 지속하고 있다. 한국은행 관계자는 "소비 패턴이 코로나19 이후 빠르게 디지털 중심으로 재편되면서, 산업 구조와 GDP 성장 요인에도 질적 변화가 나타나고 있다"고 설명했다.

1. 기사에서 언급된 '실질 GDP'와 명목 GDP의 차이에 대한 올바른 설명은?

① 실질 GDP는 외환시장의 영향을 제거한 값이다.
② 실질 GDP는 부가가치세를 포함한 총생산금액이다.
③ 실질 GDP는 현재 시점의 시장가격을 기준으로 계산한 값이다.
④ 실질 GDP는 물가 변동의 영향을 제거해 실제 생산량 변화를 반영한다.

> **【해설】**
> 실질 GDP는 기준연도(base year)의 가격을 사용하여 계산한 GDP로, 물가 상승(인플레이션)이나 하락(디플레이션)의 영향을 제거하고 순수한 생산량 변화만을 반영한다. 반면, 명목 GDP는 현재 시장 가격(current prices)을 사용하므로, 물가 변동이 반영된 값이다. 외환시장 영향과는 관련이 없고, 부가가치세 포함 여부는 GDP 측정과 직접적인 차이점이 아니다. ③은 명목 GDP의 설명이다. 실질 GDP는 경제 성장률, 경기 순환 판단 등에서 가장 널리 사용되며, 국민 생활 수준 비교에도 적합하다.
>
> 정답 | ④

2. 위 기사에 따라 2025년 2분기 실질 GDP는 산출하시오. (단, 2025년 1분기 실질 GDP가 500조 원이다.)

① 501.2조 원
② 502.4조 원
③ 503.0조 원
④ 504.2조 원

> 【해설】
> 성장률 계산 공식은 GDP × (1 + 성장률)이다. 따라서 500조 × (1 + 0.006) = 503조 원. GDP 수치는 단위와 성장률 계산을 정확히 해석해야 하며, 특히 경제 성장 분석이나 예산 계획, 정책 평가 시 핵심 지표로 활용된다.
>
> 정답 | ③

3. 다음 중 기사 내용을 GDP 구성 항목을 C + I + G + (X − M) 관점에서 올바르게 해석한 것은?
(단, C 소비, I 투자, G 정부지출, X 수출, M 수입)

① 민간 소비(C)와 수출(X)의 동반 감소로 GDP가 하락했다.
② 민간 소비 증가와 정부 지출(G) 증가가 GDP 성장을 견인했다.
③ 제조업 부문의 회복이 수출(X) 증가를 이끌었다.
④ 서비스업의 둔화와 민간 소비 감소가 GDP 하락을 초래했다.

> 【해설】
> GDP는 다음과 같은 구성으로 측정된다. GDP = C + I + G + (X − M). 기사에 따르면 C(민간소비) 증가 (1.1% 상승), G(정부 지출) 소폭 증가, X(수출) 감소, M(수입)은 기사에 직접 언급은 없지만 수출이 줄어든 만큼 순수출도 감소했을 가능성이 있다. 따라서, 소비와 정부지출이 GDP 성장의 주요한 기여 요소로 해석된다. 민간 소비는 감소하지 않았고, 수출도 GDP 전체를 하락시킬 정도는 아니며, 제조업 부문은 오히려 부진하다고 명시되어 있다. 그리고 서비스업은 증가세였고, 민간 소비도 증가했다. GDP 구성 항목을 정확히 구분하고 해석하는 것은 경제 흐름을 판단하는 데 매우 중요하다. 특히 소비(C)는 GDP에서 차지하는 비중이 가장 높다.
>
> 정답 | ②

4. GDP 관련 보고서를 작성하는 과정에서 생성형 AI를 효과적으로 활용하는 방법으로 가장 적절하지 않은 것은?

① AI를 통해 GDP와 관련된 시사 용어를 정리하게 한다.
② 한국은행의 보도자료 전문을 AI가 요약하게 한다.
③ AI 프롬프트를 통해 산업별 성장률 표를 작성하게 한다.
④ AI가 생성한 수치를 그래프로 시각화해 그대로 정책 발표에 활용한다.

【해설】
AI는 통계 수치를 생성하거나 예측할 수는 있지만 통계청, 한국은행 등 공식 기관의 수치가 아니면 신뢰성과 정확성에서 문제가 생길 수 있다. 따라서 AI가 만든 수치나 시각화는 참고 자료로는 유용하지만, 공식적·정책적 발표나 논문에서는 반드시 검증된 데이터를 사용해야 한다. 다른 선택지는 모두 AI의 보조적 기능을 활용하는 적절한 사례들이다.

정답 | ④

[5~9] 아래는 최근 한국의 경제 성장률 변동 추이다. 물음에 답하시오.

년 도	성장률(%)	년 도	성장률(%)
2020	−1.2	2023	1.4
2021	3.8	2024	0.9
2022	2.6	2025	1.6

5. 위 표에서 나타난 실질 GDP 성장률은 무엇을 의미하는가?

① 한국의 총수출 증가율을 나타낸 지표이다.
② 생산량 변화 없이 물가 상승만 반영한 수치이다.
③ 명목 GDP 증가율과 동일한 개념이다.
④ 실제로 생산된 재화와 서비스의 양이 전년보다 얼마나 증가했는지를 보여준다.

【해설】
GDP(Gross Domestic Product, 국내총생산)는 한 나라 안에서 일정 기간 동안 생산된 모든 최종 재화와 서비스의 시장 가치를 합산한 지표이다. 실질 GDP는 기준연도 가격(고정 가격)을 기준으로 계산하여 물가 상승 또는 하락의 영향을 제거한다. 따라서 실질 GDP의 변화는 경제의 '양적 성장', 즉 실제 생산량의 변화를 보여준다. 반면, 명목 GDP는 당해 연도의 현재 가격을 기준으로 계산되며, 물가 상승분까지 포함된다. GDP는 '국내 생산'을 측정하며 수출만 따로 측정한 지표가 아니다. 그리고 실질 GDP는 오히려 물가 변동을 제거한 것이다. 실질 GDP와 명목 GDP는 산정 시 가격 기준이 달라 동일하지 않다. 실질 GDP 성장률은 경제성장, 경기 진단, 재정·금융정책 수립의 핵심 지표다. 실질 GDP와 명목 GDP의 차이를 잘 이해하면 인플레이션 조정 개념도 자연스럽게 익힐 수 있다.

정답 | ④

6. 위의 자료에서 경제 성장 변동추이를 고려할 때, 한국 경제가 경기 회복기에 해당하는 연도로 가장 적절한 것은?

① 2020년　　　　　　　　　　② 2021년
③ 2023년　　　　　　　　　　④ 2024년

【해설】
2020년 경제 성장률은 −1.2%로 경기 침체, 2021년은 +3.8%로 기저효과에 따른 강한 반등을 보여주었다. 이는 회복기로 판단할 수 있다. 2023~2024년은 경기 둔화, 2025년은 일부 회복으로 추정할 수 있다. 경기순환은 GDP 외에도 소비지출, 설비투자, 고용률, 재고 수준 등 다양한 지표를 통해 종합적으로 판단한다.

정답 | ②

7. 2022년 실질 GDP가 2,000조 원이고, 2023년 성장률이 1.4%였다면, 2023년 실질 GDP는 얼마인가?

① 2,014조 원　　　　　　　　② 2,022조 원
③ 2,028조 원　　　　　　　　④ 2,036조 원

【해설】
실질 GDP는 다음과 같이 계산된다.
다음 해 실질 GDP = 전년도 실질 GDP×(1+성장률)
　　　　　　　　= 2,000×(1+0.014) = 2,028
따라서 2023년 실질 GDP는 2,028조 원이다. GDP 성장률 계산은 경제 데이터 해석에 있어 기초 개념이다.

정답 | ③

8. 다음 프롬프트를 ChatGPT에 입력했다. 이 프롬프트의 활용 결과를 가장 올바르게 추론한 것은?

> "2020~2025년 한국 GDP 성장률 추이로 본 경기순환 단계별 특징을 요약하고, 각 시기의 정책적 대응 방향을 정리해줘."

① AI는 정량적 분석이 불가능하므로 의미 없다.
② AI는 미래 예측만 가능하므로 과거 분석은 적합하지 않다.
③ 각 시기의 경제 특징과 정책 대응 방안을 정리해주는 데 유용하다.
④ 경제 그래프를 생성할 수 없기 때문에 활용 가치가 낮다.

【해설】
생성형 AI는 구조화된 경제 데이터나 트렌드를 요약하고 설명하는 데 매우 유용하다. 위 프롬프트는 특정 시점별 경제 상황과 정책 방향을 텍스트 형식으로 정리할 수 있게 도와준다. AI는 정성 분석은 어렵지만 정량 분석에는 매우 강력하며, 생성형 AI는 공신력이 부족하므로 직접 정책 인용은 부적절하다. GPT 기반 모델도 그래프 생성에 활용 가능하다. AI 프롬프트 활용은 리포트 초안, 기사 요약, 정책 비교, 그래프 해석 등에서 탁월한 학습 도구가 될 수 있다.

정답 | ③

9. 2024년의 GDP 성장률이 0.9%로 낮았던 상황에서 다음 중 정책 대응이 가장 적절하지 않다고 판단되는가?

① 기준금리를 인하해 민간 투자와 소비를 유도한다.
② 인공지능 산업 등 신성장 동력에 재정을 집중 투입한다.
③ 공공부문 고용을 확대해 단기 내수 진작을 도모한다.
④ 세금을 인상해 재정건전성을 강화한다.

【해설】
저성장기에는 총수요가 위축되어 있기 때문에 경기 부양을 위한 확장적 재정·통화 정책이 필요하다. 세금 인상은 가계와 기업의 가처분 소득을 줄여 소비와 투자를 위축시켜 경기 둔화를 악화시킬 수 있다. 금리 인하는 소비 및 투자 유도에 효과적이며, 신성장 산업 투자는 미래 성장 기반 확충에 적절하고, 공공부문 고용 확대는 단기 내수 부양에 기여할 수 있다. 경제 상황에 따라 재정·통화 정책의 방향성은 달라져야 한다. 긴축 정책은 과열 또는 인플레이션 상황에서 적절하다.

정답 | ④

[10~13] 아래는 실질 GDP와 명목 GDP 자료를 바탕으로 다음 물음에 답하시오.

• (단위: 조 원, 기준연도 2020년)

연도	명목 GDP	실질 GDP
2020	2,100	2,100
2021	2,250	2,140
2022	2,420	2,180
2023	2,550	2,200
2024	2,600	2,190

10. 실질 GDP에 대한 설명으로 옳은 것은?

① 명목 GDP와 실질 GDP는 항상 같은 값을 가진다.
② 실질 GDP는 해당 연도의 물가 상승률을 반영해 계산된다.
③ 실질 GDP는 기준연도의 가격을 적용해 물가 영향을 제거한 값이다.
④ 실질 GDP는 정부 지출만으로 측정된다.

【해설】
GDP는 한 나라에서 일정기간 동안 생산된 재화와 서비스의 총액을 나타낸다. 이 중 '명목 GDP'는 해당 연도의 가격으로 계산한 GDP이기 때문에 물가 상승 영향을 포함한다. 반면, '실질 GDP'는 기준연도의 가격을 기준으로 하여 계산한 것으로 물가 변동의 영향을 제거한 GDP이다. 실질 GDP는 경제의 '물량' 변화만을 반영하기 때문에 경제 성장의 실질적 흐름을 파악하는 데 유용하다. 명목 GDP와 실질 GDP는 일반적으로 다르며 기준연도에만 동일하다. 실질 GDP는 물가 상승률을 반영하는 것이 아니라 제거하여 계산한다. 실질 GDP는 정부 지출뿐 아니라 소비, 투자, 순수출까지 포함한 총지출 혹은 총생산을 기준으로 측정한다.

정답 | ③

11. 다음 중 전년 대비 2024년 실질 GDP 변동을 올바르게 산출한 것은? (단 변동률은 소수 둘째 자리에서 반올림하시오.)

① 약 2.4% 증가 ② 약 4.8% 증가
③ 약 0.5% 감소 ④ 약 1.5% 감소

【해설】
2023년 실질 GDP는 2,200이고, 2024년 실질 GDP는 2,190이다. 따라서 2024년의 실질 GDP 증감률은 (2,190 − 2,200)/2,200×100 ≈−0.45. 따라서 실질 GDP 대략 0.5% 감소했다.

정답 | ③

12. 2023년에서 2024년으로 이연되는 시기 경기 국면을 가장 적절히 설명한 것은?

① 호황기　　　　　　　　② 회복기
③ 후퇴기　　　　　　　　④ 침체기

【해설】
경기 국면은 크게 네 단계로 나뉜다. 회복기는 실질 GDP가 저점을 지나 상승세를 보이며, 호황기는 실질 GDP가 빠르게 증가하며 정점에 가까워진다. 후퇴기는 실질 GDP의 증가세가 둔화되거나 감소하기 시작하고, 침체기 실질 GDP가 장기간 감소하며 바닥을 치는 시기이다. 2023년 실질 GDP 2,200에서 2024년 실질 GDP는 2,190로 감소했다. 이는 실질 GDP가 줄어들었음을 의미하므로 경기 하강 국면이다. 그러나 큰 폭의 감소는 아니므로 침체기보다는 후퇴기에 가깝다. 호황기나 회복기는 GDP가 증가하는 시점에 해당하므로 배제된다. 침체기는 일반적으로 2분기 이상 연속적인 GDP 감소나 실업률 급등 등을 수반할 때 쓰며, 여기서는 완만한 감소이므로 후퇴기로 보는 것이 타당하다.

정답 | ③

13. 한 학생이 위 표를 바탕으로 최근 경기 흐름을 요약하고자 한다. 다음 중 생성형 AI에 가장 효과적으로 요청할 수 있는 프롬프트는?

① "GDP 좀 설명해줘."
② "2020년 이후 명목 GDP가 올랐는지 봐줘."
③ "2020~2024년 실질 GDP의 변화를 바탕으로 경기 흐름을 분석해줘."
④ "실질 GDP가 낮은 이유를 알려줘."

【해설】
AI에게 정확하고 유용한 응답을 얻기 위해서는 맥락과 데이터 범위를 구체적으로 제시하는 프롬프트가 필요하다. "GDP 좀 설명해줘."는 지나치게 모호하며 표와의 관련성이 떨어진다. "2020년 이후 명목 GDP가 올랐는지 봐줘."는 명목 GDP만 다루며, 경기 흐름 분석과는 거리가 있다. "실질 GDP가 낮은 이유를 알려줘."는 현재의 절댓값에만 초점이 맞춰져 있으며, 흐름 파악에는 부족하다. 실질 GDP라는 핵심 지표와 시계열 변화(2020~2024)를 포함하여 경기 흐름에 대한 정확한 분석을 요청하는 형태이므로 가장 효과적인 프롬프트이다. AI가 보다 정밀하게 응답할 수 있게 한다는 점에서 우수하다.

정답 | ③

[14~17] 아래는 제시된 상황을 바탕으로 다음 물음에 답하시오.

> A 대학교 경제학부에 재학 중인 3학년 학생 지훈은 '거시경제이론과 실제'라는 수업에서 팀 프로젝트 과제를 맡았다. 주제는 다음과 같다.
>
> "최근 한국의 경기 국면을 실질 GDP 데이터를 중심으로 분석하고, 이에 따라 정부가 취해야 할 재정·통화 정책을 제안하시오."
>
> 지훈은 ChatGPT를 활용하여 데이터를 정리하고 경기 국면을 판단하려 했지만 처음에는 질문을 어떻게 해야 할지 몰라 단순한 표현만 반복하였다. 담당 교수는 학생들에게 "질문을 잘하는 사람이 인공지능을 잘 다룬다"며, 프롬프트 작성 능력을 길러야 한다고 강조했다. 지훈은 생성형 인공지능을 더 잘 활용하기 위해, 프롬프트 작성과 수정 연습에 도전하기로 했다.

14. 다음 중 지훈의 과제 수행에 가장 적절한 프롬프트는?

① "GDP가 줄었으면 경기가 안 좋은 거지?"
② "한국 최근 경기 분석해줘."
③ "2020년 이후 한국의 실질 GDP 변화 추이를 바탕으로 현재 경기 국면을 판단하고, 필요한 정책 대응 방향을 제시해줘."
④ "실업률하고 물가도 봐줘."

> 【해설】
> 지훈의 과제는 '실질 GDP를 중심으로 한국의 경기 국면을 분석하고 정책을 제안하는 것'이다. ①과 ④은 정보가 너무 단편적이며, ②는 주제가 모호하다. ③은 분석 대상(실질 GDP), 시기(2020년 이후), 분석 목적(경기 국면 판단), 요구 결과(정책 제안)를 명확히 담고 있어 가장 적절한 프롬프트이다.
>
> 정답 | ③

15. 지훈이 처음 작성한 프롬프트는 아래와 같다. 이 프롬프트를 대학 수준의 분석적 질문으로 수정하시오.

> "GDP가 올라가긴 했는데 그게 진짜 경제 성장인지 모르겠어요. 알려줘요."

수정된 프롬프트: (　　)

【해설】

"GDP가 올라가긴 했는데 그게 진짜 경제 성장인지 모르겠어요. 알려줘요." 이 문장은 비형식적이고 일상적인 표현이 많으며, 경제학적 개념이 정의되지 않았고 분석 기준이 모호하다. '진짜 경제 성장'이라는 말도 추상적이며, 경제학적으로는 '실질 성장', '잠재 성장', '구조적 성장' 등 구체화된 개념으로 정리될 필요가 있다. 또한 이 프롬프트는 GDP가 왜곡되거나 과장될 수 있는 상황을 고려하지 않고 있다. GDP는 총생산을 나타내는 지표이지만, 단기적인 경기부양정책, 물가상승 등 외부 요인에 의해 일시적으로 상승할 수 있다. 따라서, 'GDP가 늘었다'가 '경제가 좋아졌다'는 단순한 인과는 성립하지 않는다.

[예시 프롬프트] "최근 한국의 실질 GDP 증가가 구조적인 성장인지, 아니면 물가나 정부 지출 확대에 의한 일시적 상승인지 분석해줘."

질문에 '왜?'와 '어떤 근거로?'라는 시각을 포함시키는 게 핵심. 단순히 "그렇다/아니다"를 묻기보다는, 그 판단의 기준이 되는 요소(지표, 구조, 외부 변수)를 함께 묻는 것이 분석형 질문의 핵심이다.

16. 다음의 단순 질문을 보고서 작성에 활용할 수 있는 고급 프롬프트로 바꾸시오.

"2020~2024년 한국 GDP 정리해줘."

(   )

【해설】

"2020~2024년 한국 GDP 정리해줘." 이 프롬프트는 지시어가 매우 모호하다. '정리해줘'는 표로 정리하는 것인지, 증가율을 알려달라는 것인지, 분석까지 원하는 것인지 구체적이지 않다. 또한 GDP 수치 자체는 중요하지만 경기 국면 분석이나 정책 시사점 도출을 위한 충분한 분석자료가 되려면 추가 맥락이 필요하다. 단순한 수치 나열은 학습 목적에 부합하지 않는다. 보고서 작성이나 정책 제안에 활용하려면 GDP의 변화가 경제 전반에 미치는 영향 그리고 그 흐름이 어떤 경기 국면을 나타내는지를 함께 분석해야 한다. 경기 국면 판단은 GDP 수치뿐 아니라 그 맥락이 중요하다. 경기 국면별 특징과 연계해야 고차원적 사고가 가능하며 학생 수준에서 단순 지표 나열에 그치지 않고, 그 수치의 의미를 해석할 수 있는 능력을 기르기 위해서는 다음과 같은 질문이 바람직하다.

[예시 프롬프트] "2020~2024년 한국의 실질 GDP 변화를 표로 정리하고, 각 연도의 경기 국면을 회복기, 확장기, 둔화기, 침체기로 구분해 판단해줘. 주요 특징(예: 팬데믹 영향, 금리 정책, 수출입 변화 등)도 함께 설명해줘."

17. 다음은 다른 학생이 작성한 프롬프트이다. 장점과 단점을 쓰시오.

> "GDP가 작년보다 줄었는데, 경기 침체가 맞는지 말해줘."

장점: (   )
단점: (   )

【해설】

"GDP가 작년보다 줄었는데, 경기 침체가 맞는지 말해줘." 이 프롬프트는 언뜻 보면 구체적인 수치 변화를 근거로 경기 상황을 판단하려는 시도로 보이지만, 분석 기준이 불명확하고 근거가 불충분하여 경제학적 사고력을 충분히 발휘했다고 보기 어렵다.

장점 - 경제지표와 경기 사이의 연관성을 인식함
GDP 감소가 경기 침체와 관련이 있다는 기본적인 경제 인식을 갖추고 있다. 이는 ChatGPT가 해당 주제에 대해 설명을 시작하는 데 있어 효과적인 출발점이 될 수 있다. 초급 학습자 수준에서는 좋은 질문의 시작일 수 있다.

단점 - 침체의 정의와 판단 기준이 명확하지 않음
경제학에서 '경기 침체(recession)'는 일반적으로 2분기 연속 실질 GDP 감소를 포함한 여러 지표의 악화를 말한다. 단순히 '작년보다 줄었다'는 표현은 분기별 감소를 의미하는지, 연간 총합 감소인지도 불명확하다.

3장 | 통화정책과 금융시장

1. 중앙은행(한국은행)과 통화정책

01. [프롬프트] 중앙은행의 의미와 역할을 설명해줘.

현대 경제에서 중앙은행은 경제의 심장과 같은 존재다. 중앙은행은 한 나라의 통화(화폐)와 금융 시스템을 관리하는 기관으로, 물가 안정, 금융시장 안정, 경기 조절을 주요 목표로 한다. 한국의 중앙은행은 한국은행이며, 미국은 연방준비제도(Federal Reserve), 유럽은 유럽중앙은행(ECB)을 가지고 있다. 중앙은행은 정부와는 분리된 독립 기관으로, 경제의 단기적 정치 논리에 휘둘리지 않고 중립적으로 통화정책을 수행할 수 있도록 설계되어 있다. 중앙은행의 가장 중요한 역할 중 하나는 통화정책(monetary policy)을 집행하는 것이다. 통화정책이란 금리와 통화량을 조절하여 경기를 안정시키고 물가를 관리하는 정책을 말한다. 경기가 침체될 때 중앙은행은 금리를 인하하고 시중에 돈을 푸는 방식으로 소비와 투자를 유도한다. 반대로 경기가 과열되어 물가가 빠르게 오를 때는 금리를 인상하거나 시중 유동성을 흡수하여 경기 과열을 억제한다.

02. [프롬프트] 중앙은행은 왜 통화정책을 시행하나? 어떤 목표를 가지고 통화정책을 하나?

중앙은행이 통화정책을 시행하는 이유는 단순히 금리나 통화량을 조절하는 데 그치지 않는다. 그 궁극적인 목적은 국가 경제의 안정성과 지속 가능한 성장을 실현하는 것이다. 이를 위해 중앙은행은 통화정책을 통해 네 가지 주요 목표를 추구하며, 이들 목표는 서로 밀접하게 연결되어 있다.

첫째, 물가 안정은 통화정책의 가장 핵심적이고 전통적인 목표이다. 물가가 지나치게 상승하면 소비자의 구매력이 약화되고 실질소득이 감소하며, 장기적 투자 계획도 불확실해진다. 반대로 물가가 하락하면 소비와 투자가 지연되면서 경제활력이 떨어지고, 기업의 수익과 고용이 위축될 수 있다. 이러한 문제를 방지하기 위해 중앙은행은 기준금리와 통화량을 조절하여 총수요를 안정시키고, 물가상승률을 일정한 목표 범위(예: 한국은행의 경우 연 2% 수준) 내에서 유지하려 노력한다. 물가가 안정되어야 기업과 가계가 예측 가능한 환경에서 경제활동을 지속할 수 있으며, 이는 지속가능한 성장의 전제가 된다.

둘째, 통화정책은 완전고용 및 고용 안정을 달성하는 데에도 중요한 역할을 한다. 완전고용이란 실업률이 자연실업률 수준에 근접한 상태 즉 경기적 실업이 없는 고용 상태를 의미한다. 경기 침체기에는 통화정책을 통해 금리를 낮추고 유동성을 공급함으로써 소비와 투자를 촉진하고, 이를 통해 고용을 증가시킬 수 있다. 반대로 경기 과열기에는 금리를 인상하여 과잉투자와 비효율적인 고용 확대를 방지함으로써 노동시장을 안정시킬 수 있다.

셋째, 지속 가능한 경제성장 촉진도 통화정책이 지향하는 주요 목표이다. 통화정책은 생산성이나 기술 혁신을 직접 유도하지는 않지만, 물가와 고용의 안정이라는 조건을 충족함으로써 기업의 장기 투자와 가계의 소비 활동이 활발히 이루어질 수 있는 환경을 조성한다. 예를 들어 경기침체가 발생했을 때 통화정책을 통해 빠르게 대응하면 생산과 고용의 낙폭을 줄이고 회복 시점을 앞당길 수 있다. 반대로 경기가 과열되어 물가가 빠르게 상승하거나 자산 가격이 비정상적으로 오를 경우에는 긴축적 통화정책을 통해 이를 조절함으로써 성장의 질을 높이고 거품 발생을 방지할 수 있다. 통화정책은 성장률을 직접 끌어올리기보다는 성장을 위한 안정된 기반을 마련하는 조정자의 역할을 수행한다.

넷째, 현대 경제에서 통화정책은 금융시장과 환율의 안정을 유지하는 데에도 핵심적인 역할을 한다. 금리의 급격한 변동이나 외환시장의 불안정은 실물경제와 대외 활동에 직·간접적으로 큰 충격을 줄 수 있다. 중앙은행은 기준금리 조정, 유동성 공급, 외환보유액 활용 등을 통해 자본시장과 외환시장의 급격한 변화를 완화하고, 시장 참여자들의 신뢰를 유지하는 역할을 한다. 특히 환율의 급등락은 수출입 기업의 경영 불확실성을 키우고, 외국인 투자자의 이탈로 이어질 수 있기 때문에 환율 안정은 대외 신인도 유지에 매우 중요한 요소이다. 실제로 글로벌 금융위기나 외환위기와 같은 충격 상황에서 중앙은행은 국채 매입, 유동성 공급, 외환시장 개입 등 다양한 비전통적 수단을 동원하여 금융시장의 신뢰를 회복하고 경제 전반의 충격을 완화하는 데 중요한 역할을 수행해 왔다.

03. [프롬프트] 중앙은행은 구체적으로 어떤 방법으로 통화정책을 시행하나?

○ 기준금리 변경

기준금리는 한국은행이 설정하는, '돈을 빌릴 때 기본이 되는 이자율'이다. 시중은행들은 이 기준금리를 참고해 우리에게 적용할 대출금리나 예금금리를 정한다. 그래서 중앙은행이 기준금리를 내리면 사람들이 은행에서 돈을 더 싸게 빌릴 수 있고, 반대로 금리를 올리면 돈을 빌리기 어려워진다. 예를 들어, 은행이 금리를 3%에서 1.5%로 내리면 사람들이 자동차나 집을 사기 위해 대출을 더 받게 되고, 기업도 공장 확장 같은 투자를 더 하게 된다. 이렇게 기준금리를 내리는 정책은 경기가 안 좋을 때 소비와 투자를 살리기 위한 조치다. 반대로 물가가 너무 빨리 오를 때는 기준금리를 올려 대출을 억제하고 소비를 줄이게 만든다. 이처럼 기준금리는 경제의 속도를 높이거나 늦추는 페달과 같은 역할을 한다.

○ 공개시장운영(Open Market Operations)

중앙은행은 국채를 채권시장에서 사고팔면서 시중에 풀린 돈의 양을 조절한다. 중앙은행이 국채를 산다는 것은 은행에 있는 국채를 사주고 그 대신 돈을 은행에 넣어주는 것을 의미한다. 이렇게 하면 은행들이 사용할 수 있는 돈이 많아져 대출이 활발해지고, 금리도 낮아진다. 반대로 중앙은행이 국채를 판다는 것은 시중에서 돈을 걷어들이는 방식이다. 은행은 중앙은행에 돈을 주고 국채를 사야 하므로 그만큼 통화량이 줄어들고 시중 금리는 올라간다. 이러한 방식은 기준금리와 함께 경기를 조절하는 핵심적인 도구이며, 돈의 흐름을 비교적 빠르고 정교하게 다룰 수 있는 방법이다.

○ 지급준비율 조정(Reserve Requirement Ratio)

지급준비율이란, 은행이 고객에게 받은 예금 중 일부를 중앙은행에 반드시 맡겨야 하는 비율이다. 예를 들어 은행이 고객으로부터 1억 원을 예금 수령했는데 지급준비율이 10%이면 1천만 원은 중앙은행에 보관하며, 나머지 9천만 원만 대출이나 투자를 통해 활용할 수 있다. 중앙은행이 이 비율을 낮추면, 은행이 대출 가능한 돈이 많아져 시중에 돈이 더 많이 풀리게 된다. 반대로 지급준비율을 높이면, 은행이 대출할 수 있는 돈이 줄어들어 경기가 진정된다. 그러나 최근에는 금융시장이 복잡해지고, 은행들이 다양한 방식으로 자금을 조달하면서 이 수단의 실제 영향력은 줄어들었으며 상징적인 수단으로 남아 있는 경우가 많다.

○ 비전통적 통화정책(최근 수단의 변화)

최근에는 비전통적 통화정책 수단 그중에서도 양적완화(quantitative easing)가 널리 사용되고 있다. 양적완화는 일반적인 금리 조정만으로는 경기를 살리기 어려울 때, 중앙은행이 시중에 직접 돈을 대규모로 푸는 방식이다. 예를 들어 중앙은행이 장기 국채나 회사채, 주택저당증권 같은 자산을 대량으로 사들여서 그 대가로 현금을 시장에 공급하면 은행들은 더 많은 돈을 대출하고 기업들은 더 쉽게 자금을 조달할 수 있다. 특히 금리가 거의 0%까지 내려가 더는 내릴 수 없는 상황(이를 '제로 금리 하한'이라고 한다)에서는 이처럼 직접 유동성을 공급하는 방식이 통화정책의 핵심 수단이 된다. 2008년 글로벌 금융위기나 2020년 코로나19 같은 위기 상황에서 미국, 유럽, 일본 등 많은 나라들이 이 방법을 사용했다.

수 단	주요 목적	특징
기준금리 조정	총수요 조절, 물가·고용 안정	가장 일반적, 금리 전이 경로 활용
공개시장조작	유동성 조절	민첩하고 정밀한 수단
지급준비율	신용창출력 조절	영향력은 제한적, 상징적 의미
비전통적 수단	금리 하한기 대응	양적완화

04. [프롬프트] 중앙은행과 시중은행들을 통해 통화량이 확대되는 과정을 설명해줘.

경제에서 말하는 '돈'은 우리가 흔히 생각하는 지폐와 동전만을 의미하지 않는다. 실제로 경제 안에는 다양한 형태의 돈이 존재하며 이들을 구분하고 측정하는 데 사용되는 것이 바로 '통화지표'이다. 통화지표는 경제 내에서 통화량을 파악하고 통화정책을 설계하는 데 중요한 역할을 하며, 그중에서도 가장 기본적이고 핵심적인 지표가 본원통화(Base Money)와 협의통화(M1)이다. 이 두 지표는 서로 밀접하게 연결되어 있지만, 구성 요소와 기능 면에서 뚜렷한 차이를 가진다.

먼저 본원통화(Base Money)는 흔히 '통화의 씨앗' 또는 '중앙은행이 처음으로 만든 돈'이라고 불린다. 다른 표현으로는 기초통화 혹은 고차통화(high-powered money)라고도 한다. 본원통화는 두 가지 요소로 구성되는데 하나는 현금통화, 즉 개인이나 기업이 실제로 보유하고 있는 지폐이며, 다른 하나는 은행의 지급준비금 즉 시중은행이 중앙은행에 반드시 맡겨야 하는 예치금이다. 이 두 가지는 중앙은행이 공급한 최초의 돈으로 은행들이 이 돈을 시작으로 대출을 하고, 대출을 받은 사람들은 다시 예금을 만들며 통화가 순환된다. 이러한 과정을 통해 본원통화는 실제 유통되는 M1, M2와 같은 더 큰 규모의 통화로 확장된다. 이런 이유에서 본원통화는 금융시스템에 자금을 흘려보내는 근원적 공급원, 즉 통화의 출발점이라고 할 수 있다.

반면 협의통화(M1)는 국민이 실생활에서 바로 사용할 수 있는 통화, 즉 '지금 당장 꺼내서 쓸 수 있는 돈'을 의미한다. M1은 본원통화 중에서도 특히 소비나 거래에 직접 연결되는 요소만을 포함한다. 구성 요소로는 현금통화 즉 개인이 지갑 속에 가지고 다니는 지폐와 동전과 요구불예금이 있다. 요구불예금은 은행에 맡겨 놓은 돈 중에서 언제든지 인출하거나 이체할 수 있는 예금을 말하며, 보통예금이나 당좌예금이 이에 해당한다. M1은 우리가 마트에서 물건을 사고, 식당에서 밥을 먹고, 송금을 하는 등 즉각적인 지불 수단으로서의 기능을 수행하는 통화의 총합이다. 따라서 M1은 경제 내의 단기적인 소비와 총수요를 가장 잘 반영하는 지표로 간주된다. 결과적으로 본원통화와 M1은 같은 통화 시스템 안에서 기능하지만 본원통화는 통화 창출의 출발점, M1은 실생활에서 유통되고 사용되는 실제 돈이라는 차이를 가진다. 본원통화가 충분히 공급되더라도, 은행의 대출이 활발하지 않거나 사람들이 예금을 현금으로 바꾸어 쌓아두기만 한다면 M1은 크게 늘어나지 않을 수 있다.

항목	본원통화 (Base Money)	M1 (협의통화)
정의	중앙은행이 직접 발행한 최초의 돈	바로 사용할 수 있는 돈
구성	현금통화 + 은행의 지급준비금	현금통화 + 요구불예금
발행 주체	중앙은행	중앙은행 + 시중은행(신용창출 포함)

중앙은행은 M1의 규모를 통제하기 위해 여러 가지 수단을 사용하는데, 그중 하나가 '지급준비율 조정'이다. 지급준비율이란 은행이 고객으로부터 받은 예금 중 일부를 중앙은행에 의무적으로 보관해야 하는 비율을 말한다. 예를 들어, 어떤 고객이 1,000만 원을 은행에 예치했을 때 지급준비율이 10%라면, 은행은 100만 원은 따로 보관하고, 나머지 900만 원을 대출에 사용할 수 있다. 이 900만 원은 다른 사람의 예금이 되고, 그 예금 중 일부가 다시 대출로 이어지면서 돈이 경제 안에서 여러 예금과 대출의 형태로 순환된다. 이 과정을 신용창출 또는 통화창출이라고 하며, 하나의 예금이 여러 배의 통화로 확대되는 현상이다.

만약 중앙은행이 지급준비율을 높이면, 은행이 대출할 수 있는 돈이 줄어들어 통화창출이 제한된다. 예를 들어 지급준비율을 10%에서 20%로 인상하면 앞의 예에서 은행은 1,000만 원 중 200만 원을 중앙은행에 예치해야 하고, 대출 가능한 금액은 800만 원으로 줄어든다. 그 결과 전체 통화량이 감소하고, M1의 증가 속도도 둔화된다. 반대로 지급준비율을 낮추면 은행의 대출 여력이 늘어나고, 그만큼 시장에 유통되는 돈의 양도 많아져 M1이 증가하게 된다. 따라서 지급준비율은 중앙은행이 은행의 통화창출 능력을 직접적으로 제한하거나 확장할 수 있는 중요한 도구이다.

또 다른 수단은 공개시장운영이다. 이는 중앙은행이 국채나 공공채권 같은 유가증권을 사고팔면서 시중의 유동성을 조절하는 방식이다. 예를 들어 중앙은행이 시중은행으로부터 국채를 매입하면, 그 대가로 은행에 현금을 지급하게 된다. 이 현금은 은행으로 유입되고, 은행은 이를 기반으로 더 많은 예금을 유치하거나 대출을 확대할 수 있게 된다. 그 결과 시중에 통화량이 늘어나면서 M1이 증가하게 된다. 반대로 중앙은행이 국채를 매도하면, 시중은행은 그 국채를 사기 위해 자신이 가지고 있던 현금을 중앙은행에 넘겨야 하므로, 은행의 대출 여력도 축소된다. 이렇게 되면 시중의 유동성이 줄어들고, 결국 M1도 감소하게 된다.

수단	작동 방식	결과	M1(통화량) 변화
지급준비율 인하	은행 대출 여력 확대	통화창출 확대	M1 증가
지급준비율 인상	은행 대출 여력 축소	통화창출 억제	M1 감소
국채 매입 (공개시장조작)	은행에 현금 공급	유동성 증가	M1 증가
국채 매도 (공개시장조작)	은행에서 자금 흡수	유동성 축소	M1 감소

05. [프롬프트] 통화정책은 실물경제에 어떻게 영향을 미치는가?

중앙은행이 기준금리나 통화량을 조정하는 통화정책을 시행하면, 이 변화는 금융시장에만 머무르지 않고 소비, 투자, 고용, 물가, 환율 등 실물경제 전반에 걸쳐 폭넓은 영향을 미치게 된다. 이러한 영향은 한순간에 나타나지 않고, 여러 단계를 거쳐 점진적으로 전파되는 과정(전이경로, transmission mechanism)을 통해 실현된다.

○ **기준금리가 실물경제에 미치는 영향**

기준금리는 중앙은행이 금융시장에 제시하는 대표적인 단기금리로 시중은행의 예금 및 대출금리에 광범위한 영향을 미친다. 이는 곧 금융시장 전체의 금리 수준을 조절하는 주요한 수단이며, 기준금리의 변동은 실물경제에 다양한 경로를 통해 파급된다. 먼저 기준금리가 인하되면, 시중은행의 대출금리도 함께 내려가게 된다. 이렇게 되면 가계는 주택담보대출이나 자동차 할부 등에서 이자 부담이 줄어들어 소비 여력이 커지고, 기업은 설비 투자나 생산 확대를 위한 자금을 더 낮은 비용으로 조달할 수 있게 되어 투자에 적극적으로 나설 수 있다. 이로 인해 총수요가 증가하고, 생산과 고용도 확대되는 경기 부양 효과가 나타난다. 또한 금리 인하는 예금금리에도 영향을 미쳐 사람들이 저축할 유인이 줄어들게 된다. 이자 수익이 낮아지면 가계는 예금을 줄이고, 대신 소비나 주식·부동산 투자로 자금을 이동시키는 경향이 커진다. 이런 변화는 소비 증가로 이어지며, 기업의 매출 확대와 함께 경제성장을 촉진한다. 뿐만 아니라 금리 하락은 자산시장에도 영향을 미친다. 일반적으로 금리가 낮아지면 부동산이나 주식 같은 자산의 수익률이 상대적으로 높아 보이기 때문에 자산가격이 상승하는 경향이 있다. 이 과정에서 가계는 자산가치가 오른 것을 체감하면서 소비를 더욱 늘리는 효과가 나타난다.

한편, 기준금리가 낮아지면 외국인 투자자들이 국내에 투자할 유인이 줄어 자금이 빠져나가고, 이로 인해 원화 가치가 하락할 수 있다. 원-달러 환율 상승(즉, 원화 약세)하면 우리나라 수출품의 가격경쟁력이 높아지고, 해외 시장에서의 판매가 늘어나 수출이 증가하게 된다. 동시에 수입품 가격은 오르게 되어 국내 생산 제품의 상대적인 가격 매력이 높아지므로 내수 산업에도 긍정적인 영향을 줄 수 있다.

따라서 이러한 확장적 통화정책은 물가 상승 압력을 동반한다. 소비와 투자가 늘어나 총수요가 커지면, 물가도 오르는 경향이 있기 때문이다. 특히 경기가 회복 국면일 때 금리 인하가 물가 상승으로 이어지면 인플레이션 우려가 커질 수 있다. 반대로 기준금리가 인상되면 경기를 진정시키는 효과가 나타난다. 대출금리가 올라가면 가계는 주택 구입이나 소비를 줄이게 되고, 기업도 자금 조달 비용 부담 때문에 투자를 보류하거나 축소할 수밖에 없다. 예금금리가 오르면 저축의 매력이 커지고, 시중 유동성이 줄어든다. 동시에 자산시장에서는 금리 인상으로 인해 주식과 부동산의 가격이 하락할 수 있으며, 투자 심리가 위축되는 현상도 발생한다. 또한 금리가 오르면 외국 자본의 유입이 활발해지고, 원-달러 환율 하락(즉, 원화 강세)하게 되어 수입품 물가는 하락하고 물가 안정에 도움이 된다. 그러나 동시에 수출 경쟁력은 낮아져 외국 시장에서의 판매가 줄어들 수 있다. 이러한 일련의 변화는 궁극적으로 총수요를 줄이고, 물가 상승 압력을 낮추며, 과열된 경기를 진정시키는 데 기여한다.

○ **통화량 변화가 실물경제에 미치는 영향**

중앙은행은 기준금리 조정 외에도 공개시장조작, 지급준비율 조정 등의 수단을 통해 시중에 유통되는 통화량(M1, M2 등)을 직접적으로 조절할 수 있다. 이러한 통화량의 증감은 실물경제에 다양한 방식으로 영향을 미친다. 통화량이 증가하면 경기를 부양하는 효과가 나타난다. 우선 시중에 통화가 많이 풀리게 되면 은행의 예금이 증가하고, 중앙은행으로부터 받은 지급준비금도 늘어나면서 은행의 대출 여력이 커진다. 은행은 더 많은 대출을 해줄 수 있게 되고, 이는 가계의 소비와 기업의 투자를 확대하는 데 기여한다. 동시에 유동성 확대는 가계와 기업 모두의 자금 사정을 개선시켜 자금 조달이 쉬워지며, 소비와 투자 활동의 여건을 더욱 좋게 만든다. 이렇게 늘어난 유동성은 주식이나 부동산 등 자산시장으로도 흘러 들어가 자산 가격 상승을 유도한다. 자산 가격이 오르면 부의 효과(wealth effect)를 통해 사람들의 소비 심리가 살아나고, 기업의 투자 여건도 개선되어 실물경제 전반에 긍정적인 영향을 줄 수 있다.

이러한 소비와 투자 확대는 기업의 생산 활동을 증가시키고, 이에 따라 고용이 늘어나면서 실업률이 하락하는 효과로 이어진다. 하지만 한편으로는 총수요가 빠르게 증가하면서 물가가 상승할 가능성도 있다. 특히 경기 회복기에 통화량 증가가 이어질 경우, 인플레이션 리스크가 커질 수 있다. 즉, 경기 활성화와 함께 물가 상승 압력도 동시에 나타날 수 있다.

반대로 통화량이 감소하면 경기를 억제하는 효과가 나타난다. 은행의 대출 여력이 줄고, 시중에 유동성이 부족해지며 자금 조달 비용이 높아진다. 가계와 기업 모두 자금을 확보하기 어려워지기 때문에 소비와 투자가 줄어들게 되고, 이는 자산시장에도 부정적인 영향을 미쳐 주식이나 부동산 가격이 하락세로 돌아설 수 있다. 전반적으로 총수요가 위축되면서 경제 성장률이 낮아지고, 물가 상승률도 둔화되는 경향이 나타난다. 이와 함께 수입품 가격은 상대적으로 싸지게 되어, 환율 안정에도 일정 부분 도움이 될 수 있다.

2. 이자율 결정 원리와 금융시장

06. [프롬프트] 금리의 정의와 금리가 결정되는 원리를 설명해줘.

시중금리는 말 그대로 시장에서 실제로 형성되는 이자율을 의미한다. 이는 은행, 보험사, 증권사 등 다양한 금융기관이 예금과 대출, 자금 거래 등에 적용하는 금리로 일반 개인과 기업이 경제생활 속에서 가장 자주 접하는 금리이기도 하다. 예를 들어 우리가 은행에 예금을 맡길 때 적용되는 이자율, 또는 은행에서 대출을 받을 때 부담해야 하는 이자율이 모두 시중금리에 해당한다. 이처럼 시중금리는 실질적인 금융거래에 적용되는 금리이기 때문에 가계의 소비와 저축, 기업의 투자 결정, 자산시장, 물가 등 경제 전반에 매우 중요한 영향을 미친다.

시중금리는 다양한 형태로 존재한다. 가장 대표적인 예로는 은행에 돈을 맡길 때 적용되는 예금금리, 돈을 빌릴 때 부담하는 대출금리, 국채나 회사채 같은 채권을 보유할 때 얻는 수익률인 채권금리, 그리고 금융기관 간 자금 거래에서 형성되는 시장조달금리(CD금리, 콜금리 등)를 들 수 있다. 이러한 시중금리는 서로 긴밀하게 연동되어 있어 특정 금리가 변하면 다른 금리에도 영향을 미치게 된다. 시중금리는 단순히 한 가지 요인으로 결정되지 않는다. 수요와 공급, 위험과 기대, 정책과 시장심리 등 여러 가지 복합적인 요인이 작용하여 결정된다. 그중에서도 핵심적인 세 가지 요인은 중앙은행의 기준금리, 금융기관의 자금 조달비용, 그리고 시장의 수요와 공급 및 리스크 프리미엄이다.

먼저, 시중금리는 중앙은행이 설정하는 기준금리에 크게 영향을 받는다. 한국은행이 기준금리를 인상하면, 은행의 자금 조달 비용이 증가하게 되고, 이는 시중은행의 대출금리와 예금금리에 그대로 반영된다. 예를 들어, 한국은행이 기준금리를 0.5%에서 1.0%로 올릴 경우, 시중은행도 대출금리를 3.5%에서 4.0%로 인상할 가능성이 크다. 반대로 기준금리를 인하하면 시중금리는 전반적으로 하락하게 된다. 둘째, 금융기관의 자금 조달 비용도 시중금리에 큰 영향을 미친다. 시중은행은 예금을 통해 자금을 조달하거나 금융시장에서 다른 금융기관으로부터 자금을 빌리기도 한다. 이 과정에서 발생하는 자금조달 비용이 높아지면 대출금리 역시 높아질 수밖에 없다. 특히 은행 간 단기 자금 거래에서 형성되는 콜금리나 양도성예금증서(CD) 금리는 시중금리의 기준선 역할을 하며 금융기관이 실제로 적용하는 금리에 영향을 준다. 셋째, 시장에서의 자금 수요와 공급, 그리고 리스크 프리미엄도 중요한 결정 요인이다. 금리는 자금의 가격이기 때문에 돈을 빌리려는 사람이 많으면 금리가 올라가고, 돈을 맡기려는 사람이 많으면 금리는 내려가는 경향이 있다. 여기에 대출을 받는 사람의 신용도나 상환 위험, 기대 인플레이션, 대출의 만기 등의 요소가 추가로 고려된다. 예를 들어 신용등급이 낮은 개인이나 기업은 부실 위험이 크기 때문에 은행은 더 높은 금리를 요구하게 된다. 이를 '리스크 프리미엄(위험 가산금리)'이라고 하며 장기 대출일수록 경기변동과 인플레이션 위험이 커지므로 금리가 더 높게 책정되는 경향도 있다.

이러한 흐름을 종합해보면, 시중금리는 중앙은행의 기준금리 조정을 시작으로 금융기관의 자금 조달 금리(CD, 콜금리 등)가 변동하고, 이를 바탕으로 은행이 예금금리와 대출금리를 조정하게 되며, 마지막으로 고객의 신용도나 시장 기대 등을 반영하여 최종적으로 결정되는 구조이다. 다시 말해, 시중금리는 단순히 기준금리 하나로 정해지는 것이 아니라, 금융시장에서의 자금 흐름, 위험 평가, 수익성 판단, 경제 주체들의 기대심리 등 다양한 요소가 복합적으로 작용한 결과물이라 할 수 있다.

구분	설명
기준금리	중앙은행이 통화정책의 기준으로 설정하는 단기 정책금리
콜금리	은행 간 하루짜리 초단기 자금 거래 시 적용되는 금리
CD금리	양도성 예금증서(CD)에 적용되는 금리. 고정금리 채권
대출금리	금융기관이 고객에게 자금을 빌려줄 때 적용하는 금리
예금금리	금융기관이 고객에게 예금에 대해 지급하는 금리
국채금리	정부가 발행하는 채권(국채)에 대한 수익률
회사채금리	기업이 자금을 조달하기 위해 발행하는 채권의 수익률
시장금리	금융시장에서 실제 거래에 적용되는 평균적 금리의 총칭
실질금리	명목금리에서 기대 인플레이션율을 뺀 금리
명목금리	물가 상승을 고려하지 않은 이자율

07. [프롬프트] 예금이나 적금에 적용되는 이자율 계산 방법을 설명해줘.

이자율은 다양한 금융상품의 수익성과 선택에 직접적인 영향을 미치는 중요한 변수이다. 특히 예금, 채권, 펀드, 보험, 주식 등의 금융상품들은 이자율의 수준과 방향에 따라 투자자에게 제공하는 수익률이 달라진다. 따라서 금리 변화는 금융상품 간의 선택에 핵심적인 기준이 된다. 금리가 오르면 안전자산의 수익률이 높아지기 때문에 투자자들은 상대적으로 위험이 낮은 금융상품(예: 정기예금, 채권)에 더 많은 자금을 투입하려 한다. 반대로 금리가 낮아지면 예금이나 채권에서 얻는 수익이 줄어들므로, 보다 높은 수익을 기대할 수 있는 주식이나 펀드 등 위험자산으로 자금이 이동하게 된다.

○ 단리 vs 복리

예금 상품의 이자는 단리와 복리라는 두 가지 방식으로 계산된다. 이 둘은 계산 방식뿐 아니라 장기적으로 자산이 불어나는 속도에서도 큰 차이를 보이기 때문에 예금 상품을 선택할 때 중요한 판단 기준이 된다.

단리는 원금에 대해서만 이자가 붙는 방식이다. 즉, 해마다 발생하는 이자를 다시 원금에 합산해 운용하지 않고, 항상 최초의 원금만 기준으로 이자를 계산한다. 이 방식은 계산이 단순하고 예측하기 쉬운 장점이 있지만 자산의 증가 속도는 복리 방식에 비해 느리다.

> 예시
>
> 100만 원을 연 5% 단리로 3년 동안 예치할 경우
> 매년 발생하는 이자 = 100만 원 × 5% = 5만 원
> 3년간 총 이자 = 5만 원 × 3년 = 15만 원
> 만기 시 수령액 = 원금 100만 원 + 이자 15만 원 = 115만 원

복리는 단리와 달리, 이자가 원금에 더해져 그다음 해부터는 이자에 이자가 붙는 방식이다. 즉, 해마다 발생한 이자를 다시 재투자하여 전체 원금처럼 불리게 되므로 시간이 지날수록 이자액이 점점 커지는 구조다. 특히 예치 기간이 길수록 복리의 효과는 기하급수적으로 커진다.

> 예시
>
> 100만 원을 연 5% 복리로 3년 동안 예치할 경우
> 1년 후: 100만 원 × 1.05 = 105만 원
> 2년 후: 105만 원 × 1.05 = 110.25만 원
> 3년 후: 110.25만 원 × 1.05 ≈ 115.76만 원
> → 총 이자 = 약 15.76만 원

이처럼 같은 이자율과 예치 기간이라도 단리 115만 원보다 복리 약 115.76만 원가 약 7,600원 더 많다. 만일 예금을 예치하는 기간이 10년, 20년으로 길어질수록 이 차이는 더욱 커진다.

> 복리의 장기 효과 예시
>
> 아래는 동일한 원금을 각각 단리와 복리로 예치했을 때, 시간이 흐름에 따라 얼마나 큰 차이가 발생하는지를 보여주는 예시이다.
>
> (원금 100만 원, 연 5% 이자 기준)
>
> | 예치 기간 | 단리 수령액 | 복리 수령액 |
> | --- | --- | --- |
> | 5년 | 125만 원 | 약 127.63만 원 |
> | 10년 | 150만 원 | 약 162.89만 원 |
> | 20년 | 200만 원 | 약 265.33만 원 |
> | 30년 | 250만 원 | 약 432.19만 원 |
>
> 이처럼 단리와 복리의 차이는 10년 차부터 눈에 띄게 벌어지기 시작하며, 30년이 되면 그 차이는 거의 두 배 가량 확대된다.

복리의 원리는 단지 은행 예금에만 해당하는 것이 아니다. 장기적으로 운용되는 연금, 보험, 펀드, 적립식 투자 등 대부분의 금융상품에 적용된다. 예를 들어 개인연금에 매달 일정 금액을 장기간 적립하면 단순한 원금 합산을 넘어서 복리 효과에 의해 자산이 크게 늘어나게 된다.

08. [프롬프트] 72의 법칙에 대해서 자세히 설명해줘.

복리는 자산을 불리는 데 있어 가장 강력한 원리 중 하나로 꼽히며, 그 진정한 힘은 '시간'에 있다. 단기간에는 단리와 복리의 차이가 크지 않지만, 장기적으로 운용할수록 그 격차는 기하급수적으로 커진다. 특히 10년, 20년, 30년 이상 자산을 복리로 운용하게 되면 자산은 두 배, 네 배, 여덟 배로 눈에 띄게 증가할 수 있다. 이는 마치 눈덩이가 굴러가며 점점 커지는 것과 같은 구조다. 이런 복리 효과의 직관적인 이해를 돕기 위해 자주 사용되는 계산법이 바로 '72의 법칙'이다.

72의 법칙은 자산이 복리로 두 배가 되기까지 걸리는 시간을 간단하게 계산하는 법칙이다. 연 이자율이 일정하다는 전제 아래, 다음의 공식으로 계산할 수 있다.

$$\text{자산이 두 배가 되는 기간(년)} \approx 72 \div \text{연이율(\%)}$$

이 공식은 복잡한 복리 수식을 사용하지 않고도 금리와 시간 사이의 관계를 직관적으로 보여주는 유용한 도구이다. 예를 들어, 연 6%의 이자율로 복리 예금을 운용한다면 72 ÷ 6 = 12년이 걸려 원금이 두 배가 된다. 반대로 연 3%일 경우에는 72 ÷ 3 = 24년이 소요된다. 이처럼 이자율이 두 배가 되면, 자산이 두 배가 되는 시간은 절반으로 줄어든다.

| 챗GTP를 활용한 연습문제 |

01. 중앙은행의 통화정책 문항 예시

프롬프트

다음은 A국의 최근 거시경제 지표이다. A국은 현재 경기 상황을 고려할 때, 다음 중 중앙은행이 시행할 수 있는 가장 적절한 통화정책 (가)~(라) 가장 적절한 조합은?

구분	지표 변화
실질 GDP 성장률	-1.4%
실업률	7.8%
소비자물가 상승률	0.6%

정책 종류	기준금리	지급준비율	국공채(공개시장조작)	본원통화
시행 정책	(가)	(나)	(다)	(라)

	(가)	(나)	(다)	(라)
①	인상	인상	매도	축소
②	인하	인하	매입	확대
③	동결	인상	매도	축소
④	인하	인상	매입	동결

응답결과

- **정답 |** ②
- **해설**

A국은 성장률 둔화(-1.4%), 높은 실업률(7.8%), 낮은 물가 상승률(0.6%)이라는 전형적인 총수요 부족에 의한 경기침체 상황이다. 따라서 중앙은행은 확장적 통화정책을 통해 총수요를 늘려야 하며, 다음과 같은 조치가 필요하다.
- (가) 기준금리 인하: 시중 대출금리 인하 → 소비·투자 유인 증가
- (나) 지급준비율 인하: 은행의 대출 여력 확대
- (다) 국공채 매입: 공개시장 조작을 통해 시중 유동성 공급
- (라) 본원통화 확대: 금융기관에 유동성 공급 증가 → 통화승수 효과

02. 통화정책에 따른 실물경제의 반응 문항 예시

프롬프트

아래 기사와 같은 통화정책을 한국은행이 시행했을 때 이에 따른 실물경제의 반응으로 가장 적절한 것은 무엇인가?

> 2025년 6월 14일, 서울 한국은행은 13일 금융통화위원회를 열고 기준금리를 0.25%포인트 인하한 연 2.50%로 결정했다고 밝혔다. 한국은행은 "최근 소비와 투자 부진, 높은 실업률, 낮은 물가 상승률 등을 감안해 경기 회복을 지원할 필요성이 있다"고 배경을 설명했다. 이번 금리 인하는 작년 11월 이후 7개월 만에 단행된 것으로, 한은은 "추가적인 통화 공급 조치도 검토할 것"이라고 덧붙였다.

① 시중 금리가 상승하고 민간 대출이 줄어들어 소비가 위축된다.
② 자금 조달 비용이 낮아져 기업 투자와 가계 소비가 증가할 가능성이 높다.
③ 기준금리 인하로 환율이 상승(원화 강세)해 수출이 촉진된다.
④ 통화량이 줄어들어 자산시장 유동성이 감소한다.

응답결과

: 정답 | ②
: 해설
- 기준금리 인하는 시중 금리 하락 → 대출 확대 → 소비·투자 유인 증가
- 한국은행이 추가 통화공급을 시사한 것은 확장적 통화정책 의지를 드러낸 것
- 이는 총수요를 자극하여 생산·고용 증가, 경기 회복을 기대하게 함
- 반면 ①, ③, ④는 정책 방향과 반대되는 설명이므로 부적절하다.

심화학습 [프롬프트]

01. [프롬프트] 한국은행과 미국 연준(Fed)의 역할을 비교해 설명해줘.

02. [프롬프트] 중앙은행이 발행하는 '본원통화'는 어떤 과정을 통해 시중에 풀리게 되나?

03. [프롬프트] 중앙은행의 독립성이 중요한 이유는 무엇인가?

04. [프롬프트] 중앙은행이 물가 안정과 고용을 동시에 달성하려 할 때 생기는 갈등을 설명해줘.

05. [프롬프트] 확장적 통화정책과 긴축적 통화정책의 차이를 실제 사례를 들어 설명해줘.

06. [프롬프트] 통화정책과 재정정책은 어떻게 다르며, 각각의 장단점은 무엇인가?

07. [프롬프트] 통화정책이 소비자물가에 영향을 미치는 경로를 단계별로 설명해줘.

08. [프롬프트] 기준금리와 예금금리, 대출금리는 어떤 차이가 있나?

09. [프롬프트] 지급준비율이 통화량에 영향을 주는 원리를 자세히 알려줘.

10. [프롬프트] 통화승수란 무엇이며, 어떻게 계산되고 정책에 활용되는가?

11. [프롬프트] 유동성 함정 상황에서 통화정책은 어떤 한계가 있는가?

12. [프롬프트] 중앙은행이 통화정책 외에도 거시경제 안정을 위해 수행하는 정책은?

13. [프롬프트] 코로나19 이후 주요국 중앙은행의 통화정책은 어떤 흐름을 보였는가?

14. [프롬프트] 최근 한국은행의 금리 결정에 영향을 준 주요 요인을 설명해줘.

[1~4] 아래 기사를 바탕으로 다음 물음에 답하시오.

> "한은, 기준금리 인하·지급준비율 인하 동시 단행"
>
> 한국은행은 17일 열린 금융통화위원회 정례회의에서 기준금리를 연 2.25%에서 2.00%로 0.25%포인트 인하했다고 밝혔다. 이와 동시에 지급준비율을 기존 8%에서 6%로 낮춰, 시중은행의 대출 여력을 확대하는 조치도 병행했다. 이는 최근 발표된 실질 GDP 성장률이 −1.2%를 기록하며 2분기 연속 마이너스를 보였고, 청년층 실업률이 8.1%에 달하는 등 경기 침체 우려가 커진 데 따른 대응이다. 한국은행은 "총수요 회복을 위한 유동성 확대 조치로, 소비와 투자의 회복을 기대한다"며 "필요 시 공개시장조작과 양적완화 등 비전통적 수단도 검토할 것"이라고 밝혔다. 전문가들은 "기준금리 인하와 지급준비율 인하가 동시에 시행되면서 본원통화의 확대뿐 아니라, 통화승수를 통한 M1의 빠른 증가도 예상된다"며 "경기 회복과 함께 자산시장 상승세가 나타날 가능성도 있다"고 분석했다.

1. 위의 기사 가운데 한국은행의 조치는 어떤 종류의 통화정책에 해당하는가?

① 긴축적 통화정책　　　　　　　② 중립적 통화정책
③ 확장적 통화정책　　　　　　　④ 재정정책

【해설】
기사에 따르면 한국은행은 기준금리를 기존 2.25%에서 2.00%로 낮추고, 지급준비율도 8%에서 6%로 인하했다. 이 두 조치는 모두 시중에 유동성을 공급해 경제를 활성화하려는 정책 수단이다. 특히 실질 GDP가 −1.2%를 기록하고, 청년층 실업률이 8.1%에 달하는 등 경기 침체 우려가 커지는 상황에서 이뤄진 조치이므로 경기 부양 목적의 정책임이 분명하다. 통화정책은 크게 긴축적, 중립적, 확장적으로 구분되는데 이 중 금리 인하와 지급준비율 인하처럼 시장에 돈이 풀리는 효과를 유도하는 조치는 확장적 통화정책에 해당한다. 재정정책은 정부의 지출과 조세 조정을 통해 경기를 조절하는 것이므로 이번 사례와는 관련이 없다.

정답 | ③

2. 위의 지급준비율 인하 조치가 M1(협의통화)의 증가에 미치는 영향을 가장 적절하게 설명한 것은?

① 금리를 낮춰 은행의 예금금리를 높이고 저축을 장려한다.
② 시중은행의 대출 가능 자금을 줄여 물가를 안정시킨다.
③ 정부가 가계에 직접 돈을 지급해 소비를 유도한다.
④ 본원통화의 신용창출 기능이 확대되어 통화량이 배수로 증가한다.

【해설】
지급준비율은 은행이 예금의 일정 비율을 중앙은행에 예치하도록 하는 제도로 이 비율이 낮아지면 은행은 더 많은 자금을 대출로 공급할 수 있게 된다. 이는 신용 창출 효과를 통해 시중에 유통되는 통화량이 증가하는 결과를 가져온다. 기사에서도 전문가들이 "본원통화의 확대뿐 아니라 통화승수를 통한 M1의 빠른 증가도 예상된다"고 언급하고 있다. 통화승수란 본원통화의 배수만큼 협의통화(M1)가 증가하는 과정을 말하는데 지급준비율이 낮아지면 이 승수가 커지게 된다. ①~③은 금리나 정부지출과 관련된 설명으로 지급준비율 인하의 효과와는 맞지 않으며, ④의 설명이 지급준비율 인하와 M1 증가의 원리를 가장 잘 설명한다.

정답 | ④

3. 기사에서 언급된 통화정책으로 예상되는 경제 반응으로 가장 적절한 것은?

① 자산시장 위축, 기업 투자 감소
② 통화량 감소, 실질 GDP 하락
③ 시중금리 상승, 소비 위축
④ 대출 증가, 소비·투자 확대, 경기 회복 가능성

【해설】
기사에서 언급된 조치인 금리 인하와 지급준비율 인하는 모두 시중 유동성을 확대해 총수요를 진작시키는 효과를 가진다. 구체적으로는 대출이 늘어나고, 소비와 투자가 촉진되며, 경기 회복을 기대할 수 있는 구조다. 기사에서도 한국은행은 "총수요 회복을 위한 유동성 확대 조치"라고 밝혔고, 전문가들은 자산시장 상승세 가능성까지 언급하고 있다. 이러한 흐름은 확장적 통화정책의 전형적인 효과로 해석할 수 있다. 반면, '자산시장 위축'이나 '통화량 감소', '시중금리 상승'은 모두 긴축적 통화정책이다. 따라서 확장적 통화정책의 전형적인 경제 반응은 대출 증가, 소비·투자 확대, 경기 회복 가능성이 가장 적절한 답이다.

정답 | ④

4. 다음 프롬프트 중 기사 내용을 ChatGPT에 입력하여 경기 회복 효과를 분석하고자 할 때 가장 적절한 것은?

① "한국은행이 뭔가 조치한 것 같은데 경기 나아지나요?"
② "지급준비율이 뭔가요?"
③ "금리 인하 및 지급준비율 인하 정책이 소비, 투자, 고용 등에 미치는 영향을 분석해줘."
④ "경기 나쁘면 정부가 세금을 줄여야 하는 건가요?"

【해설】
좋은 프롬프트란, AI가 핵심적으로 분석할 수 있도록 정책 수단을 명확히 제시하고, 분석 대상(소비, 투자, 고용 등)을 구체적으로 제시하는 구조여야 한다. ①번은 매우 모호한 질문으로, AI가 일반적인 답변만 제공할 가능성이 크다. ②번은 지급준비율이라는 개념 자체를 묻고 있으므로 경기 회복 효과 분석과는 거리가 있다. ④번은 정부의 세금 정책, 즉 재정정책과 관련된 질문으로, 기사에서 다루고 있는 한국은행의 통화정책과는 맥락이 다르다. 반면 ③번은 금리 인하와 지급준비율 인하라는 정책 도구를 명시하고, 그에 따른 실물경제 지표(소비, 투자, 고용)에 대한 분석을 요구하고 있어 AI가 구조적이고 깊이 있는 답변을 제공할 수 있다.

정답 | ③

[5~8] 아래 기사를 바탕으로 다음 물음에 답하시오.

▶ [자료] A국 2024년, 2025년 주요 거시경제지표 변화

구 분	2024년	2025년	변화율
실질 GDP 성장률	2.0%	−1.2%	↓ 3.2%p
실업률	4.5%	6.9%	↑ 2.4%p
소비자물가상승률	3.1%	1.0%	↓ 2.1%p
M1(협의통화) 증가율	6.0%	1.8%	↓ 4.2%p
기준금리	2.50%	2.00%	↓ 0.50%p
지급준비율	10%	8%	↓ 2%p

5. 위 표에 나타난 2025년 A국의 경기 상황을 올바르게 분석한 것은?

① 경기 과열과 인플레이션 위험
② 디플레이션 우려 해소
③ 경기 침체와 물가 하락
④ 완전고용과 고성장

【해설】
2025년 A국의 실질 GDP 성장률은 -1.2%로 2024년(2.0%) 대비 크게 하락했고, 실업률은 6.9%로 상승했다. 이는 생산과 고용이 모두 위축된 전형적인 경기 침체 국면을 의미한다. 한편, 소비자물가 상승률은 3.1%에서 1.0%로 하락하여, 물가 수준도 크게 둔화되고 있다. 즉, 경기는 침체되고 물가마저 낮아지고 있는 이중 부진 상황이다. "경기 과열"과 "인플레이션 위험"을 언급하지만 이는 GDP 증가 + 물가 상승의 조합일 때 해당된다. "디플레이션 우려 해소"라고 되어 있는데, 실제로는 디플레이션 우려가 새롭게 나타나는 상황에 더 가깝다. "완전고용과 고성장"이라는 표현인데 실업률과 성장률 모두 악화된 지금 상황과는 정반대이다. 따라서 가장 적절한 진단은 경기 침체와 물가 하락이다.

정답 | ③

6. 2024년 대비 2025년의 M1 증가율이 둔화된 원인으로 가장 적절한 것은?

① 지급준비율 인상으로 인한 신용 창출 위축
② 기준금리 인상으로 인해 시중 유동성이 축소됨
③ 경기 불황에 따른 대출 수요 감소와 통화승수 둔화
④ 정부가 세출을 줄여 시중 유동성이 감소함

【해설】
M1 증가율은 6.0%에서 1.8%로 급감하였다. 하지만 주의할 점은 기준금리와 지급준비율이 둘 다 인하되었다는 것이다. 즉, 정책적으로는 유동성을 확대하려 했지만 그 효과가 저하되었음을 의미한다. 이런 상황은 보통 실물경제의 위축으로 인해 민간의 대출 수요가 줄고, 통화승수가 낮아진 경우에 발생한다. 경기가 나쁘면 아무리 돈을 풀어도 은행은 대출을 꺼리고, 가계와 기업도 돈을 빌리려 하지 않는다. 지급준비율이 오히려 인상되었다고 말하는게 실제로는 인하되었으므로 사실과 다르다. 기준금리 인상이라고 서술하고 있지만, 위의 표에서는 인하가 이루어졌다. 재정정책의 설명으로, 통화정책인 M1 변화 원인 분석에는 맞지 않는다.

정답 | ③

7. 다음 중 2026년 경기 회복을 목표로 추가로 고려할 수 있는 통화정책 수단은?

① 기준금리 인상　　　　　② 국채 매도
③ 지급준비율 인상　　　　④ 양적완화 정책 확대

【해설】
A국은 경기 침체와 물가 하락을 겪고 있으며, 이미 기준금리와 지급준비율을 낮춘 상태다. 그러나 여전히 경제는 침체 국면에 머물러 있다. 이럴 때는 더 강력한 통화 확대 정책, 즉 비전통적 수단인 양적완화를 고려할 수 있다. 기준금리 인상은 오히려 유동성을 줄여 경기를 더 위축시킬 수 있는 조치이므로 적절하지 않다. 국채 매도 역시 시중 자금을 중앙은행이 흡수하는 행위이므로 통화 긴축 수단에 해당한다. 지급준비율 인상도 마찬가지로 은행의 대출 여력을 제한하여 경기 회복과는 반대 방향의 조치이다. 반면 양적완화는 중앙은행이 민간 보유 자산을 대규모로 매입하여 직접적으로 시중 유동성을 확대하는 정책이다. 기존의 금리 조정보다 더 강한 경기 부양 효과를 기대할 수 있다.

정답 | ④

8. 다음 프롬프트 중 ChatGPT에 입력하여 통화정책 방향을 분석하고자 할 때 가장 적절한 것은?

① "2025년에 물가랑 실업률이 왜 저래요? 요즘 뉴스 보니까 수치가 이상하던데, 정확한 이유가 뭔지 그냥 쉽게 설명해줘."
② "A국 중앙은행이 기준금리와 지급준비율을 낮췄는데, 그 효과를 GDP, 고용, 소비에 미치는 측면에서 분석해줘."
③ "지급준비율이라는 게 뭔지는 알겠는데, 그걸 낮추는 게 정말 좋은 정책인지, 혹시 부작용은 없는 건지도 같이 설명해줄 수 있어?"
④ "실업률이 올라가면 항상 기준금리를 낮춰야 하는 건지 궁금해. 중앙은행이 그렇게 대응하는 게 일반적인 건지, 예외도 있는지 같이 설명해줘."

【해설】
좋은 프롬프트는 다음 조건을 충족해야 한다. 정책 수단을 명확히 언급하고 분석 대상을 구체화하며 단순 개념 정의나 감상 수준이 아닌, 구조적 분석을 유도해야 한다. ①은 "왜 저래요?"라는 식의 막연한 표현과 "뉴스 보니까 이상하다"는 정제되지 않은 문장으로 ChatGPT가 통찰력 있는 분석을 하도록 유도하기 어렵다. ③은 지급준비율이라는 개념 자체에 초점을 맞춘 질문이고, 통화정책 전체 방향을 보기에는 범위가 너무 좁다. ④는 실업률과 금리 간의 관계만을 묻고 있어서 단일 지표 중심의 질문이다. 반면 ②는 "기준금리와 지급준비율 인하"라는 통화정책 수단을 분명히 제시하고, "GDP, 고용, 소비"라는 실물경제 지표에 대한 영향 분석을 요청하고 있다. 이는 정책의 파급 효과를 다각도로 살펴보기에 매우 적절한 구조이다.

정답 | ②

[9~12] 아래 내용을 바탕으로 다음 물음에 답하시오.

> "졸업을 앞둔 대학생 수민의 자산 불리기 프로젝트"
>
> 대학생 수민은 다음 달이면 졸업을 앞두고 있다. 그동안 아르바이트와 용돈을 모아 300만 원 정도의 여윳돈이 생긴 수민은, "지금 이 돈을 어떻게 굴려야 조금이라도 더 늘릴 수 있을까?"라는 고민을 하기 시작했다. 부모님은 정기예금에 넣는 게 가장 안전하다고 했고, 친구들은 펀드나 주식 같은 투자를 추천했지만, 수민은 금융 지식이 부족해 어디서부터 시작해야 할지 막막했다. 우선 수민은 은행 앱을 열어 예금 상품을 비교했다. 한 은행은 연 4% 단리로 3년 만기 정기예금을 제안했고, 다른 은행은 연 3.5% 복리로 3년간 예치할 수 있는 상품을 홍보 중이었다. 수민은 "이자율이 더 높은 단리가 이득일까, 아니면 복리가 시간이 지나면 더 커질까?"라는 생각이 들었다. 고등학교 때 배운 단리와 복리의 차이를 떠올려 보려 했지만, 기억이 흐릿했다.
>
> ChatGPT에 "단리와 복리의 차이"를 물어본 수민은 다음과 같은 응답을 받았다. "단리는 원금에 대해서만 이자가 붙는 방식이고, 복리는 이자까지 합쳐진 금액에 이자가 붙는 방식입니다. 시간이 길수록 복리의 효과는 커집니다. 예를 들어 100만 원을 연 5% 복리로 3년간 운용하면, 1.05^3 = 약 1.1576배가 되므로 약 115만 7600원이 됩니다. 단리는 매년 5만 원씩 3년간 15만 원만 얻을 수 있으므로, 115만 원에 그칩니다."
>
> 수민은 이어 "그럼 몇 년이면 두 배가 될까?"라는 궁금증도 생겼다. ChatGPT는 72의 법칙을 소개하며 다음과 같이 답했다. "복리로 자산이 두 배가 되는 데 걸리는 시간을 계산하려면, 72를 연 이자율로 나누면 됩니다. 예를 들어, 연 6% 수익률이라면 72 ÷ 6 = 12년이면 원금이 두 배가 됩니다. 이 법칙은 단순한 복리계산이 어려운 경우 유용한 추정도구입니다." 이처럼 수민은 단리·복리의 계산 원리와 효과, 72의 법칙을 이해하게 되었고, 이제 실제 상품 중 어떤 것이 유리할지 스스로 판단해보고자 한다.

9. 다음 중 단리(simple interest) 방식의 설명으로 옳지 않은 것은?

① 매년 발생하는 이자는 원금에 대해서만 계산된다.
② 단리는 복리보다 자산이 빠르게 증가한다.
③ 단리는 예측하기 쉽고 계산이 간편하다.
④ 3년 동안 단리 5% 이자율은 원금의 15%가 이자로 붙는다.

【해설】
단리는 원금에 대해서만 매년 동일한 금액의 이자가 붙는 방식으로 이자 계산이 간단하고 예측 가능하다는 장점이 있다. 매년 원금의 일정 비율만큼만 이자가 붙기 때문에 시간이 지나도 자산이 급격히 불어나지 않는다. 이와 달리 복리는 이자에 이자가 붙는 구조이므로 시간이 지날수록 증가 속도가 빨라진다. 따라서 단리가 복리보다 자산이 더 빠르게 증가한다는 설명은 명백히 틀린 주장이다. 그 외에 단리는 매년 이자가 일정하며, 계산이 간편하고 예측 가능하다는 설명은 모두 타당하다.

정답 | ②

10. 1,000,000원을 연 4% 단리로 5년간 예치할 경우 최종 수령액은 얼마인가?

① 1,100,000원
② 1,150,000원
③ 1,200,000원
④ 1,220,000원

【해설】
단리의 기본 공식은 '이자 = 원금 × 이자율 × 기간'이며, 최종 수령액은 원금에 이자를 더한 금액이다. 문제에서 제시된 수치는 원금 100만 원, 연 4% 이자율, 예치 기간 5년이다. 이자를 계산하면 100만 원에 0.04를 곱하고 다시 5를 곱하므로 총 이자는 20만 원이다. 따라서 최종 수령액은 100만 원에 20만 원을 더한 120만 원이 된다.

정답 | ③

11. 복리로 연 6% 수익률을 얻는다면, 원금이 두 배가 되는 데 걸리는 시간은 약 몇 년인가?

① 6년
② 9년
③ 12년
④ 15년

【해설】
복리 방식에서는 시간이 길어질수록 이자가 이자에 붙기 때문에 자산이 기하급수적으로 증가한다. 이때 72의 법칙을 활용하면 자산이 두 배가 되는 데 걸리는 시간을 빠르게 추정할 수 있다. 이 법칙은 '자산 두 배 시간 = 72 ÷ 연이율(%)'이라는 공식으로 적용되며, 문제에서는 연 6% 수익률이 주어졌다. 이를 대입하면 72 ÷ 6 = 12가 되어, 자산이 두 배가 되기까지 약 12년이 걸린다는 결론이 나온다.

정답 | ③

12. 수민은 복리 예금의 미래 가치를 계산해보기 위해 ChatGPT에게 질문을 하려고 한다. 다음 중 가장 적절한 프롬프트는?

① "예금이 몇 배로 늘어나나요?"
② "복리가 좋나요 단리가 좋나요?"
③ "1,000,000원을 연 5% 복리로 3년간 예치할 때 최종 수령액을 계산해줘."
④ "은행에서 돈 굴리는 법 알려줘."

【해설】
좋은 프롬프트는 '얼마, 몇 년, 몇 퍼센트'처럼 수치와 단위를 포함하여 질문의 목적이 분명해야 한다. 예를 들어 "1,000,000원을 연 5% 복리로 3년간 예치할 때 최종 수령액을 계산해줘."라는 문장은 구체적이고 계산 지시도 명확해 AI가 정확한 답변을 제공할 수 있다. 반면 "예금이 몇 배로 늘어나나요?" 같은 질문은 정보가 너무 모호하고, "복리가 좋나요 단리가 좋나요?"는 개념 비교에 그치며 실제 계산을 요청하는 문장이 아니다. "은행에서 돈 굴리는 법 알려줘."는 질문의 범위가 너무 넓고 추상적이어서 수민이 궁금해한 문제 해결과는 거리가 있다.

정답 | ③

4장 | 금융시장의 이해와 주식 시장 분석

1. 이자율과 자산시장

이자율(금리)은 금융시장 전반에 걸쳐 자금의 흐름과 자산의 가치를 결정짓는 핵심 변수이다. 특히 자산시장, 즉 주식시장, 채권시장, 부동산시장 등에 이자율이 미치는 영향은 매우 크며 이자율의 변동은 투자자의 기대수익, 자산의 현재가치, 투자자금 유입·이탈 등 다양한 경로를 통해 반영된다.

01. [프롬프트] 이자율 변화가 채권시장에 미치는 영향을 설명해줘.

채권은 정부, 기업, 공공기관 등이 자금을 조달하기 위해 발행하는 대표적인 금융자산으로 일정 기간이 지나면 원금을 상환하고, 그 기간 동안 일정한 이자를 지급한다. 쉽게 말해, 채권은 돈을 빌려주고 그 대가로 정기적으로 이자를 받는 일종의 '약속문서'이다. 채권의 가장 중요한 특징 중 하나는 이자율(시장금리)과 채권 가격 사이에 역(反)의 관계가 존재한다는 점이다. 다시 말해 시장의 이자율이 상승하면 채권의 가격은 하락하고, 이자율이 하락하면 채권의 가격은 상승한다. 이 관계는 채권이 고정된 금액의 이자를 주기 때문에 나타난다.

예를 들어, 어떤 채권이 연 5%의 이자를 주는 금융상품이라고 가정하자. 이 채권을 보유하고 있는 사람은 매년 원금의 5%에 해당하는 금액을 이자로 받는다. 그런데 시장에서 새롭게 발행되는 채권들이 연 7%의 이자를 제공하기 시작했다면, 투자자 입장에서는 굳이 5%만 주는 기존 채권을 살 이유가 없다. 그러므로 기존 5% 채권을 팔기 위해서는 시장 가격을 낮춰야 하며, 이는 채권 가격의 하락으로 이어진다. 반대로 시장금리가 3%로 하락하면 상황은 달라진다. 이제는 시중에 새로 발행되는 채권이 3%밖에 이자를 주지 않기 때문에, 기존의 5% 이자를 주는 채권이 더 매력적으로 보인다. 이 경우 투자자들은 높은 이자를 주는 기존 채권을 선호하게 되어, 그 채권에 대한 수요가 늘어나고 가격도 자연스럽게 상승하게 된다.

이처럼 채권의 고정이자 특성과 시장에서의 금리 변화는 채권 가격을 결정짓는 핵심 요소로 작용한다. 일반적으로 채권은 만기까지 보유하면 정해진 이자와 원금을 받을 수 있지만, 중도에 매도할 경우에는 이러한 금리 변동에 따라 손익이 발생할 수 있어 투자자들은 항상 이자율의 변화에 민감하게 반응하게 된다. 따라서 금융시장에서는 금리의 움직임을 예측하고 이에 따라 채권 투자 전략을 조정하는 것이 매우 중요하며, 이러한 관계는 채권 수익률 곡선, 듀레이션, 시장 리스크와 같은 더 복잡한 개념으로도 확장되어 설명된다.

02. [프롬프트] 이자율 변화가 주식시장에 미치는 영향을 설명해줘.

이자율은 주식시장에 강력한 영향을 미치는 변수 중 하나이다. 이자율의 변화는 투자자들의 자산 배분, 기업의 투자 활동, 주식의 평가 방식 등에 복합적으로 작용하여 주가의 흐름을 좌우한다. 특히 이자율은 주식시장에 자산의 대체효과, 기업 자금조달 비용, 경기와 기업 실적 변화라는 세 가지 경로를 통해 영향을 미친다.

첫째, 자산의 대체효과는 투자자들이 자산을 선택할 때 수익률과 위험을 고려하여 자금을 옮기는 현상을 의미한다. 금리가 상승하면 은행 예금이나 채권과 같은 안전자산의 수익률이 높아지므로, 굳이 위험을 감수하고 주식에 투자할 유인이 줄어들게 된다. 이 경우 투자자들은 상대적으로 안정적인 금융상품으로 자금을 이동시키고, 주식시장에서는 자금이 빠져나가 주가가 하락할 가능성이 커진다. 반대로 금리가 하락하면 예금이나 채권의 수익률이 낮아져 매력도가 떨어지고, 위험을 감수하더라도 더 높은 수익을 기대할 수 있는 주식시장으로 자금이 유입된다. 이처럼 금리는 투자자들의 자산 선택에 결정적인 역할을 하며, 그에 따라 주식시장의 자금 흐름과 주가에도 영향을 준다.

둘째, 기업의 자금조달 비용 변화에도 영향을 미친다. 기업은 공장 설비나 연구개발, 인수합병 등을 위해 대규모 자금을 조달할 필요가 있으며, 그 방식 중 하나가 대출이다. 금리가 오르면 기업이 빌리는 자금의 이자 부담이 커지고, 이는 곧 투자 비용의 상승과 이익 감소로 이어진다. 기업의 수익성이 낮아지면 투자 매력도 하락하고, 이는 주가 하락으로 연결될 수 있다. 반대로 금리가 낮아지면 기업이 자금을 조달하기 쉬워지고, 투자 비용도 절감되며 장기적으로는 기업의 이익 전망이 개선된다. 이러한 이익 기대는 투자자들에게 긍정적인 신호로 작용하여 주식 수요를 증가시키고, 주가 상승의 요인이 된다. 즉, 금리가 낮을수록 기업의 가치가 높게 평가되고, 주가가 상승하기 쉬운 환경이 조성된다.

셋째, 금리가 인하되면 가계의 소비와 기업의 투자가 늘어나고, 이는 전반적인 경제 활동이 활성화된다. 경제가 활기를 띠게 되면 기업들은 더 많은 매출과 이익을 낼 수 있는 환경에 놓이게 되고, 이러한 실적 개선 전망은 주식시장에서 기업의 가치 상승으로 반영된다. 금리가 낮아지면 개인은 대출금리에 대한 부담이 줄어들어 자동차, 주택 등 내구재 소비를 늘리게 되며, 이는 관련 업종의 매출 확대와 주가 상승으로 이어질 수 있다. 또한 기업들도 자금을 보다 저렴하게 조달할 수 있게 되어 설비 투자나 인력 확충 등을 적극적으로 추진할 수 있고, 이는 생산성 향상과 수익성 개선으로 이어진다. 이러한 선순환 구조는 투자자들에게 향후 실적에 대한 긍정적인 기대감을 심어주고, 이는 주식 수요 증가로 연결되어 주가 상승 요인이 된다. 반면 금리가 상승하면 가계와 기업의 자금 조달 비용이 커지고, 이는 소비와 투자의 위축으로 이어져 경기가 둔화될 가능성이 크다. 이로 인해 기업의 실적이 악화될 것이라는 우려가 생기고, 이는 곧 주식시장의 부정적인 재료로 작용할 수 있다.

03. [프롬프트] 이자율이 부동산시장에 미치는 영향을 분석해줘.

부동산은 일반적으로 주거 또는 상업적 사용을 위한 실물자산이지만, 동시에 장기적으로는 임대료 수익을 기대할 수 있는 투자자산이기도 하다. 이러한 특성 때문에 부동산시장은 금리 변화에 매우 민감하게 반응한다. 즉 금리가 오르거나 내리는 것은 곧 자금 조달 비용의 변화이기 때문에, 주택 구매자나 부동산 개발업자 모두에게 큰 영향을 미친다.

먼저 금리가 상승하는 경우 가장 직접적으로 영향을 받는 것은 주택담보대출 금리이다. 주택을 구입할 때 많은 가계는 은행 등 금융기관으로부터 대출을 받게 되는데, 금리가 오르면 대출에 따른 이자 부담이 커져 가계의 상환 능력에 부담을 준다. 이는 주택 구매를 주저하게 만드는 요인이 되며, 수요가 줄어들게 된다. 또한, 부동산 개발을 추진하는 기업이나 투자자들도 대출금리를 고려해야 하기 때문에 금리 상승은 자금 조달 비용을 높이고, 이로 인해 신규 분양이나 개발 사업의 채산성이 악화된다. 전반적으로 금리 인상은 주택 수요와 공급 모두를 위축시키며, 이는 곧 부동산 가격의 하락 압력으로 작용한다.

반대로 금리가 하락하는 경우에는 정반대의 현상이 나타난다. 대출금리가 낮아지면 주택을 구입하려는 사람들의 이자 부담이 줄어들기 때문에 주택 구매에 대한 수요가 증가하게 된다. 특히 생애 최초 주택 구매자나 실수요자에게는 낮은 금리가 진입 장벽을 낮춰주는 중요한 요인이 된다. 또한, 개발업자나 건설사 입장에서도 자금을 저렴하게 조달할 수 있게 되어, 분양 사업이나 부동산 투자에 적극적으로 나설 수 있다. 이처럼 자금 조달 여건이 개선되고 수요가 늘어나면, 부동산 가격은 상승하는 경향을 보인다.

2. 자산시장과 증권투자 원리

04. [프롬프트] 금융상품에 투자할 때 가장 고려해야할 내용은 뭐지?

주식이나 금융자산에 투자할 때 반드시 염두에 두어야 할 가장 기본적인 원칙은 '투자의 3원칙'이다. 이 3원칙은 수익성, 안정성, 유동성으로 구성되며, 초보 투자자부터 숙련된 전문가에 이르기까지 모든 투자자가 투자 판단 시 반드시 고려해야 할 핵심 기준이다. 각각의 요소는 다음과 같은 의미를 가진다.

투자 원칙	의미	다른 원칙과 관계
수익성	투자로 얻을 수 있는 이익의 가능성	안정성과 유동성 감소 가능성 (위험 증가)
안정성	원금 보전 가능성. 리스크의 낮음 정도	수익성이 낮을 수 있음
유동성	현금화의 용이성	낮은 수익 또는 가격 변동 가능성 존재

위의 세 가지 투자 요소는 서로 밀접하게 연결되어 있으며, 하나의 기준만 보고 판단할 경우 예상치 못한 위험이나 기회를 놓칠 수 있다. 따라서 투자를 할 때는 균형 잡힌 시각으로 이 세 가지를 함께 고려하는 것이 바람직하다. 첫째, 수익성은 투자로부터 얼마나 많은 이익을 얻을 수 있는지를 의미한다. 모든 투자자는 기본적으로 원금 이상의 가

치를 창출하는 것을 목표로 한다. 이때 수익성은 단순한 숫자 이상의 의미를 가진다. 연 5% 고정 이자를 제공하는 정기예금처럼 안정적인 수익을 추구할 수도 있고, 주가 상승이 기대되는 성장주나 배당을 꾸준히 지급하는 우량주에 투자하여 자본 차익이나 배당 수익을 얻을 수도 있다. 다만 수익성이 높을수록 일반적으로 위험(Risk)도 함께 커진다는 점을 기억해야 한다. 즉, 높은 수익을 기대하는 투자일수록 손실 가능성 또한 커지며, 이로 인해 원금을 잃을 수도 있다는 사실을 항상 염두에 두어야 한다.

둘째, 안정성은 투자한 자산이 얼마나 안전하게 보호될 수 있는가, 즉 원금을 지킬 수 있는 가능성을 뜻한다. 안정성이 높은 자산으로는 정부가 원금과 이자를 보장하는 예금 상품, 신용등급 AAA를 받은 국채, 또는 재무 상태가 건전한 대기업이 발행한 회사채 등이 있다. 이러한 자산은 수익률은 다소 낮더라도 원금 손실 위험이 낮다는 점에서 보수적인 투자자에게 적합하다. 반면, 높은 수익률을 내세운 일부 투자 상품은 손실 가능성 또한 크며, 투자자의 자산이 줄어들거나 전부 사라질 위험까지도 있다. 따라서 투자자는 자신의 성향, 특히 위험 감수 성향(Risk Tolerance)을 고려해 어느 정도의 안정성을 추구할 것인지 신중히 판단해야 한다.

셋째, 유동성은 투자한 자산을 필요할 때 얼마나 빠르고 쉽게 현금으로 바꿀 수 있는가를 의미한다. 이는 단순히 돈을 벌 수 있느냐를 넘어서 위급한 상황이나 예상치 못한 자금 수요에 대응할 수 있는 능력과 직결된다. 일반적으로 예금이나 주식은 유동성이 높은 자산이다. 예금은 해지하면 바로 현금화할 수 있고, 주식은 주식시장에서 거래가 활발한 종목일수록 언제든지 매도하여 현금으로 바꿀 수 있다. 반면, 부동산이나 장기채권은 유동성이 낮은 자산이다. 집을 팔려면 시간이 오래 걸릴 수 있고, 채권도 만기 전에 팔면 시장 가격에 따라 손해를 볼 수 있다. 따라서 유동성이 낮은 자산에만 집중할 경우, 갑작스럽게 돈이 필요할 때 자금을 묶여버려 어려움을 겪을 수 있다.

이처럼 수익성, 안정성, 유동성은 각각 독립된 요소이지만, 실제 투자에서는 셋 사이의 균형을 어떻게 맞추느냐가 핵심이다. 예를 들어 고수익을 노릴 경우 안정성과 유동성을 어느 정도 포기해야 하고, 반대로 안정성과 유동성을 중시하면 기대 수익이 낮아질 수 있다. 따라서 투자자는 자신의 재무 목표, 자산 규모, 투자 기간, 성향 등을 종합적으로 고려해 이 세 가지 요소를 조화롭게 판단해야 한다.

투자 유형	수익성	안정성	유동성	설명
정기예금	낮음	매우 높음	높음	원금 보장, 수익 적음
성장주 투자	높음	낮음	높음	수익은 크지만 리스크 큼
채권 (우량)	중간	높음	중간	수익 안정적이나 유동성 제한적

3. 채권·주식 투자

채권과 주식은 대표적인 금융투자 수단이며, 성격과 수익 구조, 위험 요인, 투자 목적 등에서 큰 차이를 보인다. 이 둘은 모두 자본시장 내에서 자금을 거래하는 대표적인 수단이지만 구조적 특성과 시장 반응이 매우 다르다.

05. [프롬프트] 채권의 특성에 대해서 자세히 설명해줘.

채권은 정부, 기업, 금융기관 등이 자금을 조달하기 위해 발행하는 '차용증서' 형태의 금융자산이다. 투자자는 채권을 구매함으로써 발행자에게 돈을 빌려주고, 그 대가로 정기적인 이자(쿠폰)와 만기 시 원금 상환을 받는다. 즉, 채권은 고정된 수익을 목적으로 한 채무증권(Debt Instrument)이다.

○ 채권의 주요 특징

항목	내용
수익 형태	고정 이자수익(쿠폰) + 원금 상환
만기	정해진 기간 후 원금 상환(예 3년, 5년, 10년 등)
위험 수준	일반적으로 주식보다 낮음 (단, 회사채는 신용위험 있음)
우선순위	파산 시 주식보다 먼저 변제됨
예측 가능성	수익률이 정해져 있어 안정적
종류	국채, 지방채, 회사채, 전환사채 등

채권은 일정한 이자를 주는 투자 상품이다 보니 시장 상황에 따라 가격이 오르기도 하고 내리기도 한다. 이때 채권 가격에 영향을 주는 대표적인 요소들이 몇 가지 있다. 먼저 가장 중요한 것은 이자율(금리)이다. 채권은 고정된 이자를 주는 상품이라서 시장의 이자율이 오르면 새로 발행되는 채권들이 더 높은 이자를 주게 된다. 그러면 예전에 낮은 이자로 발행된 채권은 매력이 떨어지고, 가격도 자연스럽게 내려간다. 반대로 시장 이자율이 내려가면 기존 채권이 더 높은 이자를 주는 셈이 되니 사람들이 사고 싶어 하고 가격도 오른다. 그래서 채권과 이자율은 반대 방향으로 움직인다고 말한다. 다음은 신용등급이다. 채권을 발행한 회사나 나라가 돈을 갚을 능력이 얼마나 되느냐에 따라 투자자들의 신뢰도가 달라진다. 만약 어떤 기업의 재정 상태가 좋지 않아서 부도 위험이 크다면, 그 회사가 발행한 채권은 위험하다고 판단되어 가격이 낮게 형성되고, 대신 이자는 더 높게 책정된다. 반대로 국가가 발행한 국채처럼 안정적인 채권은 이자는 낮지만 가격은 비교적 높게 유지된다.

또 하나 중요한 요소는 채권의 만기 기간, 즉 언제까지 돈을 맡겨야 하는지다. 만기가 길수록 그 기간 동안 금리가 오를지 내릴지 알 수 없기 때문에 위험이 커진다. 그래서 장기채는 금리가 오를 때 더 큰 폭으로 가격이 떨어질 수 있다. 짧은 기간에 만기가 도래하는 단기채는 이런 영향이 작아서 가격이 상대적으로 안정적이다. 물가(인플레이션)도 채권 가격에 영향을 준다. 물가가 계속 오를 것으로 예상되면, 고정된 이자를 받는 채권은 실질적으로 받는 돈의 가치가 줄어들게 된다. 예를 들어 매년 원금의 10%를 이자로 받더라도 물가가 많이 오르면 그 돈으로 살 수 있는 물건이 줄어들기 때문이다. 그래서 인플레이션이 예상되면 채권의 매력이 줄어들고, 가격도 하락하게 된다. 이처럼 채권의 가격은 단순히 이자율뿐만 아니라 발행자의 신뢰도, 만기 기간, 물가, 환율 등 여러 요인의 영향을 받는다. 그래서 채권에 투자할 땐 다양한 경제 지표를 함께 살펴보는 것이 중요하다.

가격 변동 요인	채권 가격에 미치는 영향
시장 이자율	상승 → 가격 하락 / 하락 → 가격 상승
신용등급	낮을수록 가격 하락, 수익률 상승
만기 기간	길수록 이자율 변화에 민감
물가	인플레이션 예상 시 가격 하락

06. [프롬프트] 주식에 대해서 자세히 설명해줘.

주식은 기업이 자본을 조달하기 위해 투자자에게 발행하는 '소유권 증서'이다. 주식을 보유하면 해당 기업의 지분을 보유하게 되며 배당을 받을 수 있고, 주가 상승을 통해 시세차익(capital gain)을 얻을 수도 있다. 그러나 기업의 실적이 나쁘거나 시장 상황이 나쁘면 손실이 발생할 수 있다.

○ 주식의 주요 특징

항목	내용
수익 형태	시세차익 + 배당금(기업에 따라 다름)
만기	없음 (보유자가 원할 때 매도 가능)
위험 수준	비교적 높음 (시장 위험 + 기업 고유 위험)
우선순위	파산 시 채권보다 변제 순위 낮음
변동성	이자율, 실적, 시장심리 등 다양한 요인에 의해 영향
의결권	대부분의 보통주에는 의결권이 부여됨

주식 가격은 매일 오르락내리락하는데 그 변화에는 여러 가지 이유가 있다. 그중에서도 사람들이 가장 주의 깊게 보는 것은 기업의 실적이다. 회사가 물건을 많이 팔고, 영업이익이나 순이익이 꾸준히 늘어난다면 그 회사의 주가는 자연스럽게 오를 가능성이 크다. 반대로 매출이 줄어들고 적자로 전환되면 투자자들은 불안해지고 주가도 떨어지게 된다. 결국 기업이 얼마나 돈을 잘 벌고 앞으로 더 성장할 수 있을지를 보는 것이 주식의 핵심이다.

다음으로는 거시경제 환경도 중요하다. 경제 전체의 금리, 환율, 물가, GDF 성장률 같은 지표들이 주식시장 전체에 영향을 미친다. 예를 들어 금리가 오르면 기업들이 은행에서 돈을 빌릴 때 부담이 커지기 때문에 투자와 성장이 위축될 수 있고 그단큼 주가도 하락할 수 있다. 반대로 금리가 낮아지면 자금 조달이 쉬워져 기업 활동이 활발해지고, 이는 주가 상승으로 이어질 수 있다. 또 하나 중요한 것은 투자자들의 심리와 수급이다. 주식은 숫자만으로 움직이지 않는다. 외국인이나 기관 투자자들이 적극적으로 주식을 사들이면 주가는 올라가기 쉽고, 반대로 그들이 팔기 시작하면 주가가 떨어지기도 한다. 정부의 정책 변화에 대한 기대감, 전쟁이나 정치 불안 같은 지정학적 이슈도 시장 전체의 분위기를 바꿔놓는다. 그래서 '심리'와 '기대감'이 주식시장에서는 무시할 수 없는 요소다. 배당 정책도 투자자들의 판단에 영향을 준다. 어떤 회사는 매년 일정한 배당을 주면서 투자자에게 안정감을 주기도 하고, 그런 기업은 '안정적인 투자처'로 인식되어 인기가 많다. 반면에 배당을 하지 않는 기업도 있는데 이 경우에는 보통 미래에 더 큰 성장을 기대하게 된다.

마지막으로 산업과 기술의 변화도 빼놓을 수 없다. 예를 들어 인공지능(AI), 반도체, 바이오 기술처럼 새로운 기술이 주목받으면, 관련된 산업과 기업들의 주가가 크게 오를 수 있다. 또 정부의 정책이나 규제도 주식시장에 직접적인 영향을 준다. 정부가 어떤 산업에 규제를 완화하거나 세금 혜택을 주겠다고 발표하면, 그 산업에 속한 기업들의 주가는 빠르게 반응한다. 반대로 규제가 강화되면 투자자들은 불안해하고 주가가 떨어질 수도 있다. 이처럼 주식은 단순히 숫자에 따라 움직이는 것이 아니라, 기업의 실적은 물론 경제 상황, 투자자의 심리, 정책 방향, 기술 트렌드 등 다양한 요인에 영향을 받는다. 그래서 주식 투자에서는 단순한 '정보 수집'을 넘어서, '종합적인 판단력'이 매우 중요하다.

○ **주가에 영향을 미치는 주요 요인**

요인	설명
기업 실적	실적 개선 시 주가 상승, 실적 악화 시 하락
금리	금리 인상 시 주가 하락, 금리 인하 시 상승 (자금조달·대체투자 영향)
환율	원화 약세는 수출기업엔 호재, 외국인 자금 이탈 시 주가 하락 가능
배당정책	안정적 배당은 주가 지지, 배당 중단은 투자심리 위축
물가(인플레이션)	물가 급등은 비용 상승과 소비 위축으로 주가에 부정적
정부 정책	세제 혜택·진흥 정책은 긍정적, 규제 강화·세금 인상은 부정적
외국인 투자자 동향	외국인 순매수는 주가 상승, 순매도는 하락 요인
글로벌 이슈	전쟁·팬데믹 등 불확실성 증가는 주가 하락 요인

07. [프롬프트] 주식 시세표를 읽는 방법을 자세히 알려줘.

주식 시세표는 주식의 가격, 거래량, 등락 등 주요 정보를 표로 정리한 것이다. 증권사 HTS, MTS(모바일 트레이딩 앱), 또는 포털 사이트에서 확인할 수 있다. 아래는 대표적인 항목들이다.

항목	설명
종목명	해당 주식의 기업 이름 (예 삼성전자, 현대차 등)
현재가	지금 주식이 거래되고 있는 가격
전일대비 / 등락률	전날 종가보다 얼마나 올랐거나 내렸는지 (원 단위와 %)
시가	오늘 장이 열리고 처음 거래된 가격
고가 / 저가	오늘 하루 중 가장 높았던 가격 / 가장 낮았던 가격
거래량	오늘 하루 동안 거래된 주식의 수량
거래대금	거래된 금액의 총합 (현재가 × 거래량)
PER (주가수익비율)	주가 ÷ 주당순이익 → 숫자가 낮을수록 저평가된 기업일 가능성
EPS (주당순이익)	기업이 1주당 벌어들이는 순이익
ROE (자기자본이익률)	기업이 자기 돈을 얼마나 효율적으로 활용했는지를 보여주는 지표
시가총액	주가 × 총 발행 주식 수 → 기업 전체의 시장가치

08. [프롬프트] 실제 주식 시세표사례를 자세히 설명해줘.

아래는 가상의 S전자 종목별 시세표를 구현한 것이다.

항목	내용	항목	내용
현재가	72,000원	거래량	15,000,000주
전일대비	+1,000원	거래대금	1조 800억 원
등락률	+1.41%	PER (주가수익비율)	10배
시가	71,000원	EPS (주당순이익)	7,200원
고가	72,500원	ROE	13%
저가	70,800원	시가총액	약 430조 원

주식시장에서 '현재가'는 가장 최근에 체결된 거래 가격을 말한다. 이는 매수자와 매도자의 가격이 일치해 실제로 거래가 이뤄진 지점에서 형성되며, 실시간으로 변동된다. 예를 들어 오늘 현재가가 72,000원이라면, 누군가는 이 가격에 주식을 샀고, 다른 누군가는 이 가격에 팔았다는 의미다. 이 가격은 시장 참여자들의 판단과 기대가 반영된 결과로, 투자자들은 이를 기준으로 주가 흐름을 판단한다.

반면 '시가'는 장이 열린 후 오늘 처음 거래된 가격을 말하며, 장 초반의 투자심리를 보여주는 지표다. 시가가 전일 종가보다 높게 출발했다면 긍정적인 기대감이 반영된 것으로 낮게 출발했다면 우려가 반영되었을 가능성이 있다. '고가'는 오늘 하루 중 주식이 가장 높은 가격에 거래된 기록이다. 반대로 '저가'는 가장 낮은 가격에 거래된 기록이다. 고가와 저가의 차이를 보면, 해당 종목이 오늘 얼마나 등락폭이 컸는지를 파악할 수 있다. 예를 들어 고가가 73,000원이고 저가가 70,500원이라면, 하루 동안 2,500원의 변동폭이 있었다는 의미로 이는 투자자들이 얼마나 적극적으로 사고팔았는지를 반영한다. 변동성이 큰 날일수록 투자자 심리가 흔들렸다는 신호가 될 수 있다.

'전일대비'는 오늘 주가가 어제 종가에 비해 얼마나 상승 또는 하락했는지를 절대 수치로 나타낸다. 예를 들어 전일 종가가 71,000원이었고 오늘 현재가가 72,000원이라면, 전일대비 +1,000원이다. '등락률'은 이 전일 대비 금액을 백분율로 환산한 것이다. 즉, (1,000 ÷ 71,000) × 100 = 약 1.41% 상승을 의미한다. 이는 하루 사이 주가가 1.41% 상승했다는 뜻이며, 상승폭이 크지 않지만 시장에서 긍정적으로 반응하고 있음을 나타낸다. '거래량'은 하루 동안 해당 주식이 몇 주나 실제로 거래되었는지를 나타낸다. 거래량이 많으면 시장 참여자가 활발하게 사고팔고 있다는 뜻이고, 적으면 관심이 낮거나 관망세가 이어지고 있다는 뜻이다. 특히 거래량이 보통보다 갑자기 늘어났다면 주가의 방향성이 바뀌는 전조로 해석되기도 한다. '거래대금'은 그날 거래된 총 주식 수에 가격을 곱해 얼마의 돈이 실제로 오갔는지를 나타낸다. 거래대금이 크면 그 종목에 시장의 자금이 몰리고 있다는 의미로 기관이나 외국인 투자자들이 본격적으로 움직이고 있을 가능성이 있다. 거래량과 거래대금이 동시에 높다면 해당 주식에 대한 시장의 관심도와 열기가 상당히 크다고 판단할 수 있다.

'PER(주가수익비율)'은 주가를 주당순이익(EPS)으로 나눈 값으로, 해당 주식을 사기 위해 몇 년 치 이익을 지불하는지를 보여준다. 예를 들어 PER이 10배라면 이 기업이 매년 같은 수준의 이익을 낸다고 가정할 때, 10년 뒤에 원금을 회수할 수 있는 구조라고 해석할 수 있다. 일반적으로 PER이 낮으면 저평가, 높으면 고평가된 것으로 본다. 하지만 동종 업종 평균과 비교해 판단해야 정확하다. 'EPS'는 Earnings Per Share, 즉 주당순이익이다. 회사가 1년 동안 벌어들인 순이익을 전체 발행 주식 수로 나눈 값이다. EPS가 높을수록 수익성이 좋고, 이익을 꾸준히 내는 회사임을 의미한다. 예를 들어 EPS가 7,000원이라면, 주식 한 주가 연간 7,000원의 순이익을 만들어낸다는 뜻이다. ROE(자기자본이익률)는 순이익을 자기자본으로 나눈 비율로, 주주의 돈으로 얼마나 수익을 냈는지를 나타내는 지표다. 가령 위와 같이 ROE가 13%라면, 100원의 자기자본으로 13원을 벌었다는 의미이다. 'ROE'가 높을수록 자본을 잘 활용하는 효율적인 기업으로 평가받는다. 일반적으로 10% 이상이면 우량기업으로 간주된다.

'시가총액'은 현재가에 총 발행 주식 수를 곱해 그 기업이 시장에서 얼마나 큰 규모를 가지고 있는지를 보여주는 지표다. 현재가가 72,000원이고 총 발행 주식 수가 60억 주라면, 시가총액은 432조 원이 된다. 시가총액이 클수록 코스피 지수나 시장 전체에 미치는 영향력이 크며, 기관투자자나 외국인 투자자의 관심도 높다. 이런 기업은 흔히 대형주 또는 블루칩이라고 불린다.

09. [프롬프트] 주식 가격이 실제로 결정되는 과정을 자세히 설명해줘.

한국거래소(KRX)를 포함한 대부분의 증권거래소는 '자동 매매 체결 시스템'을 사용하며 호가(order) 중심으로 주식 가격이 결정된다. 주식의 '현재가'는 매수자와 매도자가 제시한 가격 중에서 가장 합리적인 수준에서 거래가 성사될 때 형성되는 가격이다.

주식을 거래하려면 단순히 "사고 싶다", "팔고 싶다"는 의사만으로는 충분하지 않다. 거래를 성사시키려면 얼마에, 몇 주를 사고 또는 팔고 싶은지 구체적인 조건을 제시해야 한다. 이때 투자자가 증권사에 제시하는 가격과 수량을 호가(呼價)라고 한다. 말 그대로 '부르는 가격'이라는 뜻이며, 이는 주식시장 내에서 사고팔고 싶은 사람들이 자신이 원하는 조건을 시장에 공개하는 방식이다. 호가는 크게 두 가지로 나뉜다.

> **사례**
> - A는 삼성전자 주식을 72,000원에 사고 싶다고 하고 (매수호가)
> - B는 삼성전자 주식을 72,000원에 팔고 싶다고 하면 (매도호가)

먼저 매수호가(Bid Price)는 주식을 사고 싶은 사람이 제시하는 가격이다. 예를 들어, 어떤 투자자가 삼성전자 주식을 한 주에 72,000원에 사고 싶다면, 그는 이 가격을 매수호가로 제시하게 된다. 반대로 매도호가(Ask Price)는 주식을 팔고 싶은 사람이 제시하는 가격이다. 다른 투자자가 삼성전자 주식을 73,000원에 팔고 싶다고 하면 그 가격이 매도호가가 된다. 실제 거래는 이 매수호가와 매도호가가 서로 일치할 때, 즉 사고자 하는 사람과 팔고자 하는 사람의 조건이 맞을 때 자동으로 매칭(Matching)되어 거래가 성사된다. 이를 "체결되었다"고 표현한다. 예를 들어, A 투자자가 삼성전자 주식을 72,000원에 사고 싶고, B 투자자가 같은 가격에 팔고 싶다면, 두 호가는 서로 맞물려 자동으로 거래가 체결된다. 반면 A는 72,000원에 사고 싶지만 B는 73,000원에 팔고 싶다면, 가격 차이로 인해 거래는 성사되지 않고, 각자의 호가는 전산 시스템에 남아 조건이 맞는 상대가 나타날 때까지 대기하게 된다. 이처럼 거래가 바로 되지 않더라도 호가는 실시간으로 시장에 공개되어 수요와 공급의 흐름을 나타내는 지표가 된다.

실제 증권사 앱이나 홈트레이딩시스템(HTS)에서는 호가창을 통해 이러한 정보가 표 형식으로 제공된다. 왼쪽에는 매도호가(팔고 싶은 가격과 수량), 오른쪽에는 매수호가(사고 싶은 가격과 수량) 그리고 가운데에는 가격대가 표시된다. 호가창을 보면 현재 이 종목을 얼마나 많은 사람이 사고 싶어 하는지, 또는 팔고 싶어 하는지, 어느 가격대에 거래가 몰려 있는지를 직관적으로 확인할 수 있다. 예를 들어 매수세가 강한 종목은 매수호가 수량이 많고 가격이 점점 올라가는 경향이 나타나며, 반대로 매도물량이 몰리는 종목은 매도호가가 많고 가격이 점차 낮아지는 흐름이 보인다.

매도호가(판매자)	잔량(주)	가격대	잔량(주)	매수호가(구매자)
72,500원	1,200			
73,000원	1,000			
73,500원	800			
			1,500	72,000원
			2,000	71,500원
			1,000	71,000원

호가는 단순히 가격을 부르는 기능을 넘어 시장의 수급 상황을 보여주는 창과 같다고 할 수 있다. 투자자들은 이를 참고하여 전략을 조정하기도 한다. 예를 들어 주식을 즉시 사고 싶거나 팔고 싶을 때는 '시장가 주문'을 원하는 정확한 가격에만 거래되기를 원할 때는 '지정가 주문'을 선택한다. 시장가 주문은 현재 호가 중에서 거래 조건이 맞는 상대와 바로 체결되므로 빠르지만 원하는 가격을 보장하진 않는다. 반면 지정가 주문은 내가 제시한 가격에 맞는 상대가 나타날 때까지 기다려야 하지만 조건을 충족해야만 거래되므로 가격 통제가 가능하다. 결국 호가는 주식 거래의 출발점이자, 시장의 흐름을 읽을 수 있는 핵심 정보이다. 이를 잘 이해하고 활용할 줄 알면 단순한 매매를 넘어 더 전략적이고 안정적인 투자를 할 수 있다. 주식을 사고파는 데 있어 호가는 가격 협상의 언어이자 시장 심리를 비추는 거울과도 같은 존재라고 할 수 있다.

주식시장에서 거래가 성립되려면 사고자 하는 사람과 팔고자 하는 사람의 가격 조건이 일치해야 한다. 이때 거래 가능성이 가장 높은 가격을 '최우선호가'라고 부른다. 최우선 매수호가는 가장 높은 가격에 주식을 사겠다는 주문이며, 최우선 매도호가는 가장 낮은 가격에 주식을 팔겠다는 주문이다. 이처럼 서로 가장 유리한 조건을 제시한 호가가 시장에서 우선적으로 체결 기회를 가지게 된다.

> **사례**
>
> 매수: 10,000원(100주), 9,900원(200주), 9,800원(500주)
> 매도: 10,100원(100주), 10,200원(300주)
> → 최우선 매수호가: 10,000원, 최우선 매도호가: 10,100원

예를 들어 매수자가 10,000원(100주), 9,900원(200주), 9,800원(500주) 순으로 주문을 냈고, 매도자는 10,100원(100주), 10,200원(300주)에 팔고 싶어 한다면 최우선 매수호가는 10,000원, 최우선 매도호가는 10,100원이 된다. 아직 이 둘 사이에는 가격이 일치하지 않아 거래가 체결되지는 않지만 누군가 이 범위 안에서 조건을 맞추면 즉시 거래가 이루어진다. 실제 거래가 성립되는 순간, 그 가격은 '체결가'가 되며 동시에 '현재가'로 반영된다.

이러한 매매 체결은 가격 우선, 시간 우선의 원칙에 따라 정해진다. 가격 우선의 원칙이란, 매수의 경우 더 높은 가격을 제시한 사람이 우선적으로 체결되고, 매도의 경우 더 낮은 가격을 제시한 사람이 우선이라는 뜻이다. 예를 들어 매수 주문을 낼 때 10,000원보다 10,100원을 제시한 쪽이 먼저 체결 기회를 가진다. 가격이 동일하다면 시간 우선의 원칙이 적용되어, 먼저 주문을 낸 사람의 주문이 우선 처리된다. 같은 가격인 10,000원에 두 사람이 주문을 냈을 경우, 오전 9시 1분에 낸 주문이 9시 2분 주문보다 먼저 체결된다. 이와 같은 방식은 시장의 공정성과 효율성을 유지하기 위해 도입된 중요한 기준이다.

또한 주문을 낼 때는 시장가 주문과 지정가 주문 중 하나를 선택할 수 있다. 지정가 주문은 사고팔 가격과 수량을 명확히 정해서 주문하는 방식이다. 예를 들어 "70,000원에 100주 매수"와 같이 조건을 정한다. 이는 가격 통제가 가능하지만 거래가 바로 체결되지 않을 수도 있다는 단점이 있다. 반면 시장가 주문은 가격을 따로 정하지 않고 당장

체결 가능한 최우선 가격으로 즉시 거래되는 방식이다. 빠른 체결이 장점이지만 원하는 가격보다 불리하게 거래될 가능성이 있다.

주식 주문 시에는 호가 단위, 즉 가격 간격도 정해져 있다. 주가가 낮은 주식은 촘촘하게 높은 주식은 더 큰 간격으로 움직이도록 정해져 있다. 이는 시장의 효율성과 거래 편의성을 위한 조치이며, 주가가 높을수록 호가 간격이 커지고, 가격 차이도 클 수 있다는 점을 기억할 필요가 있다.

주가 수준	호가 단위
1,000원 미만	1원
1,000원~5,000원	5원
5,000원~10,000원	10원
10,000원~50,000원	50원
50,000원~100,000원	100원
100,000원 이상	500원

마지막으로, 체결가와 현재가의 차이도 알아두어야 한다. 체결가는 실제로 매수자와 매도자 간에 거래가 이뤄진 가격이며, 현재가는 바로 직전에 체결된 가격이다. 즉 현재가란 "이 주식이 마지막으로 얼마에 거래되었는가"를 나타내는 수치이며, 우리가 뉴스나 시세표에서 보는 주가 정보는 대부분 이 현재가 기준이다. 또한 매수·매도 잔량, 체결 강도, 거래량 등과 함께 분석하면 현재 시장의 수급 흐름이나 투자자 심리를 보다 정확하게 파악할 수 있다.

챗GTP를 활용한 연습문제

01. 주식시세표를 참고하여 주가 설명 문항 예시

프롬프트

※ 다음은 '㈜드림전자'의 주식 시세표이다. 이를 참고하여 다음 물음에 답하시오.

항목	내용	항목	내용
현재가	15,200원	고가	15,500원
전일대비	▲300원	저가	14,800원
등락률	+2.01%	거래량	124,000주
시가	15,000원	거래대금	1,865,000,000원

1. 드림전자의 주가가 전일보다 상승했는지 하락했는지와 그 이유를 설명하시오.
2. 주가가 장중에 움직인 범위(고가와 저가)를 계산하고, 이러한 정보가 투자자에게 주는 의미를 설명하시오.
3. 거래량과 거래대금은 어떤 차이가 있으며, 이 수치를 통해 투자자들이 무엇을 유추할 수 있는지 설명하시오.

응답결과

1. **드림전자의 주가는 전일보다 상승하였다.**
   그 이유는 '전일대비' 항목이 ▲300원으로 표시되어 있기 때문이다. 이 기호(▲)는 주가가 상승했음을 뜻하며, 전일 종가보다 300원이 올랐다는 의미이다.

   [해설]
   주식의 전일대비 수치는 '오늘 종가 − 어제 종가'로 계산된다. 이 값이 "양수(▲)"이면 상승, "음수(▼)"이면 하락이다. 등락률은 상승폭(또는 하락폭)을 백분율로 나타낸 값이다. 투자자들은 이를 통해 하루 동안의 가격 변화율을 한눈에 파악할 수 있다.

2. **드림전자의 주가는 장중에 14,800원에서 15,500원 사이에서 움직였다.**
   고가는 15,500원, 저가는 14,800원이므로 장중 변동폭은 700원이다.
   이러한 정보는 하루 동안 주가가 얼마나 변동했는지를 보여주며, 이를 통해 투자자들은 이 종목의 "위험 정보(변동성)"를 파악할 수 있다.

[해설]
고가(Hight)는 당일 가장 높은 주가, 저가(Low)는 가장 낮은 주가를 말한다. 이 둘의 차이를 '일일 변동폭'이라고 하며, 변동폭이 크다는 것은 가격이 크게 요동쳤다는 뜻이다. 이는 고수익의 기회일 수도 있지만 고위험의 신호이기도 하다.

3. **거래량은 124,000주이며, 거래대금은 1,865,000,000원이다.**
   거래량은 주식이 몇 주나 거래되었지를 나타내는 양적 수치이고, 거래대금은 거래된 주식의 "전체 금액(가치)"를 의미한다.
   예를 들어 거래량이 많더라도 주가가 낮다면 거래대금은 작을 수 있다.
   이 수치를 통해 투자자들은 "시장 참여자들의 관심도(거래 활발성)"를 파악할 수 있다. 거래량이 많고 거래대금이 크다면 이 주식에 대해 시장의 관심이 높다는 뜻이며, 유동성이 높다고 볼 수 있다.

   [해설]
   - 거래량: 실제 주식이 사고팔린 수량
   - 거래대금: 거래된 주식 수 × 개별 거래가격의 평균
   - 이 둘은 시장의 '활성화 정도'를 판단하는 데 쓰이며, 급등 또는 급락 전후에 거래량이 증가하는 패턴은 투자 판단의 힌트가 되기도 한다.

02. 주식시세표를 참고하여 주가 설명 문항 예시

프롬프트

※ 다음은 ㈜드림전자 주식의 현재 호가창(매수/매도호가)를 나타낸 것이다. 이를 참고하여 다음 물음에 답하시오.

매도호가 (매도잔량)	가격	매수호가 (매수잔량)
15,500 (2,000)		
15,400 (3,000)		
15,300 (5,000)		
15,200 (4,000)	← 현재가 →	15,100 (6,000)
		15,000 (8,000)
		14,900 (5,500)
		14,800 (4,200)

1. 현재 이 주식의 가격은 얼마이며, 이 가격이 형성된 이유를 설명하시오.
2. 만약 어떤 투자자가 15,300원에 2,000주를 즉시 매수하려고 한다면, 어떤 일이 일어나는지 설명하시오.
3. 이 호가창을 참고할 때, 매수세와 매도세 중 어느 쪽이 더 강하다고 판단할 수 있는지 설명하시오. (단, 잔량을 기준으로 판단하시오)

응답결과

1. 현재 주식 가격은 15,200원이다.

   이 가격은 가장 높은 매수호가(15,100)와 가장 낮은 매도호가(15,200원) 사이에서, 가장 최근 체결된 거래 가격으로 결정된다.

   따라서 현재가는 직전 거래가 체결된 가격인 15,200원이며, 이 가격은 거래소의 실시간 수급 상황에 따라 계속 변동될 수 있다.

   [해설]
   - 초가창이란? 주식을 사고파는 사람들이 제시한 가격과 수량 정보를 표시한 표
   - 현재가란? 실제로 거래가 성사된 마지막 가격(호가가 아님)
   - 가장 낮은 매도호가(= 팔겠다는 사람의 최저가격), 가장 높은 매수호가(= 사겠다는 사람의 최고가격) 사이에서 거래가 이루어짐

2. **15,300원에 2,000주를 즉시 매수하려는 경우, 주문은 바로 체결되지 않는다.**

   왜냐하면 현재 가장 낮은 매도호가가 15,200원이기 때문에, 15,300원으로 지정한 매수 주문은 시장에 있는 15,200원 매도호가와 즉시 체결된다.

   즉, 15,300원보다 낮은 가격(15,200원)의 매도호가가 있으므로 2,000주는 15,200원에 바로 체결된다. 남는 매수호가 100원은 의미가 없어진다.

   [해설]
   - 주식 주문은 더 유리한 가격이 있으면 자동으로 해당 가격과 먼저 체결된다.
   - 이 경우, 지정가 15,300원 매수 주문은 매도호가 15,200원과 즉시 체결되며, 매수자는 싸게 살 수 있다.
   - 만약 2,000주 이상 매수하려 했다면 잔여 수량은 다음 매도호가인 15,300원에서 추가로 체결됐을 것이다.

3. **현재 호가창에서는 매수세가 더 강하다.**

   가장 근접한 "매도 잔량(15,200원)"은 총 14,000주(2,000 + 3,000 + 5,000 + 4,000)인 반면, "매수 잔량(14,800원)"은 총 23,700주(6,000 + 8,000 + 5,500 + 4,200)

   매수 잔량이 훨씬 많기 때문에, 수요가 공급보다 많으며, 이는 매수세가 우세하다는 신호이다. 이는 주가가 향후 상승할 가능성을 시사할 수 있으나, 반드시 그렇다고 단정할 수는 없다.

   [해설]
   - 매도잔량: 팔고자 하는 사람의 수량
   - 매수잔량: 사고자 하는 사람의 수량
   - 잔량이 많은 쪽이 현재 시장에서 더 큰 의지를 보이고 있으며, 심리적 수급 우위를 판단하는 데 사용된다.
   - 단, 호가창은 순간적인 데이터이므로 장기적 추세를 판단하는 데는 한계가 있다.

심화학습 [프롬프트]

01. [프롬프트] 금리 변동이 채권의 현재가치와 미래 현금흐름 평가에 어떤 수학적 영향을 미치는가?

02. [프롬프트] 채권 수익률곡선(금리곡선)이 장단기 금리차를 통해 경기 전망을 어떻게 시사하는가?

03. [프롬프트] 금리 변동이 주식의 할인율(Discount Rate)에 어떻게 반영되어 기업가치 평가에 영향을 미치는가?

04. [프롬프트] 금리 인상기와 인하기에 산업별·섹터별 주가가 다르게 반응하는 이유는 무엇인가?

05. [프롬프트] 외국인 투자자 자금 유입·유출이 금리 변동기 주식시장에 미치는 영향 경로를 설명하라.

06. [프롬프트] 주택담보대출 금리가 변동할 때 실수요자와 투자자의 의사결정 구조는 어떻게 다른가?

07. [프롬프트] 금리 수준과 전세·월세 비중 변화의 상관관계는 어떻게 나타나는가?

08. [프롬프트] 수익성·안정성·유동성의 상충관계를 정량적으로 분석하기 위해 어떤 투자지표를 활용할 수 있는가?

09. [프롬프트] 위험조정수익률(Sharpe Ratio, Sortino Ratio)이 투자 3원칙 중 어떤 원칙을 보완적으로 측정하는가?

10. [프롬프트] 투자자 성향(위험회피·위험중립·위험선호)에 따라 투자 3원칙의 우선순위가 어떻게 달라지는가?

11. [프롬프트] 유동성이 낮지만 수익성과 안정성이 높은 자산군(예 사모펀드, 부동산)에 대한 투자 결정을 내릴 때 고려해야 할 핵심 요소는 무엇인가?

예제

[1~4] 아래 내용을 바탕으로 다음 물음에 답하시오.

> 경영학부 3학년인 민경은 이번 학기에 수강 중인 〈금융시장과 투자〉 과목에서 '자산시장과 이자율' 단원을 배우고 있다. 해당 주차의 주제는 "이자율과 채권 가격의 관계, 채권시장에서의 투자 전략"이다. 수업에서 교수님은 다음과 같은 개별 과제를 제시했다. "생성형 인공지능을 활용해, 금리 변화가 채권시장에 미치는 영향을 분석해 보세요. 프롬프트를 스스로 설계하고, AI의 응답을 비판적으로 평가하며, 실제 투자 판단에 어떤 시사점이 있는지도 함께 정리해 제출하세요." 민경은 이를 위해 우선 최근 미국의 금리 인상 기조와 국채 가격 추이를 조사했다. 동시에 ChatGPT를 열어 금리와 채권 가격의 관계에 대한 프롬프트를 작성하고, 여러 번 수정을 거치며 설명의 깊이를 더해갔다. 처음에는 막연하게 "채권이 뭐야?"라고 물어봤지만, 이후 "금리와 채권 가격은 어떤 관계이며, 2024년 미국 10년물 국채 사례로 설명해줘"라는 식으로 점차 질문을 구체화하였다. AI는 민경에게 채권 수익률과 가격의 반비례 구조, 듀레이션 개념, 투자 전략에 미치는 영향 등을 상세히 설명해주었고, 민경은 이를 바탕으로 요약 보고서를 작성 중이다. 그녀는 AI가 제공한 정보를 그대로 믿기보다는, 실제 미국 국채 수익률 데이터를 참고하여 AI 응답을 검토하는 과정도 병행하고 있다. 이제 민경은 마지막 단계로, 자신이 설계한 프롬프트의 적절성, AI 응답의 정확성, 정보의 활용 방식을 평가하는 과제의 핵심 질문을 정리하고 있다.

1. 다음 중 민경이가 과제를 위해 작성한 프롬프트로 가장 적절한 것은?

① "금리가 오르면 채권은 어떻게 될까?"
② "요즘 채권 투자 어때요?"
③ "채권과 금리는 어떤 관계인지 2024년 미국 국채 사례와 함께 알려줘."
④ "이자율 좀 설명해줘."

> 【해설】
> 민경은 '이자율과 채권 가격의 관계'라는 수업 주제를 바탕으로, 생성형 인공지능을 활용해 분석하는 과제를 수행 중이다. 초기에 단순하게 "채권이 뭐야?"라고 물었지만, 이후 구체적으로 "금리와 채권 가격은 어떤 관계이며, 2024년 미국 10년물 국채 사례로 설명해줘"라고 질문의 수준을 발전시켰다. 이는 AI가 더 정확하고 풍부한 정보를 제공할 수 있도록 유도한 과정이다. ③은 질문 대상인 금리와 채권의 관), 설명 방식, 시간과 맥락으로 2024년 미국 국채을 모두 포함한 구체적이고 분석적인 프롬프트이므로 과제 목적에 가장 적절하다. 반면 다른 선택지의 질문은 너무 모호하거나 주제를 벗어난 질문으로 원하는 분석을 수행하기는 부족하다.
>
> 정답 | ③

2. 민경의 프롬프트에 인공지능이 아래와 같이 답했다. 다음 중 인공지능 응답에 대한 가장 적절한 해석은?

> "금리가 상승하면 신규 발행 채권의 이자 수익률이 높아져 기존 채권의 매력도가 떨어지기 때문에 기존 채권 가격은 하락합니다. 반면, 금리 하락 시 기존 고금리 채권의 인기가 올라가 가격이 상승합니다. 이 관계는 2024년 2월 미국 10년물 국채에서도 확인됩니다. 당시 금리 인상 기조에 따라 기존 채권 가격은 하락했고, 투자자들은 단기물로 포트폴리오를 조정했습니다."

① 금리와 채권 수익률은 정비례한다.
② 채권은 금리와 관계없이 고정 수익을 제공한다.
③ 기존 채권은 항상 안정적인 자산이다.
④ 금리 변화에 따라 채권의 수익률이 바뀐다.

【해설】
AI의 응답은 금리와 채권 가격 사이의 기본적인 역의 관계를 설명하고 있다. 즉, 금리가 오르면 새로 발행되는 채권의 이자 수익률이 상승하므로, 낮은 이율의 기존 채권은 덜 매력적으로 변하고 가격이 하락하게 된다. 반대로 금리가 내려가면, 과거에 높은 이자를 주는 채권의 인기가 오르며 가격이 상승한다. 이러한 관계는 채권의 시장 가격과 금리 사이에서 나타나는 고전적인 현상이다. 이 관계는 수익률이 아닌 '가격'에 대한 것이므로 '금리와 채권 수익률은 정비례한다'는 틀렸다. '고정 수익'이나 '항상 안정적' 같은 절대적인 표현을 사용했기에 부정확하다. 올바른 해석은 "금리 변화에 따라 채권의 수익률 또는 시장 가치가 바뀐다"는 것이다.

정답 | ④

3. 민경이는 "금리와 채권의 관계"를 좀 더 시각 자료와 함께 설명해 주는 응답을 받고 싶다. 어떤 프롬프트로 수정하는 것이 적절한가?

① "채권과 금리의 관계를 표로 보여줘."
② "예쁜 글로 설명해줘."
③ "미국 채권을 사고 싶은데 어떡하지?"
④ "채권 말고 주식 알려줘."

【해설】
민경은 '금리와 채권의 관계'를 좀 더 시각 자료와 함께 보고 싶어 하며, 이는 학습의 명확성과 시각적 이해를 높이려고 한다. 이 때 "채권과 금리의 관계를 표로 보여줘."가 매우 적절한 질의이다. 이는 AI가 단순히 설명만 하는 것이 아니라 정리된 표 형식의 자료를 통해 정보를 더 구조적으로 제공하도록 유도하기 때문이다. 반면 ②은 모호하고, ③은 투자 조언에 초점을 맞추고 있으며, ④은 아예 관심 주제를 이탈했다.

정답 | ①

4. 아래와 같은 인공지능의 답변을 받은 후, 민경이가 검토해야 할 내용으로 가장 적절한 것은?

"금리 상승기에는 기존 채권을 보유하면 손실을 볼 수 있기 때문에, 신규 금리가 적용된 채권에 투자하는 것이 더 유리합니다. 이런 시기에는 채권 투자보다 예금이 더 나을 수도 있습니다."

① AI가 추천한 채권을 곧바로 산다.
② AI의 설명이 실제 수익률에 부합하는지 확인한다.
③ AI의 설명을 그대로 제출한다.
④ AI의 권고를 무조건 신뢰한다.

【해설】
AI는 금리 상승기에는 기존 채권의 손실 가능성을 언급하며, "이럴 때는 예금이 나을 수도 있다"고 조언한다. 이때 중요한 것은 AI의 조언을 사실처럼 받아들이기보다는 실제 시장 데이터나 상황과 비교해 그 적절성을 검토해야한다. 따라서 가장 적절한 민경의 행동은 'AI의 설명이 실제 시장 수익률에 부합하는지 확인'하는 것이다. 이는 교수님이 제시한 과제의 핵심 조건인 '비판적 검토'를 충실히 수행하는 자세이다. 나머지 선택지는 AI에 대한 무비판적 신뢰나 무조건적 수용을 전제로 하고 있어 부적절하다.

정답 | ②

[5~9] 아래 자료들을 바탕으로 다음 물음에 답하시오.

▶ ㈜넥스트세미 시세표

항목	수치	항목	수치
현재가	40,000원	시가	41,000원
전일 종가	42,000원	고가	43,000원
저가	39,000원	거래량	800,000주
거래대금	320억 원	PER	10배
EPS	4,000원	시가총액	9.0조 원

▶ 실시간 호가창 (발췌)

매도호가(잔량)	가격대	매수호가(잔량)
43,000 (1,000)		
42,500 (1,200)		
41,500 (1,500)		
41,000 (2,000)	← 현재가 →	40,000 (3,000)
		39,500 (2,000)
		39,000 (2,000)
		38,500 (1,000)

5. ㈜넥스트세미의 전일 종가 대비 변동 금액과 등락률을 각각 계산하시오. (소수 첫째자리에서 반올림)

① -1,000원 / -2% ② -2,000원 / -5%
③ -3,000원 / -7% ④ -1,500원 / -3%

【해설】
㈜넥스트세미의 전일 종가는 42,000원이고 현재가는 40,000원이다. 따라서 주가는 2,000원 하락한 것이며, 변동 금액은 -2,000원이다. 공식은 다음과 같다. 등락률 = (현재가 - 전일 종가) ÷ 전일 종가 × 10 = (40,000 - 42,000) ÷ 42,000 × 100 = (-2,000 ÷ 42,000) × 100 ≒ -4.76% 반올림하면 -5%가 된다.

정답 | ②

6. 거래량과 거래대금을 바탕으로 ㈜넥스트세미의 평균 거래 단가를 계산하시오. (단위 일치: 거래대금 320억 원, 거래량 8,000,000주)

① 39,000원
② 40,000원
③ 41,000원
④ 42,000원

【해설】
거래대금은 320억 원, 거래량은 8,000,000주이다. 따라서 평균 거래 단가 = 거래대금 ÷ 거래량 = 32,000,000,000 ÷ 800,000 = 40,000원이다.

정답 | ②

7. 현재가가 40,000원일 때, PER 10배 기준으로 계산된 주당순이익(EPS)는 얼마인가? (※ 단순 계산 (PER = 주가 ÷ EPS))

① 3,000원
② 4,000원
③ 5,000원
④ 6,000원

【해설】
PER은 다음과 같이 정의된다. PER = 주가 ÷ EPS. 이 공식을 변형하면 EPS = 주가 ÷ PER. 문제에서 주가는 40,000원, PER은 10배이므로 EPS = 40,000 ÷ 10 = 4,000원. 이는 기업이 한 주당 4,000원의 순이익을 내고 있음을 의미하며, PER 10배라는 것은 투자자가 1년 후 EPS의 10배를 현재의 주가로 지불하고 있다는 것을 뜻한다.

정답 | ②

8. 현재 매수호가 중 최우선 매수호가는 얼마이며, 최우선 매도호가는 얼마인가?

① 40,000원 / 41,000원
② 39,500원 / 41,500원
③ 40,000원 / 42,500원
④ 40,000원 / 43,000원

【해설】
실시간 호가창에서 매수호가는 투자자가 사고자 하는 가격이고, 매도호가는 투자자가 팔고자 하는 가격이다. 최우선 매수호가는 매수자 중 가장 높은 가격 최우선 매도호가는 매도자 중 가장 낮은 가격이다. 이는 실제 매매가 가장 먼저 성사되는 호가로 거래 체결에 가장 가까운 가격이기도 하다. 위의 호가창에 따르면 최우선 매수호가는 40,000원이며 최우선 매도호가는 41,000원이다.

정답 | ①

9. 위의 호가창을 기준으로 판단할 때, 시장의 수급 상황은 어느 쪽이 더 우세한가? (매수잔량 vs 매도잔량을 기준으로 판단)

① 매도세 우세 – 매도잔량이 많음
② 매수세 우세 – 매수잔량이 많음
③ 시장 유보 상태
④ 수급 균형

【해설】
매도잔량 합계 = 1,000 + 1,200 + 1,500 + 2,000 = 5,700주이다. 매수잔량 합계 = 3,000 + 2,000 + 2,000 + 1,000 = 8,000주 이다. 매수 잔량이 훨씬 많기 때문에 현재 시장에서는 매수세가 우세하다고 볼 수 있다. 이것은 투자자들이 해당 종목을 사려는 의지가 더 강하다는 신호로 해석되며, 종종 주가 상승의 전조로 간주되기도 한다.

정답 | ②ㅋ

[10~13] 아래 기사를 바탕으로 다음 물음에 답하시오.

> ㈜솔라텍, 신사업 효과로 영업이익 급증…주가는 왜 하락?
>
> 신재생에너지 부품 제조업체인 ㈜솔라텍이 최근 공시한 2분기 실적에 따르면 매출은 전년 동기 대비 22% 증가한 1,850억 원, 영업이익은 38% 급증한 210억 원으로 집계되었다. 회사는 최근 진출한 북미 태양광 소재 시장에서 대형 수주에 성공하며 수익성이 개선되었다고 밝혔다.
> 특히 이번 분기 ROE는 14.5%, EPS는 1,200원, PER은 15배로 나타났으며, 동종 업종 평균 PER인 20배에 비해 낮은 수준이다. 그럼에도 불구하고 실적 발표 당일인 7월 25일, 주가는 전일 대비 5.3% 하락해 투자자들의 의구심을 샀다. 시장 전문가들은 ▲미국 IRA(인플레이션 감축법) 관련 규제 우려, ▲외국인 순매도 지속, ▲채권금리 급등으로 인한 안전자산 이동 등의 외부 요인이 복합적으로 작용했을 가능성이 있다고 분석했다.
> 한편, 동사의 배당수익률은 1.2%로 낮은 편이며, 주가의 변동성은 최근 한 달간 상승폭과 하락폭이 반복되는 등 변동성이 큰 편이다. 투자자들 사이에서는 "기초 재무는 좋은데 왜 주가는 반응하지 않는가?"라는 논의가 활발하다.

10. 다음 중 기사에서 설명된 ㈜솔라텍 주가 하락 요인으로 가장 거리가 먼 것은?

① 미국 정책 리스크로 인한 시장 불안
② 실적 부진으로 인한 투자심리 위축
③ 외국인 순매도 지속
④ 주가 변동성이 큰 상황에서의 차익 실현

【해설】
기사 내용을 살펴보면, 솔라텍은 2분기 실적에서 매출이 전년 대비 22%, 영업이익은 38% 증가했고 ROE와 EPS 등 재무 지표도 긍정적으로 나타났다. PER 역시 업종 평균보다 낮아 전반적인 실적은 우수했다. 하지만 실적 발표 당일 주가가 5.3% 하락한 데 대해, 기사는 실적 때문이 아닌 외부 요인들을 주된 원인으로 언급했다. 구체적으로는 미국 인플레이션 감축법(IRA)에 따른 규제 불확실성, 외국인의 지속적인 순매도 그리고 채권 금리 상승으로 인한 안전자산 선호 현상이 복합적으로 작용했을 가능성을 제시하고 있다. 또한 최근 주가가 오르내림을 반복하며 변동성이 크다는 점도 기사에 포함되어 있어 단기 차익 실현성 매물 역시 일부 영향을 미쳤을 수 있다. 반면, 기사 어디에도 실적 부진에 대한 언급은 없다. 실적은 명백히 개선되었고, 이는 주가 하락과 직접적인 관련이 없음을 시사한다. 따라서 주가 하락 요인 중 기사 내용과 가장 거리가 먼 것은 '실적 부진으로 인한 투자심리 위축'이다.

정답 | ②

11. 다음 중 솔라텍의 재무지표로 적절하게 해석된 것은?

① ROE가 14.5%이므로 자본을 잘 활용하지 못하고 있다.
② PER이 업종 평균보다 낮기 때문에 고평가 상태다.
③ EPS가 1,200원이므로 배당수익률은 반드시 3% 이상이다.
④ PER이 낮고 ROE가 높아, 저평가 가능성이 존재한다.

【해설】
기사에서는 ROE가 14.5%, EPS가 1,200원, PER이 15배이며 업종 평균 PER이 20배라고 밝히고 있다. 이 수치는 모두 기업의 수익성과 가치평가 지표로, 통합적으로 해석해야 한다. 먼저 ROE 14.5%는 매우 양호한 수치로 자본을 잘 활용해 수익을 창출하고 있다는 뜻이다. 그러므로 '자본을 잘 활용하지 못한다'는 틀린 해석이다. EPS가 1,200원이라고 해서 배당수익률이 반드시 높다고 단정지을 수는 없다. 실제 기사에서도 배당수익률이 1.2%로 낮다고 언급되어 있다. 따라서 'EPS가 높으므로 배당수익률이 3% 이상이다'라는 해석 역시 사실과 다르다. PER은 업종 평균보다 낮기 때문에 상대적으로 저평가되었을 가능성이 있다. PER이 낮다고 무조건 좋다고 단정할 수는 없지만, ROE도 높고 실적도 양호하다면 저평가 상태일 수 있다는 해석은 합리적이다. 따라서 주어진 보기 중에서 재무지표 해석으로 타당한 것은 'PER이 낮고 ROE가 높아 저평가 가능성이 존재한다'이다.

정답 | ④

12. AI에게 재무 지표를 기반으로 솔라텍 주가의 저평가 정도를 검토하고자 한다. 다음 중 가장 적절한 프롬프트는?

① "솔라텍이 싸게 거래되는 주식이야?"
② "PER 15배, ROE 14.5%, EPS 1,200원인데 이거 어때?"
③ "솔라텍의 재무지표와 업종 PER 평균을 바탕으로 투자매력도를 분석해줘."
④ "솔라텍 실적 좋던데 왜 주가가 떨어졌는지 알아봐줘."

【해설】
좋은 프롬프트는 구체적인 데이터를 포함하면서 분석의 방향이 명확해야 한다. "싸게 거래되는 주식이야?"라는 질문은 막연하고 기준이 없다. '이거 어때?'처럼 너무 포괄적이고 분석 방향이 명확하지 않다. ④번은 주가 하락 원인을 묻고 있어 투자 분석보다는 시장 반응에 초점을 둔 질문이다. 반면 ③번은 PER, ROE, EPS 등 구체적인 재무지표와 업종 평균 PER을 바탕으로 '투자매력도'를 분석해달라고 요청하고 있어 질문의 목적과 내용이 모두 명확하다. 이는 AI가 분석력을 발휘하기에 가장 적절한 프롬프트이기도 하다.

정답 | ③

13. 아래와 같은 인공지능의 응답을 보완 분석할 수 있는 가장 적절한 질문은?

> "솔라텍은 ROE가 높고 PER이 업종 평균보다 낮아 투자 매력도가 높다."

① "PER과 ROE만으로는 판단 부족, 산업 전망과 경쟁구도도 분석해줘."
② "최근 주가가 떨어졌는데, 이런 경우엔 ROE가 높아도 의미 없는 거 아냐?"
③ "PER이 낮은 건 좋은 거긴 한데, 혹시 안정성이 떨어져서 그런 건 아닐까?"
④ "ROE가 높으면 배당수익률도 비슷하게 높다고 봐도 되지?"

【해설】
AI의 응답은 "솔라텍은 ROE가 높고 PER이 업종 평균보다 낮아 투자 매력도가 높다."라는 진술로, 수익성과 저평가 지표를 근거로 투자 매력을 판단한 내용이다. 하지만 이는 기초 재무지표에만 근거한 1차적 분석이다. 여기에 대한 가장 적절한 보완 질문은 '재무지표 외에도 산업 전망이나 경쟁 상황을 함께 고려해야 하지 않느냐'는 비판적 시각이 담긴 질문이어야 한다. 이러한 분석은 정성적 요인을 반영하고, 투자 판단의 복합성을 강조하는 것이기도 하다. '주가가 떨어졌으니 ROE가 무의미하지 않느냐'는 질문은 단기 주가와 본질적 수익성을 혼동한 것이다. 그리고 PER가 낮은 이유는 안정성 부족 때문일 수 있다는 해석인데 PER은 기업의 가치평가 지표일 뿐 유동성과는 직접 관련이 없다. ④는 ROE와 배당수익률 사이에 일관된 상관관계가 있다고 전제하는데 이는 일반화된 오류이다. 따라서 재무 지표만으로 판단하기엔 부족하다는 인식을 바탕으로 산업 전망이나 경쟁 환경까지 분석해달라고 요청하는 'PER과 ROE만으로는 판단 부족, 산업 전망과 경쟁구도도 분석해줘.'가 가장 적절한 보완 질문이다.

정답 | ①

AI 비즈니스 TEST
공식 가이드

초판 1쇄　2025년 9월 30일
초판 2쇄　2025년 12월 10일

지은이　최병일, 김유성, 오재현
펴낸이　허연
편집장　유승현

책임편집　김민보
편집부　정혜재 고병찬 이예슬 장현송 민경연
마케팅　한동우 박소라 김영관
경영지원　김정희 오나리
디자인　김보현 한사랑

펴낸곳　매경출판(주)
등록　2003년 4월 24일(No. 2-3759)
주소　(04557) 서울시 중구 충무로 2(필동1가) 매일경제 별관 2층 매경출판(주)
홈페이지　mkbook.mk.co.kr　　**스마트스토어**　smartstore.naver.com/mkpublish
페이스북　@maekyungpublishing　　**인스타그램**　@mkpublishing
전화　02)2000-2632(기획편집) 02)2000-2646(마케팅) 02)2000-2606(구입 문의)
팩스　02)2000-2609　　**이메일**　publish@mkpublish.co.kr
인쇄·제본　㈜M-print　031)8071-0961
ISBN　979-11-6484-819-5(13320)

©최병일, 김유성, 오재현 2025
책값은 뒤표지에 있습니다.
파본은 구입하신 서점에서 교환해 드립니다.